拥抱数字经济

挑战与选择

聂玉声　主编

文化发展出版社
Cultural Development Press
·北京·

图书在版编目(CIP)数据

拥抱数字经济：挑战与选择 / 聂玉声主编．—北京：文化发展出版社，2023.1

ISBN 978-7-5142-3817-4

Ⅰ．①拥…　Ⅱ．①聂…　Ⅲ．①信息经济－研究　Ⅳ．①F49

中国版本图书馆 CIP 数据核字 (2022) 第 122040 号

拥抱数字经济：挑战与选择

主　　编：聂玉声

出 版 人：武　赫

责任编辑：岳智勇　　　　特约编辑：李新承

责任校对：马　瑶　　　　责任印制：邓辉明

封面设计：盟诺文化　　　排版设计：盟诺文化

出版发行：文化发展出版社（北京市翠微路2号 邮编：100036）

网　　址：www.wenhuafazhan.com

经　　销：全国新华书店

印　　刷：天津格美印务有限公司

开　　本：710mm × 1000mm　1/16

字　　数：214千字

印　　张：14.75

版　　次：2023年1月第1版

印　　次：2023年1月第1次印刷

定　　价：68.00元

I S B N：978-7-5142-3817-4

◆ 如有印装质量问题，请电话联系：010-88189192

序 言

数字经济是全球经济的重要组成。数字经济增长非常迅速，推动了产业界和全社会的数字转型。未来很长一段时间，数字经济将是全球经济发展的主线。

纵观世界文明史，人类先后经历了农业革命、工业革命和信息革命。每一次产业技术革命，都给人类的生产生活带来了巨大而深刻的影响，不断提高人类认识世界、改造世界的能力。数字技术日新月异，应用潜能全面迸发，数字经济正在经历高速增长、快速创新，并广泛渗透到其他领域，深刻改变世界经济的发展动力、发展方式，重塑社会治理格局。

数字经济是随着信息技术革命的发展而产生的一种新的经济形态，早在20世纪90年代欧美国家就已十分流行。最近20年，中国数字经济蓬勃发展，但在叫法上更多地采用了信息化、两化融合、信息经济等概念。近年来，随着中国开始更多地从经济视角观察数字化问题，特别是成立了中央网络安全和信息化领导小组，数字经济开始升温。在世界互联网大会、G20杭州峰会、中央政治局网络强国战略集体学习、网络安全和信息化工作座谈会等重大场合，数字经济大放异彩。2017年3月，数字经济首次被写入政府工作报告。数字经济的发展开启了新篇章。

当前，中国数字经济正在进入快速发展的新阶段。2016年，中国数字经济规模达到22.6万亿元，同比增长18.9%，GDP占比达到30.3%。数字经济基础设施实现跨越式发展，数字经济基础部分增势稳定，结构优化，新业态、新模式蓬勃发展。传统产业数字化转型不断加快，融合部分成为增长的主要引擎，面向数字经济的社会治理模式在摸索中不断得到创新。数字经济在各行业中的发展出现较大差异，数字经济在本行业增加值的占比呈现出三产高于二产、二产高于一产的典型特征。2016年，服务业中数字经济占比平均值为29.6%，工业中数字经济占比平均值为17.0%，农业中数字经济占比平均值为6.2%。中国数字经济指数（Digital Economy Index，DEI）表明，数字经济增速显著高于中国宏观经济景气指数，成为拉动经济增长的重要引擎。DEI预警指数显示，中国数字经济发展“冷热适中”，处于“正常”运行区间。预计未来中国数字经济发展将在“正常”区间上部和“趋热”区间下部波动调整。

同时也应该看到，中国发展数字经济还面临很多问题与瓶颈，主要是新型生产力发展尚处于初级阶段，数据资源开发利用水平低，核心技术和设备受制于人，人才和投融资体制还无法适应数字经济的发展需要，经济主要领域数字化转型仍存在较多障碍，国际化拓展刚刚起步，数字经济市场体系尚不健全，经济治理面临全新挑战，全球竞争和话语权争夺日益激烈。

未来几十年是数字化改造提升旧动能、培育壮大新动能的发展关键期，是全面繁荣数字经济的战略机遇期。发展契机转瞬即逝，谁能抓住机遇，谁就能赢得发展先机。

当前，世界面临百年未有之大变局，变局中危和机同生并存，加快经济结构优化升级，提升科技创新能力，变压力为加快推动经济高质量发展的动力至关重要。数字经济以数字化的知识和信息为关键生产要素，以数字技术创新为核心驱动力，以现代信息网络为重要载体，通过数字技术与实体经济深度融合，不断提高传统产业数字化、智能化水平，加速重构经济发展与政府治理模式的新型经济形态。数字经济是生产力和生产关系的辩证统一，包括三大部分：一是数字产业化，即信息通信产业，具体包括电子信息制造业、电信业、软件和信息技术服务业、互联网行业等；二是产业数字化，即传统产业由于应用数字技术所带来的生产数量和生产效率提升，其新增产出构成数字经济的重要组成部分；三是数字化治理，包括治理模式创新，利用数字技术完善治理体系，提升综合治理能力等。数字技术红利大规模释放的运行特征与新时代经济发展理念的重大战略转变形成历史交汇。发展数字经济，推动经济发展质量变革、效率变革和动力变革，正当其时。

目　录

第一部分　新浪潮：数字经济的兴起

第二部分　新基建：数字技术的演进

第三部分　新时代：数字中国的机遇

第四部分　新蓝图：数字世界的来临

第一部分

新浪潮：数字经济的兴起

第一章　数字时代的来临

第一节　政策加码数字化

“十四五”加速了产业数字化转型，数字产业发展迎来黄金期。《“十四五”发展规划和2035远景目标纲要》提出，迎接数字时代，激活数据要素潜能，推进网络强国建设，加快建设数字经济、数字社会、数字政府，以数字化转型整体驱动生产方式、生活方式和治理方式的深刻变革。2021年4月，中共中央政治局会议也提出，要引领产业优化升级，强化国家战略科技力量，积极发展工业互联网，加快产业数字化。

其中，在数字经济方面，强调充分发挥海量数据和丰富应用场景优势，促进数字技术与实体经济深度融合，赋能传统产业转型升级；在数字社会方面，提出适应数字技术全面融入社会交往和日常生活新趋势，促进公共服务和社会运行方式创新，构筑全民畅享的数字生活；在数字政府方面，将数字技术广泛应用于政府管理服务，推动政府治理流程再造和模式优化，不断提高决策科学性和服务效率；在数字生态方面，坚持放管并重，促进发展与规范管理相统一，构建数字规则体系，营造开放、健康、安全的数字生态环境。

“十四五”规划将数字经济部分单独成章，彰显我国推进建设数字强国的决心，在政策的引导和政府的支持下有望推动产业数字化加速发展，预计未来5～10年将是数字产业发展的黄金期。数字化应用场景如表1-1所示。

表 1-1　数字化应用场景

应用场景	发展方向
智慧政务	推进政务服务一网通办，推广应用电子证照、电子合同、电子签章、电子发票、电子档案，健全政务服务“好差评”评价体系
智能制造	促进设备联网、生产环节数字化连接和供应链协同响应，推进生产数据贯通化、制造柔性化、产品个性化、管理智能化
智能交通	发展自动驾驶和车路协同的出行服务；推广公路智能管理、交通信号联动、公交优先通行控制；建设智能铁路、智慧民航、智慧港口、数字航道、智慧停车场

续表

应用场景	发展方向
智慧农业及水利	推广大田作物精准播种、精准施肥施药、精准收获，推动设施园艺、禽畜水产养殖智能化应用；构建智慧水利体系，以流域为单元提升水情测报和智能调度能力
智慧教育	推动社会化高质量在线课程资源纳入公共教学体系，推进优质教育资源在线辐射农村和边远地区薄弱学校，发展场景式、体验式学习和智能化教育管理评价
智慧医疗	完善电子健康档案和病历、电子处方等数据库，加快医疗卫生机构数据共享；推广远程医疗，推进医学影像辅助判读、临床辅助诊断等应用；运用大数据提升对医疗机构和医疗行为的监管能力
智慧社区	推动政务服务平台，社区感知设施和家庭终端联通，发展智能预警、应急救援救护和智慧养老等社区惠民服务，建立无人物流配送体系

在政策及技术的推动下，中国产业数字化加速发展。根据中国信息通信研究院数据，2020 年中国数字经济规模达到 39.2 万亿元，GDP 占比为 38.6%，如图 1-1 所示；数字经济增速达 GDP 增速 3 倍以上。数字经济加速与产业融合，未来有望维持高增长趋势。

（资料来源：中国信息通信研究院）

图 1-1　中国数字经济规模及 GDP 占比

结构上，产业数字化占比逐年提升，成为驱动数字经济高速发展的重要引擎。数字经济包括数字产业化和产业数字化。其中，数字产业化即信息通信等产业化，包括电子信息制造业、电信业、软件和信息技术服务业、互联网行业等；产业数字化则是指传统产业应用数字技术带来产出增加和效率提升的效果，包括工业互联网、两化融合、智能制造、车联网、平台经济等融合型新产业、新模式、新业态。近年来，数字产业化和产业数字化总量均持续增长。其中，产业数字化占比逐年提升，目前已超80%，如图1-2所示。我们认为，相比数字产业化，产业数字化对数字经济发展的促进作用更大，其将成为未来驱动数字经济高速发展的核心驱动。

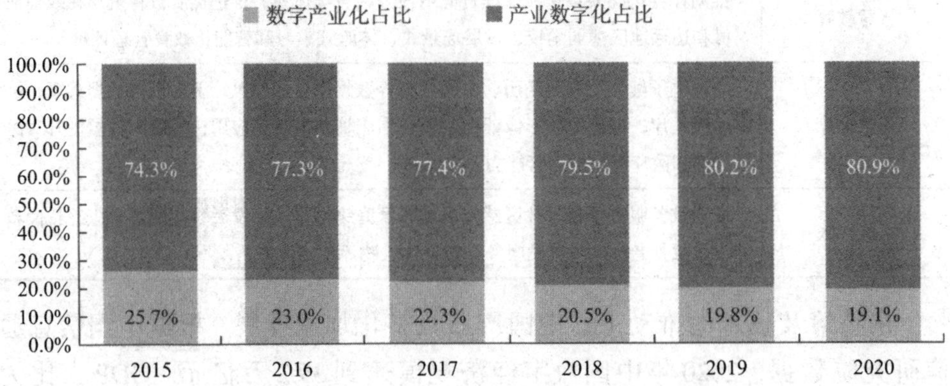

（资料来源：中国信息通信研究院）

图 1-2　中国数字经济内部结构

近年来，面对错综复杂的国际经济形势，中国高度重视数字经济的战略部署，大力实施网络强国战略、国家信息化发展战略、国家大数据战略、“互联网+”行动计划、数字商务系列政策措施等一系列重大战略和行动，着力促进数字经济创新发展，数字经济呈现出了良好的发展态势。

“互联网+”政策促进了数字经济的发展。“互联网+”代表着一种新的经济形态，指的是依托互联网信息技术实现互联网与传统产业的联合，以优化生产要素、更新业务体系、重构商业模式等途径来完成经济转型和升级。2015年3月，李克强总理提出“互联网+”的政府工作行动计划，旨在推动移动互联网、云计算、大数据、物联网等产业发展，以带动现代制造业的升级改造，促进数字商务、工业互联网和互联网金融健康发展。《2020年国务院政府工作报告》中提出，全面推进“互联网+”，打造数字经济新优势。

数字经济逐步上升至国家战略高度。各部委密集出台了鼓励数字经济发展的相关政策和指导意见，进一步体现了中国国家层面对数字经济的高度关注，同时表明数字经济发展已经上升到国家战略高度。2016年10月，中共中央政治局进行第36次集体学习时提出，要加强信息基础设施建设，推动互联网和实体经济深度融合，加快传统产业数字化、智能化，要做大、做强数字经济，拓展经济发展新空间。2017年12月，习近平总书记在中共中央政治局第二次集体学习时的讲话中指出，要加快发展数字经济，推动实体经济和数字经济融合发展。

2020年11月，中共中央发布《中共中央关于制定国民经济和社会发展第十四个五年规划和2035年远景目标的建议》，提出了发展数字经济，推进数字产业化和产业数字化，推动数字经济和实体经济深度融合，打造具有国际竞争力的数字产业集群等一系列举措。

重点省市出台数字经济配套政策。一是中国各级地方政府积极出台数字经济相关发展规划，加强数字经济的战略引导。广东省经济和信息化委员会发布了《广东省数字经济发展规划（2018—2025年）》，山东省政府发布了《数字山东发展规划（2018—2022年）》，北京市制定促进数字经济发展的“1+3”政策，发布了《北京市促进数字经济创新发展行动纲要（2020—2022年）》《北京市关于打造数字贸易试验区的实施方案》等规划，要求构建数据驱动发展新方式，增强新一代信息技术产业新能级，建设数字基础设施新体系，探索制造业数字化新路径，激发服务业数字化新活力，培育数字经济融合新动能，打造政府数字治理新模式，构筑数字经济发展新格局。二是建设国家数字经济创新发展试验区，打造中国数字经济创新发展的标杆。2019年10月，河北省（雄安新区）、浙江省、福建省、广东省、重庆市、四川省6个国家数字经济创新发展试验区接受授牌，启动试验区建设工作。各试验区着力推动数字经济创新发展，有力地支撑了经济的高质量发展。

第二节　数字化引领新生产力革命

数字化转型的本质是利用数字技术为社会高质量发展赋予新的动能，自20世纪70年代起，数字化转型一直都是社会解放生产力的重要手段之一。传统经济增长的锚主要为物，人力资源大部分可以归结为简单重复的物化劳动力；而数字经济增长的锚为人，通过生产线的智能化解放一部分重复的劳动力，并且通过数字化技术去放大人的创造力、影响力等潜在价值。也就是说，比起以物权、债权、土地使用权为核心的存量分配体系的传统经济，数字经济更注重以人的创造力、影响力、技术知识等作为数权核心资产的新经济形态。我们认为，对于数字经济的理解并不能简单地只关注技术的进步，更需要关注的是数字经济为市场提供了哪些额外的供给与需求和其如何重新定义价值创造的过程，以及在这个过程中发展的相关产业链内的投资逻辑，如图1-3所示。

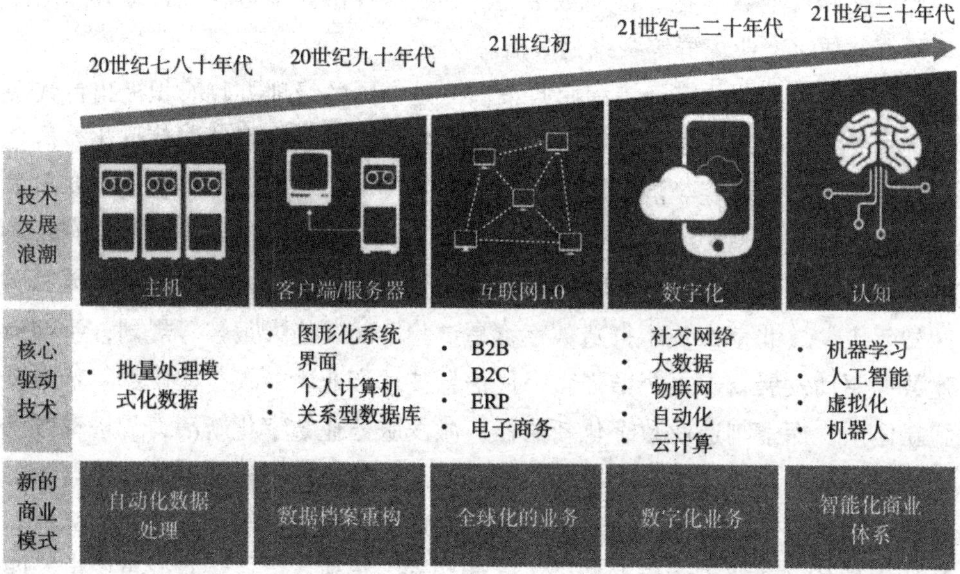

（资料来源：网络数据整理）

图 1-3　数字化转型的历史

“十四五”规划大力支持数字化，助推国内产业智能化升级转型。“十四五”规划中单独将“数字中国”作为专题篇进行论述，是第一次将数字化作为专篇进行重点部署，第一次明确数字经济体系内容，第一次将场景作为发展数字经济的重要抓手，第一次明确强调数据要素的重要作用。规划中首次明确“数字经济体系框架”，即3大数字经济领域（技术、数字产业、产业数字化）、3大数字社会领域（公共服务、智慧城市和数字乡村、数字生活）、3大数字政府领域（数据开放共享、政务信息化、数字化政务服务），以及4大数字生态（数据要素市场、数字治理政策、网络安全、网络空间命运共同体）。这一框架也表明了国务院、工信部等有关部门对于通过数字化转型为经济发展注入新动能的态度，为中国的数字化转型产生了强劲的推动作用，如表1-2所示。

表 1-2　“十四五”规划中的数字经济体系框架

数字经济	（1）量子计算、量子通信、神经芯片、DNA 存储等前沿技术被列为关键的数字技术予以加强。 （2）在数字产业化任务中，人工智能、区块链、网络安全、5G 等新兴业态作为发展数字产业化的重点。 （3）在产业数字化转型任务中，要建设若干高水平的工业互联网平台和数字化转型促进中心，重点聚焦在数据与行业跨界融合的新业态培育上
数字社会	（1）建设智慧便捷的公共服务，提出要实现教育、医疗、养老等公共服务领域的数字化普惠服务，同时重点提出了鼓励社会力量参与“互联网＋公共服务”，创新提供服务模式和产品。 （2）建设智慧城市和数字乡村，其重点提出要构建城市的数据资源体系，推进城市数据大脑的建设，并且要探索数字孪生的城市，城市数据大脑、数字孪生等新兴概念第一次出现在 5 年规划中。 （3）构筑美好数字生活新图景，提出要围绕居民的购物、居家、生活等各类场景，实现数字化，同时以智慧社区为核心，提供一系列的数字化便民服务和公共服务
数字政府	（1）加强公共数据开放共享，提出了要健全国家公共数据资源体系，是对“十三五政府数据开放共享”的深化与延续。其中，比较创新的举措是提出“开展政府的数据授权运营试点，鼓励第三方深化对公共数据的挖掘和利用”，这标志着政府对政务数据的治理将从数据汇聚与内部共享迈向价值深度挖掘新阶段。 （2）推动政务信息化共建共用，主要的工作思路还是继续加强信息化建设的统筹力度，推动系统继续上云。 （3）提高数字化政务服务效能，其中最重要的工作是深化“互联网＋政务服务”，提升全流程一体化在线服务平台功能
数字生态	（1）健全数字要素市场的规则，最重要的规则是要实现数据资源产权、交易流通、跨境传输和安全保护等基础制度和标准规范，同时要建立数据的分类分级保护制度，以此促进数据的安全流动和可交易。 （2）营造规范有序的政策环境，要清理不适应数字经济的规章制度，明确平台企业的定位和监管规则，同时要建立无人驾驶、在线医疗、金融科技等新业态的监管框架，以及建立数字经济的统计监测体系。 （3）加强网络安全的保护，其中的亮点是提出加快应用人工智能安全技术，提升网络安全产业的综合竞争力。 （4）推动网络空间命运共同体的建设，建立国际网络空间规则，重点提出要积极参与数据安全、数字货币、数字税等国际规则和数字技术标准的制定

（资料来源：“十四五”规划）

近年来，数字经济渗透率不断提高，产业数字化向融合发展的深层次迈进。在2020年公共卫生事件的推动下，在线办公、在线教育、网络视频等新经济模式迎来了快速的生长期。大量企业利用大数据、工业互联网等技术加强了供需的精准匹配对接、高效生产和统筹调配。根据中国信息通信研究院发布的《中国数字经济发展白皮书（2021年）》显示，2020年，中国服务业、工业、农业数字经济占比分别为40.7%、21.0%和8.9%。从整体GDP占比来看，中国数字经济保持高位增长，2020年增速达9.7%，高于同期GDP名义增速约6.7%，2002—2020年中国数字经济GDP占比由10.0%提升至38.6%，2020年占比同比提升2.4%。数字经济在国民经济中的地位进一步凸显，产业数字化向融合发展的深层次迈进，如图1-4所示。

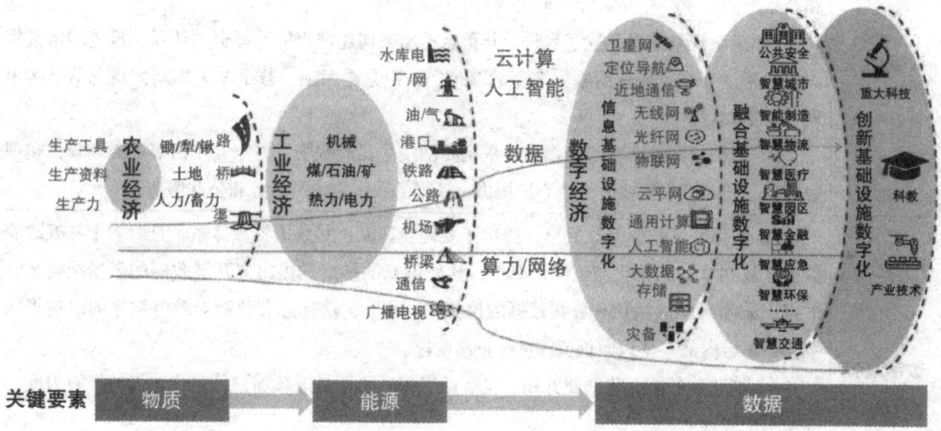

（资料来源：中国电信）

图 1-4　以数据为核心的新一轮信息化转型

新一轮的产业转型将围绕从信息化向数字化的发展逐步展开，通信网络作为数据传播底层通道的重要性不言而喻。基于社会数字化转型的价值创造路径，我们认为转型的关键在于两点。第一点是用户基数，也就是基础设施的完备度和先进度，例如，便捷的通信网络和普及的智能手机是消费互联网爆发式增长的根基。第二点是新增市场的广度，关乎后续增长的潜力与空间，例如，淘宝这种全民级的应用场景就能带来更多的市场空间。上一轮4G技术红利为消费互联网的渗透打下了坚实的基础，而面向更高数量级的工业互联网、人工智能、车联网等赛道时，更强大的数据传输能力是其不可或缺的支撑。5G的增强移动宽带、高可靠低时延和广覆盖大连接的属性可以带来高基数的终端客户，5G的发展也将与云计算、大数据、人工智能、区块链、边缘计算等其他信息通信技术一起，共同促进传统产业升级，孵化新应用，催生新业态，创造增量市场。

第三节　新基建下的数字经济产业

“新基建”内涵层次与数字经济概念框架高度一致、互为映射，信息基础设施对应资源型数字经济，融合基础设施对应融合型数字经济，创新基础设施对应技术型数字经济。同时，“新基建”典型代表领域中大多与数字经济的发展有极大的关联，支撑数字经济“新基建”的外延和内涵仍将不断丰富和完善。“新基建”的三大数字化属性是：高技术和创新属性、市场化和商业属性，以及前沿和未知属性，这三大属性影响着“新基建”的产业发展方向。

高技术和创新属性意味着“新基建”将奠定未来新型经济形态发展的根基，带动信息通信、金融等行业加快发展。无论是5G、数据中心，还是工业互联网、人工智能等“新基建”领域，都需要使用大量的芯片、操作系统、系统软件等基础性技术和产品。而目前中国95%以上的服务器都采用美国英特尔的x86架构指令集，5G设备使用的高端芯片、光电器件等主要依赖于从美国和日本进口，未来这些重要领域的国产化需要通过“新基建”来实现。市场化和商业属性意味着“新基建”需要广泛撬动市场化机制和社会资本，加快能源、建筑和交通等行业的数字化转型。“新基建”不仅是社会基础设施，更是商业基础设施。在“新基建”的范畴内，与交通、能源等领域的融合形成了智能交通基础设施、智慧能源基础设施等融合基础设施，与大型科研需求结合的领域构成了重大科技、产业技术创新基础设施等。前沿和未知属性意味着“新基建”发展需要搭建精益设计的政策框架和执行流程，引领军工、医疗等行业发展新潮流。5G、工业互联网、人工智能、数据中心等都是各国数字经济的必争之地，也是最前沿、未成形的产业领域，这些领域的发展仍在摸索中前行。

综合国家发改委的设定范围和各类资金的投向，我们认为，“新基建”需要重点关注十大战略方向：智能化数字基础设施，数字化科技创新基础设施，现代资源能源与交通物流基础设施，先进材料与智能绿色制造基础设施，现代农业和生物产业基础设施，现代教育、文旅、体育与卫生健康等基础设施，生态环境新型环境基础设施，天空、海洋新型基础设施，国家总体安全基础设施，国家治理现代化基础设施。按照上下游产业链来看，涉及的具体行业如图1-5所示。

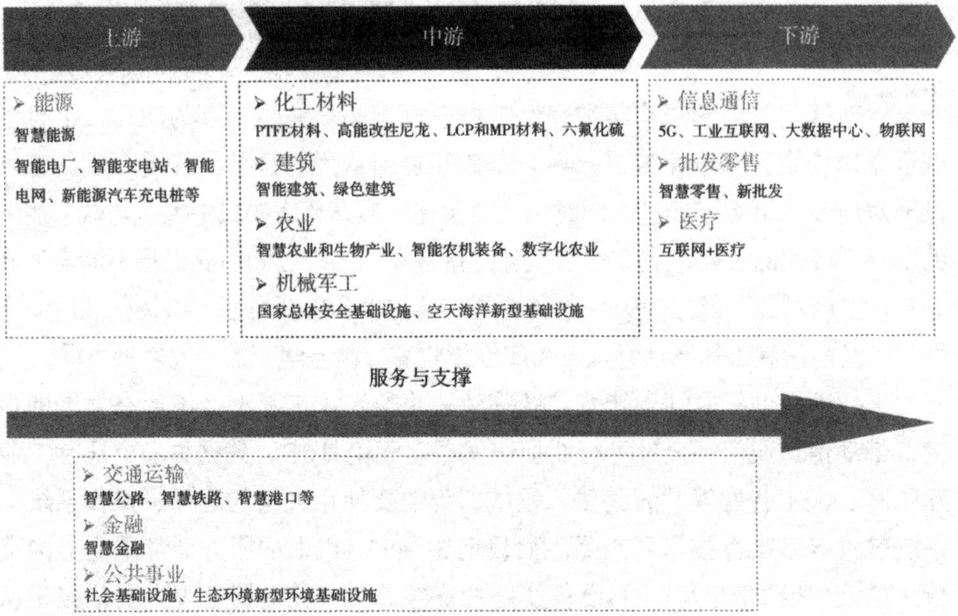

图 1-5　“新基建”涉及的重点行业

其中，5G网络可以看作是支撑行业数字化的“神经中枢”，它具有将信息数据上传下达的作用。人工智能、大数据负责数据的存储、处理和智能化的决策，是行业的“大脑”，而传感器等就是行业的“感知/执行器官”，“大脑”和“感知/执行器官”联系就必须依靠“神经中枢系统”。目前5G核心网功能100%云化，服务数字经济将是5G变现的中长期目标。运营商在部署5G的过程中部署了大量的中心和边缘云，而边缘云是目前稀缺的数字基础设施。边缘云不仅可以服务5G，也可以为行业应用提供本地化的、更可靠、更安全和更快响应的云服务。与此同时，运营商为了更加高效、自动化和节能地运营5G网络而构建的AI、大数据引擎，实际上是一种也可以面向行业的PaaS云服务。我们认为，运营商通过本身强势的网络结合自身的云提供的端到端确定性的云网一体化数字基础设施，相比目前传统的公有云有着较大的性能优势，可以更好地服务数字化经济，创造更多的社会价值。

2021年，国内新一轮5G“新基建”规模不减，远超全球其他国家的建设进度。3大运营商资本开支预算自2018年5G建设开启后逐步增长，根据4G时期的建设规矩，3大运营商的相关资本开支还将在未来几年内持续保持增长状态。根据中国电信、中国联通及中国移动披露的相关数据，2021年5G资本开支预算分别达到397亿元、350亿元及1100亿元，与2020年实际花费的5G建设开支相比略有上涨，如图1-6所示。除了3大运营商、中国铁塔外，2020年末成立的中国广电网络股份有限公司也将入局，凭借此前获得的700MHz黄金频段的5G牌照，在2021年与移动共建共享700MHz频段基站。截至2021年3月底，全球2021年第1季度新增5G基站5.5万个，全球5G基站部署总量超过115.5万个。其中，中国5G基站总量达到81.9万个，独立组网模式的5G网络已覆盖所有地级市。除此之外，到2021年底，韩国5G基站将建成12.1万个，美国5G基站约10万个，日本5G基站3.5万个，沙特5G基站超过1万个，欧洲5G基站超过4.03万个（法国2.28万个）。

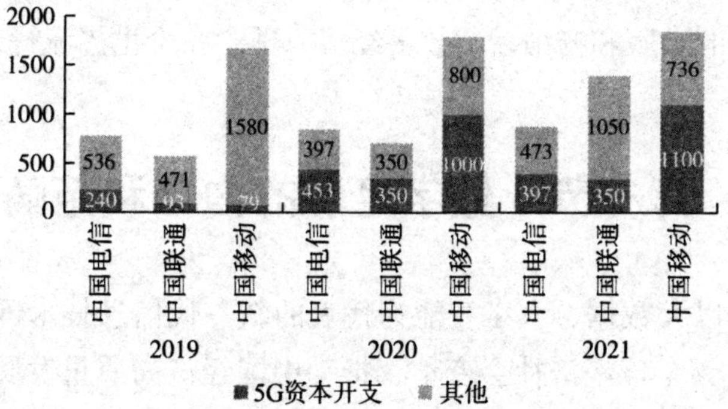

（资料来源：运营商年报）

图1-6　2019—2021年3大运营商5G预算及其他资本开支（亿元）

第二章　认识数字经济

“数字经济”并不是今天才有的概念。早在20世纪90年代中期，入选“全球最具影响力50位思想家”的美国经济学家唐·塔普斯科特就出版了一本名为《数字经济》的著作。20世纪90年代是数字技术发展的高潮，随着曼纽尔·卡斯特的《信息时代：经济、社会与文化》、尼葛洛庞帝的《数字化生存》等著作的出版和畅销，“数字经济”理念在全世界流行开来。

第一节　数字经济的内涵和范畴

近年来，以大数据、人工智能为代表的新一代信息技术迅猛发展，数字经济已成为引领全球经济社会变革，推动中国经济高质量发展的重要引擎。2020年底，中央经济工作会议指出“要大力发展数字经济”；两会政府工作报告提出要加快数字化发展，建设数字中国；“十四五”规划更是提出了数字经济核心产业增加值占GDP比重在2025年达到10%的量化指标，并从数字经济、数字社会、数字政府和数字生态4个方面提出了未来5年的政策部署。我们认为，“加快数字化发展，建设数字中国”不仅是政府政策的目标，也是中国经济结构和产业结构转型的必然方向，更蕴含了富有想象力的投资空间和机遇。

随着20世纪40年代电子计算机的问世，以及电子信息技术的快速发展，人们注意到了数字化对经济增长的巨大潜力，引发了影响之后数十年社会经济变革的第三次工业革命，也被称为数字化革命。第三次工业革命在于将信息数字化，依托信息技术和互联网络，提高经济运转效率，实现社会生产、资源合理分配的新型经济模式——数字经济。

追本溯源，“数字经济”一词最早由加拿大学者唐·泰普斯科特（Don Tapscott）在1995年提出。彼时，其对数字经济的认知尚停留在计算机及计算机网络领域。他提出，由于新经济中信息以字节的形式储存在计算机中，以光速传播于网络中；利用二进制代码，所有信息和传输都可以用0和1这两个数字来体现和完成，所以称为数字经济。他认为，数字经济是有关技术、智能机器的网络系统，将智能、知识及创新联系起来，可以促进财富及社会发展的创造性突破。

2017年在杭州举行的G20峰会上，20国集团对数字经济进行了如下定义："以使用数字化的知识和信息作为关键生产要素，以现代信息网络作为重要载体，以信息通信技术的有效使用作为效率提升和经济结构优化的重要推动力的一系列经济活动。"数字经济是利用数字化的信息技术重构经济发展、政府治理模式的一种新型经济形态。数字经济的核心包括4个部分，分别为数字产业化、产业数字化、数字化治理及数据价值化，而且其外延还在不断地扩展，如图2-1所示。从当前来看，数字产业化和产业数字化是最主要的两部分，也是产值最为集中的领域，而数字化治理和数据价值化近年来的关注度也在持续提升。

数字产业化	主要涵盖传统信息通信产业，包括电子制造、通信、软件及服务、互联网等
产业数字化	主要指通过数字技术的应用，一、二、三产业获得产出和效益的增量
数字化治理	利用数字化技术完善治理模式，提升治理能力并实现创新
数据价值化	主要指数据从采集到交易流转，创造货币价值的过程

（资料来源：中国信息通信研究院）

图 2-1　数字经济的核心

产业数字化主要是指"产业"+"数字化"，是指通过互联网技术对传统产业进行升级改造，与互联网技术相融合，实现传统产业的数字化转型。数字产业化主要是指"数字"+"产业化"，是指一些互联网企业将其技术应用到具体的相关产业中，形成某种具体的产业。目前来看，已有的互联网技术主要包括：5G网络、大数据、区块链、人工智能、云计算等，通过这些新基础设施的建设，实现"实体经济"和"数字化"相融合，成为新时代促进国民经济健康快速发展的数字经济。

因此可以看出，数字经济主要以"互联网 +"的各个行业为主要实现形式。中国在 2015 年也提出积极促进"互联网 +"行动的指导意见，在各个行业也实现了一定的数字化模式。比如，在零售行业，很早就有了淘宝、天猫。近几年，逐渐出现了一种新零售模式。这种模式运用大数据、人工智能等先进技术手段，强调线上线下一体化，使线上销售与线下销售深度融合。非常典型的如盒马鲜生，以及各大超市分别接入一些大的平台，如京东、饿了么，实现线下到线上的零售新模式。在餐饮行业，出现了如大众点评、饿了么、口碑等点评、点餐、外卖平台。在出行领域，由原先的招手打车，只能打出租车，逐渐出现了网约车，如嘀嗒出行、易到用车、曹操出行等，还出现了共享单车。经过这次的公共卫生事件，更是促生了教育、医疗、办公行业的数字化，如远程办公行业，出现了 ZOOM、腾讯会议、钉钉等。这些行业的发展还得益于支付行业的数字化，随着二维码技术的发展，支付方式从现金支付逐渐变成扫码支付。支付方式的这一转变为其他行业的数字化大大减少了交易成本。因此，不同行业的数字化也存在一定的关联性，如图 2-2 所示。

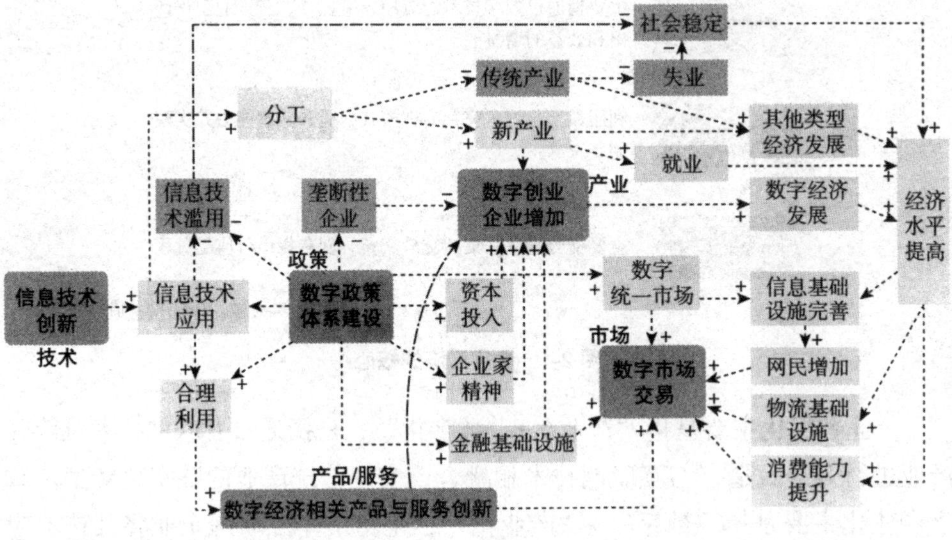

（资料来源：平安证券研究所）

图 2-2　数字经济发展的系统性分析框架

总体而言，数字经济的定义至少体现了如下3大特征。

第一，数字经济的发展以数据为最基础的生产要素，以信息通信技术（ICT）为主要依托，强调经济当中的数字化、信息化驱动特征。

第二，数字经济的不同定义中，通常都自下而上包含3个层面的内容，一是支持数字经济的底层技术（通常指ICT，但这个范围随着技术的进步也在拓宽），如当前的5G、物联网、区块链等；二是与数字化技术直接相关并产出商品和服务的行业，包括电子信息制造、信息通信、软件服务业等；三是将数字化技术运用到其他传统行业，具体表现在各个行业生产和服务过程中与数字化的融合。

第三，数字经济的概念并不是一成不变的，随着经济与信息技术的发展，数字经济的内涵与边界也在不断变化和拓展。

第二节　数字经济的历史演进

如果将视角拉长到人类历史发展的整个阶段，可以将经济的发展粗略地划分为农业经济、工业经济和数字经济3个阶段。

经济形态的区分主要取决于3个因素：生产要素、核心驱动力和载体形态。农业经济的生产要素是土地与劳动力，核心驱动力是农业技术，载体形态是农耕工具和牲畜驯化；工业经济的生产要素则更加丰富，除了劳动力与土地，还增加了资源与资本，核心驱动力是工业技术，载体形态是机器与工厂；数字经济（早期称作“信息经济”）的生产要素除了劳动力、土地、资源、资本，还增加了信息数据，核心驱动力是信息通信技术，载体形态是互联网、计算机，以及由此形成的现代信息网络。

广义上的数字经济最早可上溯到20世纪40—60年代，以美国研制出第一台通用计算机埃尼阿克为开端。尽管目前各方在时间划分上存在一些差异，但大体都经历了如下5个阶段，如图2-3所示。

（1）电子计算机诞生（20世纪40—60年代）。电子计算机的诞生标志着数字经济时代正式开始。早期计算机的硬件从电子管发展到晶体管，再到集成电路，软件也经历了从机器、汇编语言到标准化程序设计语言和人机会话式的BASIC语言的发展。总体来说，电子计算机在这个阶段完成了体积缩小、价格下降、计算速度提高等进化。

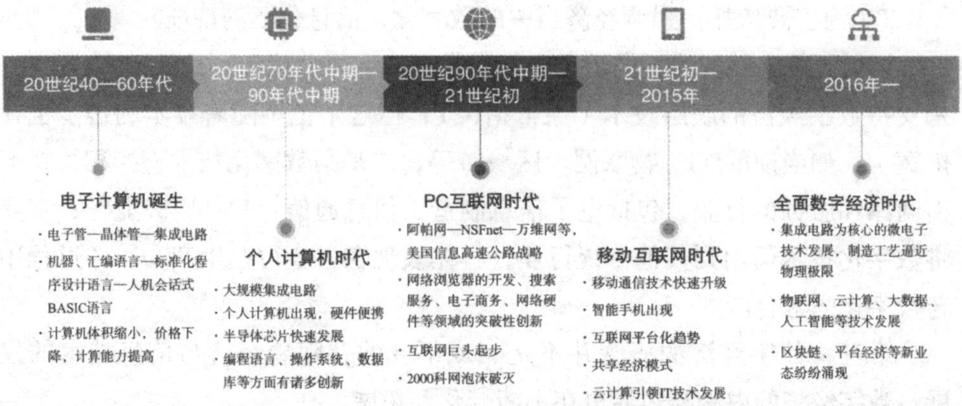

（资料来源：平安证券研究所）

图 2-3　数字经济的发展历程

（2）个人计算机时代（20世纪70年代中期—90年代中期）。大规模集成电路的出现进一步缩小了电子计算机的体积，个人计算机（PC）的出现使得计算机开始进入中小企业和居民生活当中，并在商业领域得到广泛运用。在这一阶段，个人计算机硬件向着便携式演进，半导体芯片领域发展迅速，而软件则在编程语言、操作系统、数据库等方面有诸多创新。

（3）PC互联网时代（20世纪90年代中期—21世纪初）。伴随着个人计算机和网络技术的发展，网络经济开始腾飞。1969年，美国国防部建立的阿帕网，之后逐渐形成了NSFnet、万维网等主干网。

1993年，美国克林顿政府执政后推出“信息高速公路”战略，标志着计算机网络进入信息高速发展阶段。以此为开端，网络浏览器的开发、搜索服务、数字商务、网络硬件等领域都出现了突破性的创新，当下诸多互联网巨头也是从此时开始起步的。但是，由于个人计算机的运行速度、存储规模和网速等的客观限制，很多商业模式在彼时得不到有效支撑，最终导致了2000年科网泡沫的破灭。

（4）移动互联网时代（21世纪初—2015年）。移动通信技术的进步与智能手机的出现，使得网络经济以移动互联网的形式再度复兴。从3G到4G的移动通信技术快速升级，以iPhone为代表的智能手机取代传统手机，互联网企业平台化趋势越发明显，共享经济模式受到广泛关注。2006年，人们提出了“云计算”的概念，并且云计算开始引领IT技术的发展，如图2-4所示。

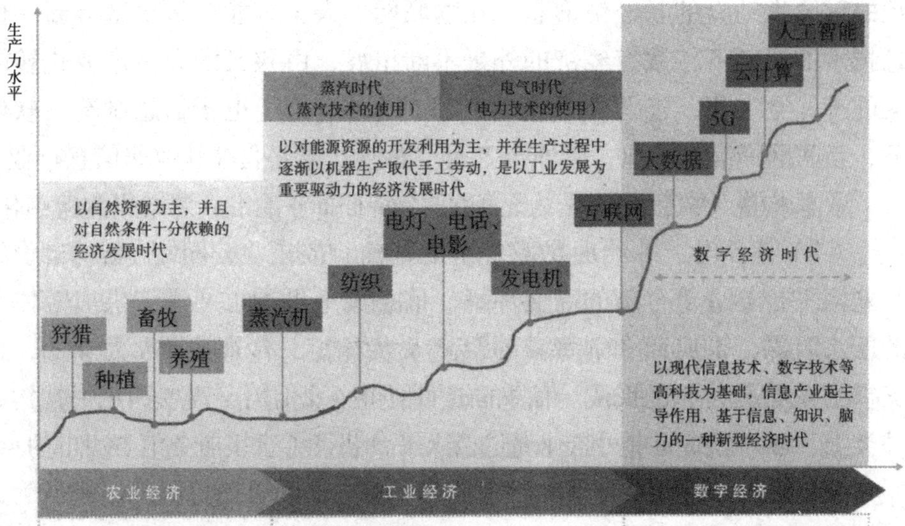

生产要素	土地、劳动力……	土地、劳动力、资本……	土地、劳动力、资本、数据……
核心驱动力	农业技术	工业技术	信息通信技术
载体形态	农耕工具、牲畜	机器、工厂	计算机、互联网、现代信息网络……

（资料来源：头豹研究院）

图 2-4　人类历史发展进程与数字经济时代

（5）全面数字经济时代（2016年—）。随着信息技术的关键基础——以集成电路为核心的微电子技术，在制造工艺上不断逼近物理极限。传统的摩尔定律即将走到尽头，数字经济开始向着物联网、云计算、大数据、人工智能等方向发展：2005年国际电信联盟提出“物联网”的概念；2016年，云计算进入全面爆发阶段，全球云服务市场规模迅速膨胀；2008年，人们正式提出“大数据”的概念，目前已在政府决策、交通、物流、金融、电商、广告等领域得到广泛运用；近年来人工智能迅速发展，覆盖了手机、平板、计算机，以及机器人、VR、可穿戴设备、智能家居、智慧城市等领域。此外，区块链、平台经济等新业态纷纷涌现。

第三节　数字经济的特征

数字经济是以数据资源为核心生产要素，以数字基础设施为主要载体，以信息技术融合应用、全要素数字化转型作为效率提升和经济结构优化的重要推动力的新经济形态。在物联网、人工智能、区块链等新一代信息技术的驱动下，数字经济的外延不断拓展，由狭义的数字产业化转向广义的产业数字化，涉及的行业由传统的基础电信、电子信息制造、软件服务、互联网等信息产业，延伸至工业、农业、服务业等其他非信息行业。

总体来说，数字经济最为显著的3个特征即平台化、数据化和普惠化。

（1）平台化：平台是数字经济的基础。依托“云网端”新基础设施，互联网平台创造了全新的商业环境。信息流不再被工业经济供应链体系中的巨头阻隔，供应商和消费者的距离大大缩短，沟通成本大大降低，直接支撑了大规模协作的形成。信息的透明使得企业信用不需要和规模挂钩，各种类型、各种行业的中小企业通过接入平台获得了直接服务消费者的机会。

成熟的数字经济平台上的物种极为丰富。以阿里巴巴为例，平台为买卖双方提供了基础、标准的服务，大量个性化的商业服务，则由生态系统内各种各样的服务商所提供。目前，服务市场已聚集数万家服务商及服务者，为千万淘宝及天猫卖家提供服务，年交易规模达数十亿，提供了包括店铺装修、图片拍摄、流量推广、商品管理、订单管理、企业内部管理、人员外包等的相关服务与工具几十万个。借助数字经济平台能够实现超大规模的协作，淘宝的零售平台与超4亿消费者和约1000万在线商家，共同构成了一个超大规模的分工/协作体系。截至2016年9月30日，脸书（Facebook）月度活跃用户为17.9亿人。据百度财报统计，2016年移动搜索月活跃用户数也超过了6亿。这种超大规模的用户数是工业时代的公司无法比拟的。

（2）数据化：新兴的数字经济，最重要的特征就是高度数据化。工业时代的公司，以IT技术为核心实现数字化，数据的流动及在线化范围有限，数据应用场景主要局限在以自我为中心的小的生态圈之中。数字经济时代，数据的流动与共享，推动着商业流程跨越企业边界，编织全新的生态网络与价值网络。正如埃森哲首席科学家齐韶先生所言：“云计算模糊了企业内部IT与外部IT的界限……公司间传统的数据与程序相隔离的状态将有望被打破，随之将出现新的商业生态和价值网络……未来5年，公司间的业务流程可能会高速增长，这反过来将有助于商业生态系统的建立……公司IT系统一旦穿过防火墙，就非常容易与其他公司的IT系统实现信息交流与交换，从而越过公司界限执行业务流程。”

在数字经济的运行过程中，“数据+算法+产品”的运作方式逐渐成为主流，并最终趋向于“智能化”的状态。阿里巴巴集团首席战略官曾鸣先生在《智能商业：数据时代的新商业范式》一文中对此进行了精彩分析：“用户行为通过产品的‘端’实时反馈到数据智能的‘云’，‘云’上的优化结果又通过‘端’实时提升用户体验。在这样的反馈闭环中，数据既是高速流动的介质，又持续增值；算法既是推动反馈闭环运转的引擎，又持续优化；产品既是反馈闭环的载体，又持续改进功能，在为用户提供更赞的产品体验的同时，也促使数据反馈更低成本、更高效率地发生。一言以蔽之，数据、算法和产品就是在反馈闭环中完成了智能商业的三位一体的。”以滴滴为例，通过大数据的精准分析和匹配，出行市场得到了很大改观。从滴滴专（快）车乘客端发单的应答率来看，2016年4月的平均应答率已经高达90%，即90%的乘客的出行需求都能得到响应，而传统出租车的路边扬招成功率为60%。即使在早晚出行高峰，滴滴专（快）车的应答率也分别达到了87%和90%。

（3）普惠化：在数字经济环境中，“人人参与、共建共享”的特点，实现了普惠科技、普惠金融和普惠贸易。在科技领域，以云计算为代表的按需服务业务形态，使得个人及各类企业用很低的成本就可以轻松获得所需要的计算、存储和网络资源，而不再需要购买昂贵的软硬件产品和网络设备，大大降低了技术门槛。根据阿里研究院测算，云计算的使用可以使企业使用IT的成本降低70%，创新效率提升3倍。

在金融领域，以互联网信用为基础的新型信用评分模型，对于普惠金融的实现具有不可替代的作用。通过大数据统计概率计算，可以使得不同风险的个体得到精准的风险评估，从而能够匹配差异化的金融信贷服务，让更多的个体享受到适合其各自风险特质的金融信贷服务。据网商银行业务团队的计算，假设不良总金额保持不变，如有新型信用评分模型的支撑，那么可授信的客户数量将大幅提升。可授信的企业类客户数量将增长360%，为原有数量的4.6倍；可授信的个人类客户数量将增长1600%，为原有数量的17倍。

在全球贸易领域，数字经济为全球普惠贸易带来了全新局面。普惠贸易意味着各类贸易主体都能参与全球贸易并从中获利，贸易秩序也将更加公平公正，如图2-5所示。普惠贸易具有以下特点：弱势群体能够参与国际贸易；贸易流程更加方便透明；国际贸易信息对称；全球消费者能方便地购买来自全球任意地点的商品；贸易中的参与主体，如消费者、小企业都能从中获益。跨境电商快速发展，eWTP理念得到认可，正是普惠贸易快速发展的例证。

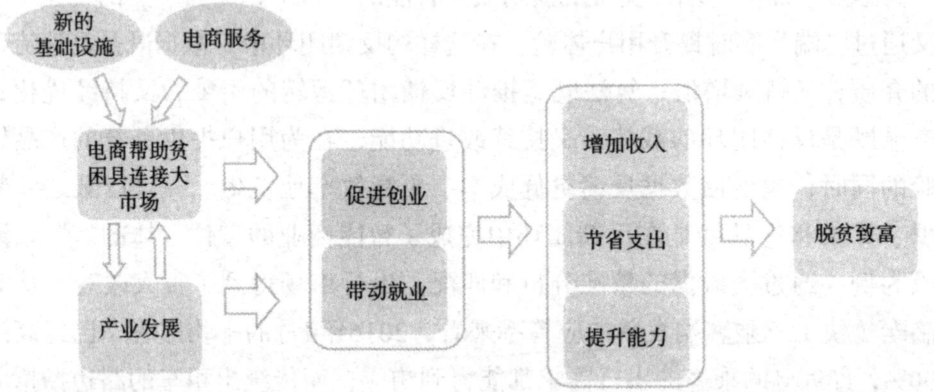

（资料来源：阿里研究院）

图 2-5　电商减贫作用机制

数字经济作为拉动经济增长的新动能和促进经济高质量发展的新引擎，是生产力和生产关系的辩证统一。数字基础设施为数字经济的发展提供了坚实基础；利用数据重构生产体系是数字经济发展的核心；数字技术产业化和产业数字化为数字经济的发展提供了主要生产力；数字化治理可以引领生产关系的变革，是数字经济发展的保障；数字资产是数字经济发展的重要产物，是未来引领经济变革的核心力量。

第四节　数字经济开启新征程

数字经济的发展对于改善民生、增进社会福祉作用巨大。世界经济论坛对34个经合组织成员国的调查显示，数字化程度每提高10%，能够促使经合组织幸福指数上升约1.3%。例如，腾讯微信通过一系列创新，能为民众提供一体化、整合性的大量创新服务。

政务微信基本上形成了部委政府、地方各级部门组成的微信公众号应用体系，实现了公安、旅游、食药监、党政、交通、教育、医疗、人保、司法、外贸等政府职能全覆盖。在很多政务民生领域，通过微信送达民生服务成为常态。微信推出城市服务，整合公积金、人社、医疗、交通、公共事业缴费、出入境、公安等民生服务办事功能，将政府部门线下和桌面的办事流程升级到移动端，使公众足不出户随时随地就能获得政府提供的服务，使政府工作更加贴近百姓生活，为公众的生活带来切切实实的便利。微信还积极拓展生活领域，形成便民服务新业态。比如，让用户足不出户享受指尖生活缴费（水、电、燃气）；餐饮、家政、物流、教育、医疗、旅游、酒店、停车、社区等多领域合作形成智慧解决方案，发展O2O服务新模式。

数字技术的应用和新模式、新业态的出现，会不断推动各领域的金字塔形层级结构向扁平化方向发展，逐渐打破组织内的层级结构、组织壁垒，以及组织内外部边界，形成平台化、社会化的新型组织，改变和重塑传统的经济社会结构，提升企业治理水平，推进国家治理体系和治理能力的现代化。

20世纪90年代，随着人们对网络技术的运用，很多企业着手进行流程优化、组织再造工作，重塑客户体验，重构运营模式，高效善用信息。近年来，随着智能技术的发展，数据智能逐渐成为未来商业的基础，智能商业也成为数据时代的全新商业范式。很多企业进行了相应的组织管理变革，斯坦福大学等知名学府的工商管理专业也都增加了数据引发的商务智能、数字主导型决策，以及数字化竞争等课程，为毕业生适应数字经济管理提供了方便。

很多国家积极建设电子政府、数字政府，大大提高了行政工作效率，实现了治理方式的变革。政府作为规模最大、信息最多、权力最大的公共机构，积极地向公众开放公共数据，对实现由数据驱动的社会治理模式非常重要。数据开放和共享在一定程度上破解了“制度黑箱”问题，逐步消除了政府和公众之间的信息差、文化差、知识差和能力差，驱动政府改变各部门各自为政、信息封锁、职能交叉重叠的传统状态，构建起无缝隙、一体化的跨部门业务协同体系。随之，政府的部分权力将被转移至企业和非政府组织手中，由政府、企业、公众多元主体共同参与公共事务的管理和决策，实现社会治理由封闭式管理向开放式治理、单向管理向协同治理的方向转变。

在新一轮科技革命和产业变革的带动下，特别是在互联网普及应用及政府的大力推动下，中国在数字经济领域形成新一波的创业创新浪潮，创业企业、创业投资、创业平台呈爆炸式增长，创业群体迅速扩大，创业创新在全社会蔚然成风。这一波创业最大的特点是以“互联网+”为鲜明特征，大多初创企业都集中在“互联网+”领域。“十四五”规划对数字经济发展的部署如表2-1所示。

表 2-1 “十四五”规划对数字经济发展的部署

打造数字经济新优势	
数字技术创新应用	聚焦高端芯片、操作系统、人工智能关键算法、传感器等关键领域
	加快推进基础理论、基础算法、装备材料等的研发突破与迭代应用
	通用处理器、云计算系统和软件核心技术一体化研发
	加快布局量子计算、量子通信、神经芯片、DNA 存储等前沿技术等
	信息科学与生命科学、材料等基础学科的交叉创新
	数字技术开源社区
数字产业化	培育壮大人工智能、大数据、区块链、云计算、网络安全等新兴数字产业
	通信设备、核心电子元器件、关键软件等产业
	构建基于 5G 的应用场景和产业生态，比如智能交通、智慧物流、智慧能源、智慧医疗等
	鼓励企业开放数据，发展第三方大数据服务产业
	共享经济、平台经济
产业数字化	“上云用数赋智”行动
	建立工业互联网平台和数字化转型促进中心
	深入推进服务业数字化转型，培育众包设计、智慧物流、新零售等新增长点
	加快发展智慧农业，推进农业数字化改造
加快数字社会化建设步伐	
提供智慧便捷的公共服务	教育、医疗、养老、抚幼、就业、文体、助残等数字化服务
	推进学校、医院、养老院等公共服务机构资源数字化
	推进线上线下公共服务共同发展：在线课堂、互联网医院、智慧图书馆等
	加强智慧法院建设
建设智慧城市和数字乡村	智慧城市建设，市政公用设施、建筑等物联网应用和智能化改造，通信系统建设等
	通信设备、核心电子元器件、关键软件等产业
	完善城市信息模型平台和运行管理服务平台
	建设数字孪生城市
	推进数字乡村建设：面向农业农村的综合信息服务体系、涉农信息普惠服务机制、乡村管理服务数字化
构筑美好数字生活新图景	购物消费、居家生活、旅游休闲、交通出行等场景数字化
	智慧社区建设
	丰富数字生活体验，发展数字家庭
	加强全民数字技能教育和培训，提升公民数字素养
	加快信息无障碍建设，帮助老年人、残疾人共享数字生活
提高数字政府建设水平	
加强公共数据开放共享	建立健全国家公共数据资源体系：公共数据安全、数据融合及深度利用
	健全数据资源目录和责任清单制度：国家数据共享交换，深化国家人口、法人、空间地理等基础信息资源共享利用
	扩大基础公共信息数据安全有序开放，优先推动企业登记监管、卫生、交通、气象等高价值数据集向社会开放

近年来，依托充满活力的巨大市场和庞大的制造业体系，中国企业的创新能力不断提高。美国曾一直以为中国不会创新，但中国通过互联网领域的成就，证明中国有实力成为全球创新领袖。2014年，《华尔街日报》发表了题为《中国创新机器的崛起》的文章，称近年来中国科技公司凭借硬件和软件等领域的创新开始挑战全球科技巨头，并引领电信、移动设备和在线服务等行业的发展趋势。两年多来，越来越多的外媒都认可这一观点，强调这一趋势。中国互联网行业已经基本形成了可与美国互联网行业抗衡的局面。腾讯、阿里巴巴、百度、京东足以对抗美国企业，并且开始主导新兴经济体的互联网市场。中国移动互联网在某些方面已经领先于美国，吸引硅谷开始模仿中国，从中国的微信、支付宝、滴滴等应用中寻求创意，尤其是微信已引起海外巨头群起仿效。

以互联网跨界融合应用为特征的数字经济的发展，全面促进了实体经济的转型升级。制造业是国民经济的主体，互联网与制造业的融合不仅带来了技术创新方面的正向整合，而且可能导致商业模式的重塑或重构，在制造业掀起数字化革命。通用电气公司为了实现数字化转型，2015年建立了独立的“通用电气数字部门”（GEDigital），把软件和IT所有数字职能全部转移到该部门，并进行了大范围的管理层重组，逐步建立并完善了工业互联网平台Predix。中国也有很多制造企业及早抓住了数字化机遇，顺利地推动了企业的转型，获得了明显的竞争优势，形成了对原有领先者的赶超。比如，青岛红领集团开创了服装大规模定制生产的先河，青岛软控通过生产软硬一体的橡胶生产设备取得了领先优势，并且改变了橡胶生产业的竞争格局。

第三章　全新经济范式加速形成

第一节　中国数字经济实现新跃升

目前，中国数字经济规模持续扩大。测算数据显示，2018年中国数字经济总量达到31.3万亿元，在GDP中的占比超过1/3，达到34.8%，占比同比提升1.9%。数字经济的蓬勃发展，推动了传统产业的改造升级，为经济发展增添了新动能，2018年中国数字经济发展对GDP增长的贡献率达到67.9%，贡献率同比提升12.9%，超越部分发达国家水平，成为带动中国国民经济发展的核心力量。差距有扩大趋势，按照可比口径，2018年中国数字经济名义增长20.9%，高于同期GDP名义增速约11.2%。未来，伴随着数字技术的创新，并加速向传统产业融合渗透，数字经济对经济增长的拉动作用将越发凸显。

从数字经济内部结构看，信息通信产业实力不断增强，为各行各业提供了充足的数字技术、产品和服务支持，为数字经济的发展奠定了坚实的基础；产业数字化的蓬勃发展，使数字经济与各领域融合渗透加深，推动了经济社会效率、质量的提升。中国信息通信研究院在《中国数字经济发展白皮书（2021年）》中指出，中国数字经济增加值规模由2005年的2.6万亿元增长到2020年的39.2万亿元，如图3-1所示。另据Gartner预测，2021年中国IT支出将达3.04亿，同比增长7.2%，企业数字化转型空间巨大。产业数字化在数字经济中继续占据主导位置，2018年产业数字化部分规模为24.9万亿元，同比名义增长23.1%，产业数字化部分在数字经济中的占比由2005年的49%提升至2018年的79.5%，在GDP中的占比由2005年的7%提升至2018年的27.6%，产业数字化部分对数字经济增长的贡献度高达86.4%。在数字经济中，产业数字化部分占比高于数字产业化部分占比，表明中国数字技术、产品、服务正在加速向各行各业融合渗透，对其他产业产出增长和效率提升的拉动作用不断增强。产业数字化成为数字经济增长主引擎，使数字经济内部结构不断优化。

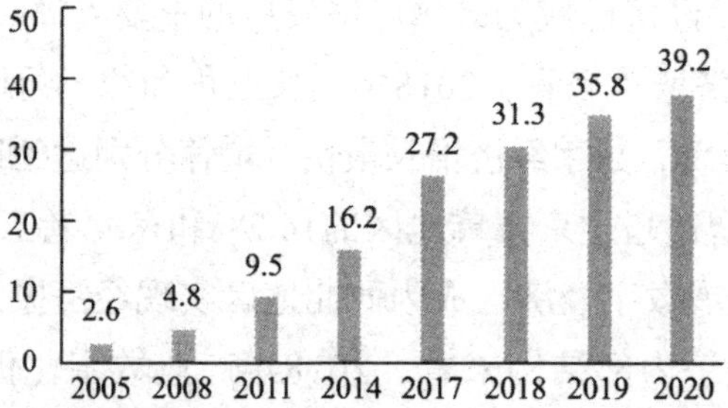

（资料来源：中国信息通信研究院）

图 3-1　中国数字经济增加值规模（万亿元）

从各地数字经济总量来看，继2017年全国有10个省市数字经济规模跨越万亿元大关之后，2018年河北省数字经济规模也超过万亿元。其中，广东省在全国领先，数字经济规模超过4万亿元，江苏位列第二，规模超过3万亿元，山东、浙江紧随其后，数字经济规模超过两万亿元，上海、北京、福建、湖北、四川、河南、河北的数字经济规模均超过1万亿元。其余省市数字经济规模与2017年相比，均有不同程度的提升，大部分省市的数字经济规模均介于1000亿～10000亿元，宁夏、青海的数字经济规模介于600亿～900亿元。数字经济增速显著高于同期GDP的增速。2018年各省市数字经济高速增长，增速在10%～25%范围内，显著高于同期各省市国民经济。

受数据可得性限制，各省市数字经济测算不包括海南、西藏、香港、澳门、台湾等。其中，贵州、福建领先全国，数字经济增速超过20%，江西、浙江、江苏紧随其后，数字经济增速超过19%，陕西、广东、新疆、山西、安徽、上海、山东、四川等省市的数字经济增速均超过15%，其余省市的数字经济增速超过10%。

（1）从数字经济总量来看，2018年，长三角地区的数字经济规模最大，达到8.63万亿元，珠三角地区次之，数字经济规模达到4.31万亿元，京津冀地区的数字经济规模为3.46万亿元，东北老工业基地和西北地区的数字经济发展相对较慢，分别为1.60万亿元和1.26万亿元，数字经济规模与地区经济发展水平具有较强的相关性。

（2）从数字经济占比来看，2018年，珠三角地区的数字经济在GDP中的占比最高，达到44.3%，长三角地区和京津冀地区紧随其后，占比分别为40.9%和40.7%，东北老工业基地和西北地区的数字经济在GDP中的占比仅为

28.2%和25.6%，数字经济已成为区域经济发展的重要支撑。

（3）从数字经济增速来看，2018年，长三角和珠三角地区的数字经济新模式、新业态创新活跃，数字经济增长最快，增速分别达到18.3%和17.6%，西北地区的数字经济增速超过京津冀地区的14.2%和东北老工业基地的11.3%，增速达到16.7%，发展数字经济已成为西北地区实现经济振兴的重要选择。

（4）从数字经济内部结构来看，2018年产业数字化仍然是带动各重点区域数字经济发展的主引擎，经济欠发达省份更注重加强数字经济产业化应用，西北地区产业数字化在数字经济中占比最高，达到90.8%，东北老工业基地次之，达到88.8%，京津冀地区产业数字化在数字经济中占比为79.9%，而信息通信产业发达省份，如广东、江苏分别所处的珠三角和长三角地区，产业数字化在数字经济中占比较低，分别为62.6%和71.3%。

第二节　数字经济是新的经济范式

从技术经济范式的角度看，科技产业革命特别是关键技术创新将深入影响宏微观经济结构、组织形态、运行模式，进而形成新的经济社会格局。当代经济社会正处于从传统的技术经济范式向数字技术创新应用推动的数字经济范式转变。从信息经济概念到数字经济概念的使用变化上可以看到这一转变过程的不断深化。

（1）信息经济概念的提出：数字技术——经济范式肇始。20世纪40年代，人们在微电子领域取得重大技术突破——发明了第二代晶体管电子计算机和集成电路。人类的知识和信息处理能力大幅提高，数字技术对经济生活的影响初步显现。回顾1962年马克卢普提出的“信息经济”概念，正是以20世纪五六十年代的这次数字技术创新为大背景的，他深刻认识到“向市场提供信息产品或信息服务的那些企业”是重要的经济部门，“信息经济”概念由此诞生。随着数字技术的广泛渗透，“信息经济”这一概念被广泛使用并且内涵得到不断丰富。20世纪七八十年代，大规模集成电路和微型处理器的发明，以及软件领域的革命性成果都加速了数字技术的扩散，使数字技术与其他经济部门交互发展不断加速。马克·波拉特在1977年指出，除了马克卢普所说的“第一信息部门”，还应包括融合信息产品和服务的其他经济部门，就是其所说的“第二信息部门”，数字技术创新与其他经济部门的融合渗透，使经济社会的影响进一步深化。

（2）数字经济概念的提出：数字技术——经济范式跃迁。20世纪八九十年代，互联网技术日趋成熟，随着互联网的广泛接入，数字技术与网络技术相融合，数字经济特征发生了新的变化，全球范围的网络连接生成的海量数据，超出之前分散的终端所能处理的能力，云计算、大数据等数字技术快速发展。20世纪90年代，数字技术快速从信息产业外溢，在加快传统部门信息化的同时，不断产生新的生产要素，形成新的商业模式，数字商务成为最典型的应用。数字商务等新业态、新模式甚至超越了波拉特提出的“第一信息部门”和“第二信息部门”，这时需要一个新的概念来描绘数字经济发展模式的新变化。正是在这样的技术背景和应用背景下，随着尼葛洛庞蒂《数字化生存》一书的热销，“数字化”概念兴起。1996年，美国学者泰普斯科特在《数字经济时代》中正式提出“数字经济”的概念，1998年、1999年、2000年美国商务部先后出版了名为《浮现中的数字经济Ⅰ》《浮现中的数字经济Ⅱ》《数字经济》的研究报告。世纪之交，“数字经济”概念的出现、传播，并被广泛接受，是数字经济快速发展与广泛应用的背景下，数字技术经济范式朝着更广泛、更深入、更高级的方向发展的表现，将带来经济社会面貌更为深刻的巨变。

数字经济是一种技术经济范式。数字技术具有基础性、广泛性、外溢性、互补性特征，将为经济社会带来新一轮阶跃式发展和变迁，推动经济效率大幅提升，引发基础设施、关键投入、主导产业、管理方式、国家调节体制等经济社会最佳惯行方式的变革。如伴随互联网与电信技术的快速发展与融合，互联网企业、电信运营商和手机终端设备产业出现跨界竞争现象，移动互联网使互联网不再被办公场所限制，深刻改变了人类的生活方式。数字经济技术范式具有三大特征：数字化的知识和信息是最重要的经济要素，数字技术有非常强烈的网络化特征，数字技术重塑了经济与社会。

随着IT产业和各产业的深度融合形成的各行业信息化、互联化趋势，IT产业应用领域将更广泛，IT相关岗位的人才需求将进一步增加。在数字商业、数字娱乐、传统行业的互联网改造的普及过程中，创造了新兴的岗位需求，要求从业者掌握一定的编程技能。

在数字商业方面，随着公众号、小程序、直播电商、短视频、企业微信等新兴渠道的出现，品牌商开始重视销售、营销、运营一体化的全渠道经营，并通过圈定私域流量进行宣发。随着“数字新商业”向零售、电商、餐饮、美业、酒店、旅游等生活服务业的拓展，越来越多的中大型企业加入“数字新商业”的阵营，由此产生大量泛IT运营人才需求，如图3-2所示。

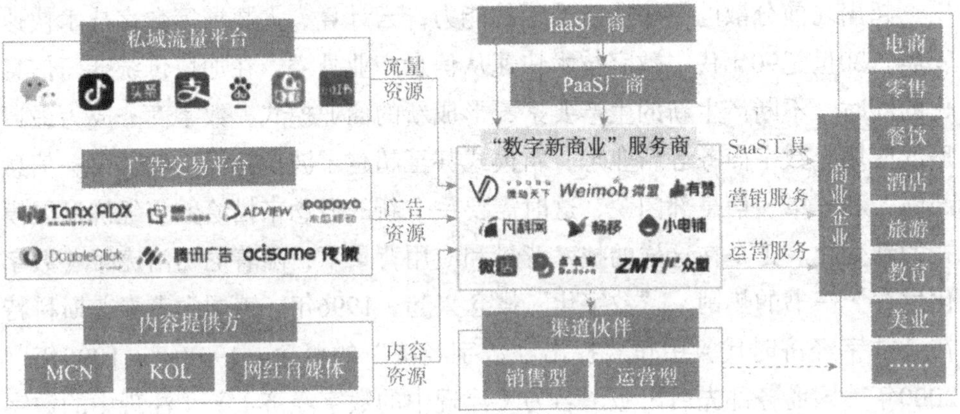

（资料来源：艾瑞咨询）

图 3-2　数字新商业产业图谱

同时，数字经济是一种经济社会形态。数字经济在基本特征、运行规律等维度出现了根本性变革。对数字经济的认识，需要拓展范围、边界和视野，成为一种与工业经济、农业经济并列的经济形态。需要站在人类经济社会形态演化的历史长河中，全面审视数字经济对经济社会的革命性、系统性和全局性影响。

第三节　数字经济带来了什么

当前，以互联网为代表的数字技术正在加速与经济社会各领域深度融合，已经成为引领经济社会发展的先导力量，也成为各国在后金融危机时代推动经济社会转型、培育经济新动能、构筑竞争新优势的重要抓手。

数字化对经济增长作用明显，并且数字化密度越大的国家从数字化中获得的收益越大。据分析，数字化程度每提高10%，人均GDP增长0.5%～0.62%。尤其是在全球经济增长乏力的当下，数字经济更是被视为撬动全球经济的新杠杆。据预测，2020年数字技能和技术的应用将使全球经济有望累计增加两万亿美元；到2025年，全球经济总值的一半将来自数字经济。

随着数字经济的兴起，全球经济形态逐渐发生变化，如图3-3所示。以贸易领域为例，数字贸易在全球贸易体系中的地位已经与传统贸易同等重要，甚至更为重要。商品贸易、服务贸易和资金流动是20世纪经济全球化的主要表现形式，但2007年，全球商品、服务和资金流动达到约30万亿美元（占全球GDP的53%）的历史最高纪录，此后增幅逐渐放缓，甚至出现停滞或下降；相反，数据流动额却增速迅猛，以几倍甚至几十倍的速度增长，逐渐成为经济全球化的主体，也成为全球经济发展的主导。

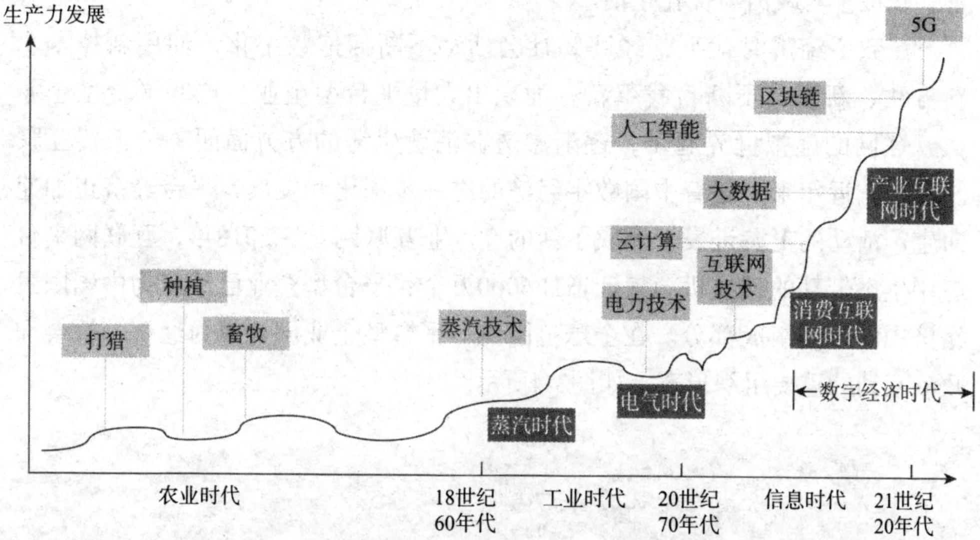

图 3-3　数字技术发展推动全球进入数字经济时代

同时，世界各国纷纷出台举措加快数字经济的发展。经济合作与发展组织（OECD）在《2015经合组织数字经济展望》报告中提出，截至2021年，超过80%的OECD成员国家制定了国家战略或部门政策，构建了数字经济国家战略框架。少数没有整体战略的国家，也在考虑制定或审查相关战略，或者已经发布了一些具体领域的战略和政策。

从内容上看，各国政府均希望通过发展数字经济，全面促进经济社会健康发展。各国战略的重点包括：发展通信基础设施；发展信息与通信技术（ICT）部门；加强电子政府服务；推动商业部门及中小企业应用ICT，重点关注卫生医疗、交通运输及教育部门；提升民众数字素养；加强数字身份、隐私和安全建设；解决诸如网络监管、气候变化等方面的全球挑战。在推进举措方面，近几年很多国家已经采取了一系列行动，全力推进数字经济的发展。以美国为例，2012年3月，美国白宫科技政策办公室发布《大数据研究和发展计划》，成立大数据高级指导小组，以实现用大数据技术系统改造传统国家治理手段和治理体系，形成新的经济增长点的目标。

2016年12月，美国商务部建立了数字经济顾问委员会（DEBA），成员包括科技行业巨头、创新者及专家，旨在帮助政府、企业和消费者提供发展数字经济的建议，从而凭借数字技术的应用与发展促进经济繁荣、教育完善，积极参与政治与文化生活。

在数字经济时代下，经济和社会活动不断拥抱数字化，使用新技术、新方法、新模式不断自我革新，涌现出大量平台型企业。这些平台型企业从互联网的虚拟世界起步，逐渐渗透在消费生活的方方面面（“消费互联网”）。近年来，随着中国数字经济的进一步深化和发展，平台经济正加速向生产活动的上游迸发，形成了新的“产业互联网”。2018年，互联网平台应用生态带动的就业机会累计增加6000万个，平台型企业已经成为中国国民经济中的重要组成部分。在全球范围内，平台型企业同样成为经济、社会和政治互动的重要组织形态，如图3-4所示。

注：各大公司市值基于2020年9月11日收盘价。

（资料来源：Forbes）

图 3-4　全球市值最高的 20 家企业中平台型企业越来越多

由于网络和信息技术的整体性爆发，以及其在各领域的广泛应用，很多互联网公司同时开发多项技术，渗透到多个产业，其影响不仅仅局限于互联网领域。例如，谷歌已经开展了网络服务、广告、娱乐、媒体、操作系统和影像等业务，通过自动化车辆、人工智能的尖端技术、机器人、防御技术和先进的计算技术正式进军自动化领域。

第四节　数字经济引领高质量发展

数字经济通过提高经济发展中的技术创新能力、产业融合能力、市场扩张能力推动经济高质量发展。因此，需要结合高质量发展的具体要求，从理论上分析数字经济引领高质量发展的作用机制。数字经济引领高质量发展的机制是通过实现效率变革、动力变革和质量变革来提高高质量发展的机制。

1. 数字经济引领高质量发展的效率变革机制

效率变革是指为提高产出效益，以技术创新驱动机制实现资源要素集约、节约化配置。数字经济通过提高创新能力，进而实现效率变革。数字经济引领经济高质量发展的机制是在不变投入甚至减少投入的基础上，提高经济发展和运行效率的。

（1）数字经济的发展通过创新能力的提高实现高质量发展的效率变革。在数字经济领域中，创新性研发资源提升了整个经济体系的创新能力。同时，数字经济通过创新扩散使传统产业吸收新技术，带动传统行业的整体创新水平，通过扩散效应对传统行业产生了创新激励。

（2）数字经济通过提升组织运行效率实现高质量发展的效率变革。数字经济提高了交流的便利性，改变了人们之间的沟通方式，使得交流模式发生转变，促使企业和政府加强管理创新。同时，数字经济提高了传统经济的智能化程度，使整个经济体系的运行效率得到提高。

（3）数字经济通过提高管理效率和要素配置效率实现高质量发展的效率变革。数字经济通过互联网平台，促进产业链、供应链和价值链的融合融通，提高政府治理效率，通过技术创新和管理创新，提高产品和服务的质量，提升全要素生产率。同时，以数字化丰富生产要素，通过网络化提高要素的配置水平，如图3-5所示。

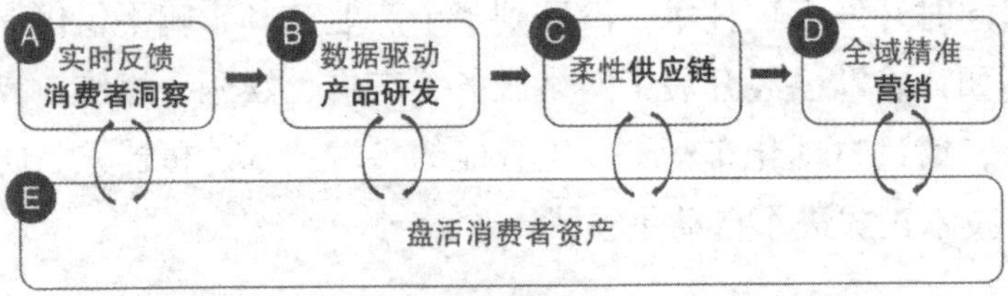

图 3-5　数字经济时代的新模型提升效率

2. 数字经济引领高质量发展的动力变革机制

数字经济发展对经济增长的动力变革具有促进作用。数字经济的动力变革是通过数字经济形成新产业、改造传统产业形成的。

（1）数字经济通过加快新产业成长实现高质量发展的动力变革。数字经济本身具有高成长特性和规模经济效应，数字经济的发展增加了投资规模，加快了新产业的成长，促进了经济发展的动力变革。同时，数字经济能够提高经济资源的配置效率，进而促进经济增长的动力变革。

（2）数字经济通过与传统产业融合实现高质量发展的动力变革。数字经济促进了信息技术与传统产业的融合发展，提升了传统产业技术能力，促进了经济增长动能转换。同时，数字经济通过扩散效应，提升了经济的潜在增长动力。数字技术通过与传统产业的深度融合，提高了资源配置效率，促使经济结构优化，推动了传统产业转型升级，数字经济正在改变中国的经济结构，形成了结构性增长。

（3）数字成为驱动经济增长的关键要素，为高质量发展提供动力。数字化的知识和信息已成为数字经济时代最为关键的生产要素，数字驱动型创新正在向科技研发、经济社会等各个领域扩展，以数字技术的使用作为经济结构优化的推动力已经成为高质量发展的重要动力。

3. 数字经济引领高质量发展的质量变革机制

数字经济引领高质量发展的质量变革机制就是提升产业供给水平，通过数字技术推动产品装备质量升级和服务质量升级的机制，如图3-6所示。

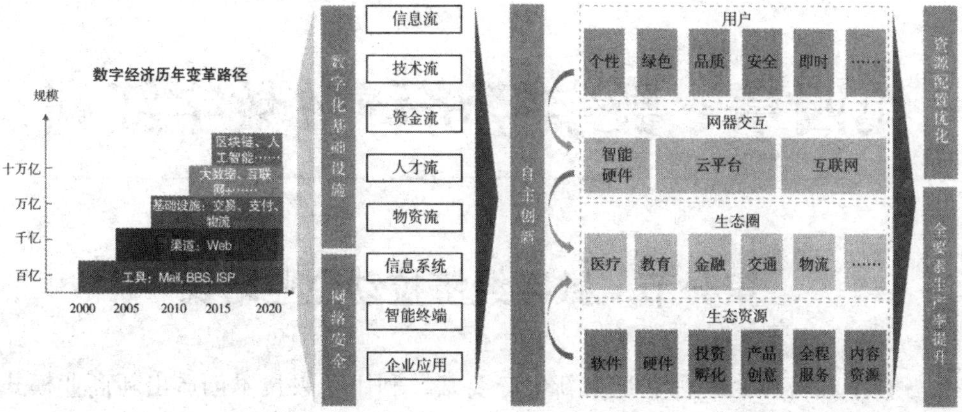

（资料来源：德勤）

图 3-6　依托数字经济变革打造企业核心竞争力

（1）数字经济通过更好地满足客户需要实现高质量发展的质量变革。在数字经济发展过程中，企业在生产产品和服务时，可以通过数据提前了解客户需求，针对客户需求生产产品，更好地满足客户需求，引导消费的新方式。

（2）数字经济通过绿色发展实现高质量发展的质量变革。数字经济通过减少资源浪费，消除生态环境恶化和资源约束的要求符合经济高质量发展特点。

（3）数字经济通过催生新产品与新业态实现高质量发展的质量变革。数字经济将数字信息、数字技术转化为新生产要素，催生高效的管理手段，形成了新产业、新产品和新业态，最终实现经济高质量的发展。

（4）数字经济通过信息技术创新驱动实现高质量发展的质量变革。数字经济推动着制造业、农业、零售业等传统产业，使农业、零售业等实体经济和教育、医疗、交通等公共服务产业实现数字化转型升级。

（5）数字经济通过提高产品与服务质量实现高质量发展的质量变革。数字化转型将改变传统制造业的研发与生产流程，逐步打造数字化供应链，通过对生产过程中产生的大量数据进行分析，可以进一步优化生产流程参数，提高产品和服务质量。

第四章　数字经济释放数字红利

第一节　数字经济拉动企业增长

数字经济作为一种立足于新生产要素，利用新兴技术创造出新商业模式的新经济形态，其促进经济增长的机制也是目前研究的重点之一。目前，可以从微观企业、中观产业和宏观经济3个角度，分析数字经济对经济增长的拉动作用。

1. 微观企业

从微观层面来看，数字经济带来的好处很大程度上可以归结为成本的降低，具体概括为规模经济效应、范围经济效应和长尾效应。

第一，数字经济特性带来的规模经济效应。数字经济背景下，企业生产成本呈现高固定成本和低边际成本的特性。前者通常是沉没成本，主要包括产品前期的研发成本，以及为吸引用户采取的免费、补贴等策略所消耗的成本。后者则由数字经济的特性决定，在企业积累到一定用户之后，会触发正反馈，实现强者愈强的马太效应，此时企业的产品几乎可以零成本无限复制。这一点在腾讯的即时通信业务当中展现得淋漓尽致：当周围所有人都在使用QQ或微信的时候，你对它的选择几乎就成为了一种必然，这使得腾讯要获取一个新用户的成本几乎是零。

第二，数字经济特性带来的范围经济效应。传统经济背景下的企业通常通过平行提供多样化的产品来实现范围经济，其优势在于企业同时生产两种或多种产品的成本低于分别生产每种产品的成本总和。在数字经济背景下，企业可以依靠某一种主营业务积累用户，低成本地开展多样化的业务，这使得企业产品的种类大幅增加。例如，腾讯主营即时通信，同时又有邮件、新闻、游戏等衍生业务；阿里巴巴主营数字商务，同时又发展出金融、影视等衍生业务。这些衍生业务的共同特征是，其业务开展都基于主营业务搭建起来的平台和积累的用户，具有低成本的特点。

第三，数字经济特性带来的长尾效应。数字经济带来的规模经济效应和范围经济效应，使得企业增加产量和产品种类的成本都大幅度降低，使得企业能够低成本地满足更多尾部的、边缘化的消费需求。多样化的需求扩展了市场边界，使得市场不易饱和，同时为中小企业的创新提供了生存空间。

2. 中观产业

数字经济对于中观产业发展的促进作用，主要体现在产业创新效应、产业融合效应与产业关联效应这3个方面，最终促进产业的结构调整和转型升级，如图4-1所示。

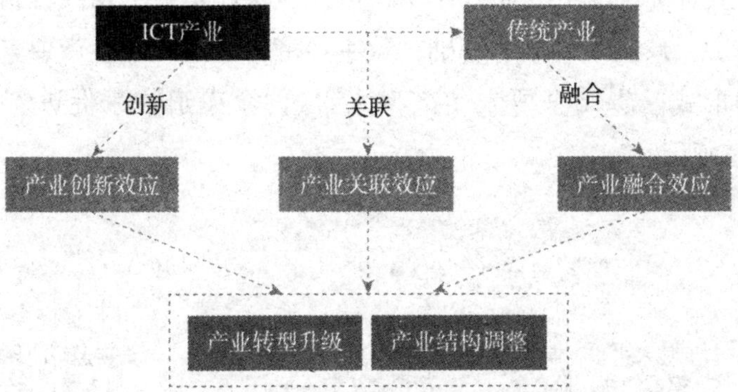

图 4-1　数字经济促进中观产业发展的效应

第一，产业创新效应是指由数字经济底层信息通信技术直接相关的ICT部门带来的创新。具体而言，以大数据、云计算、人工智能等核心技术驱动的新一代ICT产业，具备创新活跃、生产率高、外溢性强等特征，代表未来产业升级的方向。同时，在数字技术扩散与产业化应用的过程中，供给与需求侧的响应又倒逼ICT产业不断升级。

第二，产业融合效应是指数字经济技术广泛运用于传统产业带来的产业融合，是传统产业的数字化改造。例如，ICT技术广泛应用于工业制造领域产生的智能化制造、个性化定制、网络化协同、服务型制造等模式，提高了工业生产部门的整体效率；又如，ICT技术应用于农业领域带来的数字种植工厂、畜牧养殖环境监测、动物体征监测等模式，也极大地促进了农业生产的发展。

第三，产业关联效应是指数字经济及技术带动产业之间的关联和互动，形成产业集群，降低成本。数字产业在连接、平衡和带动三大产业方面发挥了重要作用。具体而言，数字技术革命首先从数字产业逐渐扩散到联系最为紧密的行业，通过高协同性和正反馈效应形成具有强烈互动的产业集群，再通过横向或纵向产业关联，进一步降低其他产业采用新技术范式所需要的成本。

最后，随着ICT技术的不断发展创新，其本身逐渐发展壮大成为经济社会的主导产业，促进传统产业的数字化改造融资，并带动了产业间的正向联动发展。由此，数字经济将完成对产业结构的深度改造与调整，最终实现整个经济体的产业转型升级。

3. 宏观经济

数字经济对宏观经济的促进作用，可以从生产函数的角度分析。以索罗模型$Y=T\times F(D, A\times L, K)$作为基础，数字经济将通过增加生产要素数量、改变产出函数的形式、提高全要素生产率水平这3个渠道，来促进宏观经济的增长，如图4-2所示。

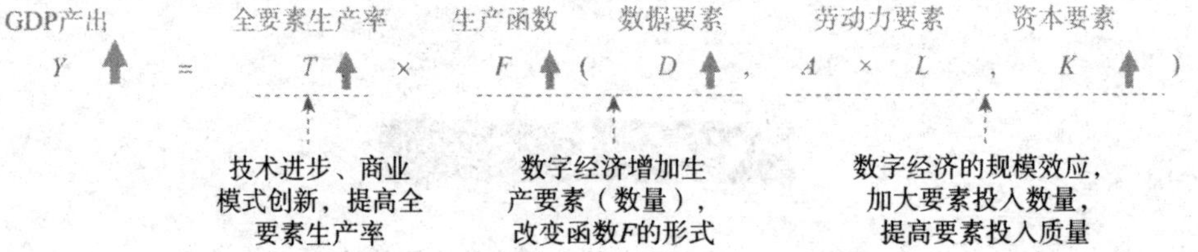

（资料来源：平安证券研究所）

图 4-2　数字经济促进宏观经济增长的效应

（1）从生产要素角度：在产能一定的情况下，通过加大投入或改变要素配置，使产出接近潜在产能。数字经济的规模效应，既增加了要素投入的数量，又提高了可投入要素的质量，同时可以较为精准地使得生产资料在各部门之间分配。

（2）从产出函数角度：一是生产要素更丰富，例如，加入数据（信息）作为生产要素；二是改变了函数F的形式，通常的柯布道格拉斯函数形式$Y=Ak\alpha L1-\alpha$可能不再有效。数字经济使得杂乱的信息变得有效，互联网技术提高了信息或数据的边际产出，其他生产资料也有类似的情况。

（3）从全要素生产率角度：通过技术进步提高全要素生产率TFP，这既包括互联网对技术进步的作用（云计算、人工智能等改善了生产效率），又包括商业模式的创新（共享经济、O2O等）。这些新的模式创造了新需求，同时更精准地匹配了供需两端，促进了经济增长。

第二节　数字经济促进就业

纵观人类历史，每一次产业革命都伴随着技术对人类智力、认知水平及生产能力的大幅跃升，引发产业结构变迁，带来经济的巨大发展。同时，对就业内涵也产生了显著影响。这些趋势亦会对数字经济下的就业生态产生类似的作用。

就业人群：体力门槛逐步降低，知识技能愈加重要。就业门槛经历了从降低（体力）到提升（知识、技能、经验、素质）的过程。随着更为汹涌的人工智能等技术大潮来袭，“就业壁垒”不断被打破，新兴技术不断推动着就业人群自身能力的突破、重塑与演进。

就业领域：产业升级成为常态，就业边界不断扩大。机器能力的持续强化使人类的部分体力、脑力负荷得以解放，同时伴随着落后产业及就业机会的淘汰和消亡。然而，劳动者又总能在新的产业领域实现价值，劳动及就业的内涵、边界也随之得到延展。

就业方式：摆脱时间、空间束缚，凸显个人价值广泛共享。人类的生产方式不断挣脱物理空间的束缚：从只能白天作业的家庭作坊、规模化工厂、24 小时全球化企业，到虚拟网络组织；从明确职责、各司其职到项目制团队、合伙人制、自由职业，人的个体价值也被更广泛地激发、流动和共享。

以互联网、云计算、大数据、物联网、人工智能等为代表的数字技术已被公认为是第四次产业革命的重要驱动因素，在为全球经济活动赋予巨大能量的同时，亦将对就业生态带来革命性改变。

数字技术将从以下3个方面施加对就业生态的颠覆性影响。

历次产业革命与就业变迁

以蒸汽机发明、冶金炼钢为主要技术突破，第一次产业革命对就业生态产生的影响如下。

- 就业人群：机器代替手工工具，降低了对人力量、技术的要求，从而极大地扩大了就业人群范围，这在针对第一次工业革命的童工记录中得以体现。
- 就业领域：机器制造业的工作机会大规模出现；现代城市的兴起催生

了新兴城市服务群体；人类用于基础生活物资生产之外的时间变多，社会商品需求日渐丰富。

- 就业方式：以8小时工作制为代表的现代雇佣制出现；标准化、批量化的生产模式使工种被细分，劳动者各司其职且工序相连，并均在统一的管理之下。

以电力、内燃机、汽车的发明和铁路大发展为主要技术突破的第二次产业革命对就业生态产生的影响如下。

- 就业人群：随着对劳动者体力要求的进一步下降，女性全方位地参与到就业中，知识工人也成为重要的就业代表。
- 就业领域：轻工业升级为重工业后带来了大量的就业机会；商品和服务的“统一大市场”交易使跨区域服务业高速发展；管理类岗位也应运而生。
- 就业方式：由于资本对效率的追求，个体劳动者被更大限度地“锁”于产业链中，形成长期稳定的雇佣关系；企业组织的形态不断完善，职能划分明确，等级森严。

以原子能、计算机技术为主要科技成果的第三次产业革命对就业生态产生的影响如下。

- 就业人群：知识技能成为愈加重要的就业门槛。因此，由于代际能力差距，在产业换轨过程中多次出现群体式的就业波动，涌现出“下岗工人潮”“新型劳工荒”等现象。
- 就业领域：信息技术替代了部分制造、管理岗位，同时也带来了大量的对工程师的需求；在全球化背景下，协同贸易成为重要的就业领域，并且带来各产业就业机会在不同地域的能力沉淀。
- 就业方式：社会生产借助信息技术去中心化、虚拟化，社会意识形态亦多元化，过往僵化的雇佣模式和组织等级开始松动——兼职、自由职业等新就业形态和宽泛的岗位角色管理模式被广泛认可，标志着劳动者自由意识和价值再次被激发。

- 商业逻辑：数字技术广泛融入各行各业，深入改变传统行业的商业逻辑和运行方式。例如，电商平台冲击了传统实体零售“渠道为王”的思维，均转向“客户为王”，着力构建线上流量平台+线下零售网点的融合用户场景，并利用大数据进行精准的商业洞察和消费行为的预测，如阿里巴巴入股银泰百货、京东永辉联盟、苏宁转型云商等。制造型企业一方面向着全自动化工厂的目标迈进，另一方面积极与供应商的系统、数据实现整合，以满足C2B模式下，小批量、高频次、多品类商品的柔性化生产。金融业则借助互联网金融的新模式挖掘了个人与中小企业的大量小微金融需求，并基于互联网数据重新构建社会信用体系。

- 组织形态：数字技术使新的组织内外协作模式得以顺畅运行，并且更契合业务诉求。借助数字技术，组织内部的协作和沟通成本大幅缩减，流程运行速度加快，扁平化、精益化趋势引发“大象型”组织主动瘦身、去冗增效。同时，数字技术亦驱动组织之间的边界消弭，越来越多的组织变身为开放平台，甚至搭建生态体系，扶持内外部个体在平台之上和生态圈内自我激励、高效协同，一方面敏捷应对市场和客户日益快速的变化和需求，另一方面也通过资源整合实现生态圈整体利益最大化。
- 劳动能力及价值观：数字技术对人类劳动的可替代能力越来越强，并且“数字原生代”拥有新的数字时代的工作价值观。与过往所有技术革命相同，数字技术又一次大幅提升了人类的生产能力，尤其是当未来在各大场景深入运用人工智能后。同时，对被誉为“数字原生代”的年青一代就业人群而言，在互联网开放、自由、平等、分享、透明、多元精神和价值观的耳濡目染下，他们对众包、共创、试错、迭代、扁平化、小微化、单元化等数字时代的工作文化有天然的亲近感，并且在追求自我实现、工作与生活的平衡上表现出较强的群体特征。

第三节　从智能商业到智能经济

在农业时代“无人知是荔枝来”的场景里，应用“畜力”这一能量来源，采取“接力快递”的物流方式，让当时极少一部分人享受到了高效的“快递”服务。

在工业时代，已经发展出了一些高品质的物流服务、个性化的金融服务、一对一的外贸供应链服务、高效率的IT服务、人力资源服务等。但通常情况下，只有少数大企业、大机构才用得起、用得上、用得好。

到了今天，数字经济体自身就是众多商业模块的集合体，它集成了众多的商业流程，连接了一个庞大的全球大市场。大市场才能孕育大分工，因此，在数字经济体的大市场上，众多个性化、低成本、大规模的商业服务都已经出现。

“人工智能”概念的提出已有60多年的历史，但它真正能够在商业上有所作为，能够高效化、规模化、普遍化地展现出社会经济潜力，则受益于过去十多年来计算力（云计算）、数据量（大数据）和算法（深度学习）的巨大进步。

在微观层面上，曾鸣教授曾以蚂蚁小贷为个案，全面地介绍了它的运行机制。蚂蚁小贷的贷款额度之小、贷款客户数量之大、反应速度之快、资金使用效率之高、员工人数之少等，很多方面都达到了传统金融机构无法企及的高度，从而实现了爆炸式成长。基于“大数据”和“算法”的“机器学习”，让商业变得“智能”，提供了传统机构无法想象的小微贷款服务。曾鸣教授由此提出了对智能商业的理解：数据化、算法和产品在反馈闭环中完成了“三位一体”的运行。

智能商业在微观层面上强有力的运行机制和内在逻辑，正在经由“万物互联的在线化、智能化应用的深化，以及社会化的大协同”三大动力，开始扩散到中观产业层面和宏观经济的运行中，并有望成为智能经济体系下最为坚实的微观内核。

从领域来看，智能商业正在从消费端扩展到产业端，如图4-3所示。过去20多年是消费互联网壮丽成长的时段，智能商业在这一领域中得到了孕育和成长。近年来，以阿里云等为代表推动的工业互联网，也已经加速开启了智能化之路。产业端（企业）的数字化，曾一度远远落后于消费端（个人）的数字化，而今这一不平衡的局面也已经开始有所改观。马云先生在写给股东的信中，曾对这一宏大进程做出来自阿里的“注脚”：“9年前（2009年）阿里巴巴已经转型为一家技术公司，阿里在大数据、云计算、人工智能、物联网上全面布局和准备……过去两年，阿里巴巴已经用技术为零售业（个人端、消费端的新零售）创造巨大价值，未来这一价值将在制造业（产业端的新制造）、金融业进一步显现。”

从消费端到产业端，从微观层面到宏观层面，智能商业的特质、机制、逻辑的持续扩散，将直接推动智能经济的成长。

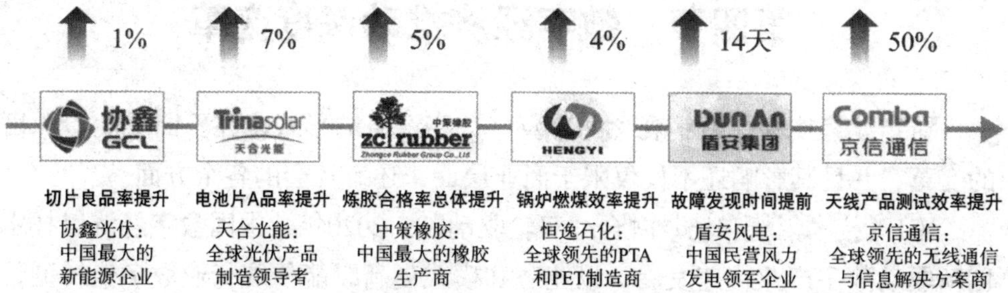

图 4-3 产业互联网加速智能化

与此同时，工业时代的公司所遵从的基本是“泰勒制”的、线性的（价值链、产业链、供应链等）组织方式和流程。而数字经济体所取得的成绩，则与它“云端制”的组织方式直接相关：超级平台+数亿用户+海量商家+海量服务商——这是一种超大规模、精细灵敏、自动自发、无远弗届的大规模协作的组织方式，也是人类历史上从未达到过的“分工/协作”的高水准，如表4-1所示。

表 4-1 从“公司”向“数字经济体”的演化

	“公司”在不同领域的极致形态			数字经济体的雏形
	大规模生产	大规模零售	大规模定制	C2B 模式
代表企业	福特汽车	沃尔玛	DELL	互联网平台
出现时间	20 世纪初	20 世纪 60 年代	20 世纪 90 年代	21 世纪初
市场环境	供不应求	大量消费	供过于求	个性需求勃兴
代表性的商业基础设施	公用电厂、铁路网络、电话网络等	现代通信网络、现代物流、IT 信息技术	现代通信网络、现代物流、IT 信息技术	云计算中心、智能物流、大数据处理等
竞争基点	低价	低价、多样	速度、体验	体验、速度、海量
价值交付	企业以产品为载体向消费者交付价值	企业以产品为载体向消费者交付价值	企业以“解决方案”为载体向消费者交付价值	以体验为载体，企业与消费者共创价值
产消关系	生产商主导	零售商主导	消费者适度参与	消费者主导
消费者角色	孤立、被动、少知	孤立、被动	部分参与设计或生产	见多识广、相互联系、积极主动、深度参与
主流的供应链形态	线性、精益供应链	线性、精益供应链	线性、敏捷供应链	巨型的社会协同网
商业形态	小品种、大批量	多品种、大批量	多品种、小批量、快反应	海量品种、小批量、快反应

（资料来源：阿里研究院）

第四节　数字经济推动深度变革

随着数字技术与数字观念的普及，数字经济的形式也在不断发生着深度的变革，并且其影响还不仅仅限于商业层面，还有社会的各个方面。

（1）技术创新和场景融合“双轮驱动”。2020年，中国数字经济以技术创新驱动数字产业快速发展，以业态和模式创新赋能传统行业数字化转型，成为对冲公共卫生事件、平抑风险的经济“压舱石”。前三季度，工业机器人、集成电路产量同比分别增长18.2%、14.7%，信息传输、软件和信息技术服务业同比增长15.9%，高技术产业投资增长9.1%，各项增长表现超过其他产业的同期水平，在全国经济由负转正中牵引作用的凸显。同时，数字技术与医疗、教育、交通、零售、制造业等各行业深度融合按下“快进键”，智慧课堂、协同办公全面普及，“云问诊”“云会展”“云旅游”等纷纷上线，网络直播、共享员工等个人就业新形态不断涌现，以电商直播为例，1～6月（上半年）全国电商直播超过1000万场，活跃主播人数超过40万，观看人次超过500亿，上架商品数超过2000万。

2021年，在中美经贸摩擦的背景下，中国基础软件、高端芯片、核心元器件等关键核心技术创新投入将持续加大，数据赋能效应与技术乘数效应相叠加，推动以“要素共融、资源共享、价值共创”为核心的场景创新继续深入，加速产业要素裂变、融合、重构，引爆数字经济一个又一个新的增长点，为经济复苏提供持续动力。

（2）公共领域和重点行业“双向发力”。2020年，中共中央、国务院发布《关于构建更加完善的要素市场化配置体制机制的意见》中明确提出加快数据要素市场培育。各地纷纷把着力点放在促进数据流通交易上，比如北部湾大数据交易中心的揭牌成立，北京、深圳先后提出探索建立数据交易中心或依托现有交易场所开展数字交易。与上一轮建设热潮相比，各大数据交易中心的建设模式正逐步从政府主导向政企合作转变，发展重心从交易数据向搭建数据共享、多方计算、利益分享的可信数据交换空间，支撑数据资源汇聚、资产管理、质量治理、价值流转、产品交易等更多平台服务能力的转变。

2021年，越来越多的大数据交易中心将通过政府建机制、企业搭平台的方式，率先在公共领域以及金融、电信、医疗、人工智能等行业领域开展试点，探索基于可信数据交换空间的数据流通交易模式。同时，大数据交易中心也将成为数据要素市场机制探索的“试验田”，在数据确权登记、价值评估、质量治理、定价交易、标准合约等方面的规则确立和推广开展系统性试验，抢占数据流通交易市场规则主导权。

（3）服务供给和数字消费“两端发力”。公共卫生事件造成长期的居家隔离、社交疏离，触发了全民数字化生存新机制。在需求端，大数据与人工智能的充分结合赋予了智能终端更加实时精准的服务能力，人们日益习惯在数字空间进行消费、娱乐，在线教育、互联网医疗、远程办公、直播带货等新业态、新模式也创造了越来越多的数字消费新需求。在供给端，线上服务从家政、外卖、快递、房屋中介等“单一服务随需供给”的低附加值环节向教育、医疗、办公、娱乐等“场景式服务多元化供给”的高附加值环节深入拓展。以无人工厂、无人仓库、无人机巡逻、无人配送、无人超市、无人KTV等为代表的“无人经济”活力迸发，广泛深入生产、物流、零售、娱乐等领域，引领生产消费迈向数据智能、人机协同的新阶段。

2021年，随着人工智能、大数据、5G、物联网等数字技术的迭代和成熟，无人应用、在线服务所渗透的行业领域将进一步拓展，传统行业与智能技术行业碰撞出的新业态、新模式“火花”将不断涌现，为消费者带来更智能的交互终端、更丰富的内容资源、更有趣的场景体验，为生产者提供更智慧的生产决策、更精准的流程控制、更低廉的人力和资源成本。

（4）数字政府和智慧城市协同并进。2020年，为破解疫情造成的线上线下指挥调度不顺畅、重大公共安全应急联防联控难实现等问题，各地着眼于打通数据融通渠道和机制，加快推动支撑数字政府和智慧城市建设的平台载体集约化整合。北京市海淀区整合区内各政务系统，集成打造“城市大脑”系统，疫情期间为北京人口分析、人口筛查分析、重点人群动态监测等提供了有力支撑。杭州“城市大脑”构建了覆盖全市政务信息资源的“数据仓库”，已广泛应用于公共交通、城市治理等48个应用场景，95%的城市治理事件已具备自动发现能力。

2021年，将有更多地方致力于打造统一、集约的“城市大脑”平台，基于政务数据整合共享，进一步推进各领域数据的汇聚、融合和治理，通过平台数据、技术、工具的逐步丰富，不断强化软件定义、灵活配置、按需调用、安全可靠的“城市智脑”，赋能政府管理、城市治理、民生服务、行业应用等各类场景建设。

（5）服务输出和规则输出两相并重。2020年，随着服务贸易创新发展扩大试点，我国以通信服务、社交媒体、电子商务、数字内容等为代表的数字服务贸易出口增长强劲，在数字技术应用、数据跨境流动与监管等方面的规则、规制、管理、标准等制度型开放进一步拓展。习近平总书记在G20峰会上提出，要发挥数字经济的作用，加强数据安全合作和数字基础设施建设，弥合数字鸿沟。中国—东盟数字经济合作论坛期间，数字化防疫抗疫、数字基础设施建设和数字化转型等领域成为我国与各东盟成员国经验交流的重点，并就智慧城市、人工智能、大数据等领域达成诸多产业合作意向。签署发布的《区域全面经济伙伴关系协定》（RCEP）也将电信、电子商务等数字贸易议题纳入其中，成为各协定国高水平开放合作的重要领域。

2021年，中国将立足RCEP区域合作，依托中德、中日、中韩、中国—东盟等数字经济合作平台和自贸区建设，出台一批鼓励数字贸易、促进数据跨境流动的利好政策，进一步输出基于信息通信技术开展的实物贸易、数字产品和服务，积极参与跨境电子商务、跨境数据流动、国际健康码互认、数字货币、数字税等规则的构建，支撑全面扩大开放，促进形成以国内大循环为主体、国内国际双循环相互促进的新发展格局。

第五章　数字经济时代的商业创新

第一节　数字经济的赋能

伴随着人类敲开互联网的大门，一次人类历史上最大规模的习惯更迭也随之产生，人们将大量资金投入互联网，纳斯达克股指曾疯涨到5000多点。美国政府也在不断宣传以数字经济为特征的新经济神话，1990—2000年美国信息产业平均增长率达到6.47%，是其GDP（国内生产总值）增速的2倍。当然，数字经济（当时的互联网经济）也曾经重重摔下神坛，但其方便、快捷、安全、高效等标签已然表明了趋势所在。

国际金融危机之后，全球经济进入了深度调整的新阶段。一方面传统经济持续低迷，而另一方面数字经济则异军突起。一时间经济形势出现了显而易见的新旧交替。中国恰好在这一时间段进入改革开放飞速发展阶段，中国的发展实践也成了数字经济更迭的最佳印证。在全球信息化进入全面渗透、跨界融合、加速创新、引领发展新阶段的大背景下，中国数字经济得到长足发展，正在成为创新经济发展方式的强大动能，并不断为全球经济复苏和社会进步积累经验。

在中国现阶段的社会经济发展中，数字经济的重要性越来越突出，成为新动能和发展方向，而切实做好数字经济的高质量发展极为关键。在数字经济的高质量发展中，区块链的作用不容忽视，作为当前社会经济发展中比较关键的一个重要因素，确实在很多方面表现出了其作用。而且，5G、物联网、人工智能等技术与区块链互通互交，共同成为数字经济解决方案当中的重要一环。

数字技术正广泛应用于现代经济活动中，它提高了经济效率、促进了经济结构加速转变，正在成为全球经济复苏的重要驱动力。对每一个国家来说，数字经济既是经济转型增长的新变量，也是经济提质增效的新蓝海。

数字经济作为一种经济形态，伴随着20世纪60年代硅谷半导体产业的发展而兴起，并在计算机产业、信息产业、互联网产业的助力下，实现了快速发展和腾飞，如图5-1所示。近年来随着“工业4.0”、产业互联网等概念的兴起，数字经济开启了对传统工业经济裂变式的改造，成为各个国家在新一轮角逐中的重要砝码。

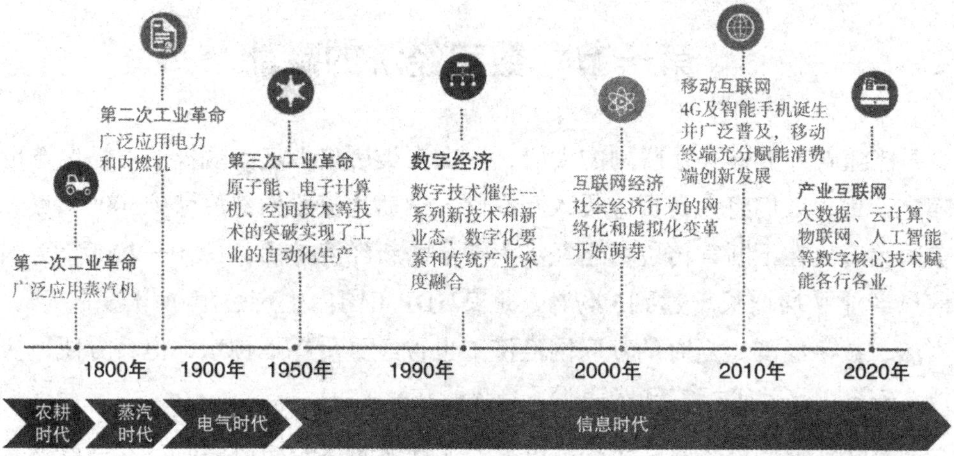

（资料来源：赛迪研究院）

图 5-1　数字经济的演进

数字产业化催生经济增长新动能。伴随新一代信息技术蓬勃发展，以5G、大数据、人工智能等为代表的数字产业逐渐成为中国产业结构的重要组成部分。预计2022年中国5G通信产业规模将接近两万亿元，大数据产业规模有望突破1万亿元，人工智能产业规模也将接近1000亿元。在线教育、互联网医疗、线上办公等数字经济催生出的实体经济新业态在激活消费市场、带动扩大就业等方面发挥了重要作用，成为推动中国经济发展的新动能。

产业数字化加速释放经济增长潜力。在中国经济高质量发展需求驱动下，各产业开始积极向更加合理、高效、可持续的发展模式转变，数字技术成为这个过程中的重要推动力，工业互联网、大数据、人工智能等数字技术深度渗透到实体经济中，为产业的数字转型创造了必要条件。

民生领域对数字经济的呼声更加高涨，广东省推行的“粤省事”，注册用户已突破3500万，实现了649项服务的“零跑动”，帮助本地居民一站式“指尖办理”800项高频政务服务；福建省推行的“闽政通”注册用户数已突破3000万，月活跃用户数超过1600万，2021年以来累计服务完成次数超过5.5

亿次，覆盖医疗社保、公积金、个人档案等900多项民生服务。随着数字技术在传统政务中的持续推广，政府管理和服务模式正逐步向数字化演进，共建共治共享的治理体系正在形成。

第二节　数字化商业创新

随着数字经济浪潮的奔腾，进入市场的障碍渐渐不复存在，跨界竞争者蜂拥而入。在各行各业，数字化竞争者都在利用新的平台、工具和关系来打击竞争对手、接近用户，以及颠覆旧的商业模式。而自我革命是我们应对竞争的唯一办法。从宏观角度讲，我们要把握新的历史契机，以信息化培育新动能，用新动能推动新发展，做大、做强数字经济，拓展经济发展新空间。

必须承认，数字技术正在改变人们的生活方式、出行方式、社交方式、沟通方式、管理方式，以及社会的组织形态、企业的商业模式。而无论商业模式如何改变，其改变的逻辑一定遵循某种规律，这种规律源自消费者及市场环境的变化。数字经济时代变化最大的角色是价值，从被创造出来（价值，即商品或服务）到传递（支付或转账）再到消耗（应用）全部都被颠覆。以消费商城为例，消费者如今的身份往往是多元化的，既是消费者，又是服务的提供者，甚至有可能在服务的过程当中增加权重，最终消费者成了通路合伙人。但这一切不需要像传统商业那样有合同约束，反而是单纯地从利益共同的角度实现了方向重合，再得益于数字时代没有地域、时间、财富传递等壁垒，从而让这种“新零售”成为市场的主流，如图5-2所示。

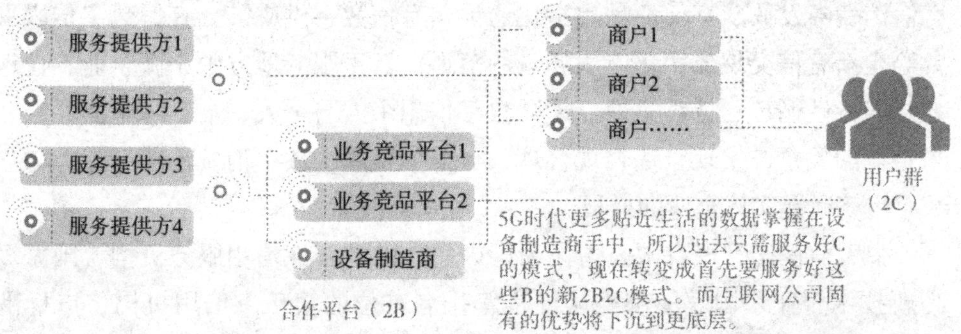

（资料来源：艾瑞咨询）

图 5-2　数字时代企业 2B2C 模式深层转变示意图

数字经济背景下的商业模式变革可以分为：价值获取方式的改变、价值传递方式的改变和价值创造方式的改变。未来的数字化商业创新综合服务平台，将以数字信用+数字引擎的消费流通大数据应用场景为基础，精准对接消费大数据，去掉中间的冗余环节，解决供应商的产品或服务的出路，把销售的困难问题变成供应链投资的动力，需求牵引投资发展，让订单式经济在消费大数据平台上发挥引领作用，实现供给与需求平衡发展，化解经济学中供给和需求两大学派之争的难题，让市场化订单式经济模式成为可持续、常态化推动数字经济发展的新方法。

1. 通过数字信用体系建设推动商业模式的创新

创新能力包括数字信用、消费流通、产业基金、数字应用、商业模式和科技金融等多方面，其中的核心是数字信用。只有不断落实和强化这些创新能力，数字化商业创新的工作才能有序、可控、迅速地展开。

数字化商业创新必须有强大的数字信用体系支撑，唯有如此才能让数字化商业创新的发展有序化、规范化。数字信用体系是数字经济时代的组织形式，承载着推动五千年中华文明发展的文化基因，通过拥有信用越高、机会越多的智能机制，可以让个人诚信成为社会的最大财富。

有信是企业、个人、政府机构等相关组织和个人的社会信用的简称。有信可以是可信或不可信。未来数字经济的各领域必须是先有信，然后从有信向可信、从可信向诚信发展。

“数字信用+数字引擎”对接数字消费流通可信交易的创新，利用基于数字信用的智能合约，全面推动“数字信用+”的数字应用，包括数字信用+有信电商、有信销售渠道、有信债务清理、有信以物易物、有信订单式消费、有信消费券发放、有信商品数字化通证、有信数字供应链、有信数字传媒平台等全新有信交易数字化应用场景的落地，真正服务地方中小微企业，让地方经济良性循环、持续发展。理顺数字信用个人与个人、个人与企业、企业与企业的关系，实现合法合规合理、可操作实用的数字消费流通创新，树立数字经济赋能实体企业的样板。

中大信信用管理有限公司作为国内领先的综合性信用服务机构、国家级高新技术企业、国家七部委认证推荐排名首位的第三方信用机构，以标准化信用技术支撑国家信用治理和市场信用服务需求。中大信独创的VCS信用技术是信用评价的国家标准技术，基于国际3C理论，结合管理学、心理学、社会学、信用学等多个学科，综合考虑中国国情和信用行业的实际情况，可以从价值观（Value）、竞争力（Competitiveness）和社会责任（Social Responsibility）3个维度来评估信用主体的信用状况。

数字信用+数字引擎的消费流通大数据应用场景，是数字经济与实体经济、虚拟空间与现实空间的高度融合。创新出有吸引力的数字应用环境，将有助于服务数字化商业创新工作，帮助数字经济市场实现资源最优配置。

2. 通过有信消费券应用场景，加强数字化商业创新

有信消费券是包含完整商业模式创新的一种支付工具。通过有信券兑换、店推店，可以搭建全球最大的数字化消费流通大数据应用场景，包括从线上商城，到线下市、县、乡、村渠道商，以及衣食住行和各行各业实体店的全渠道消费流通应用场景，可以拥有超过数千万的消费会员，以及数百万活跃的实体店。

在传统市场的红海中，可供企业使用的资金是杯水车薪，企业靠经销、靠广告、靠打价格战抢占市场的商业竞争模式已经难以为继，而在数字市场的有信消费流通大数据应用场景蓝海中，可供企业锚定的商品却是源源不断的。

在有信大数据应用场景中，各行各业实体店只要通过有信消费券兑换促销，进行店推店式的推广，就能实现跨界互联，打造异业联盟，获得跨界收益。跨界互联解决了现代商业中，广告营销成本高，商家促销效率低，厂家产能过剩、库存积压等问题，兑换有信消费券是商家留住老会员、吸引新会员的最佳模式。

有信消费券创新出完整的商业模式，实现了市场化订单式经济和数字化经济的目标。传统市场是销售后置，而新商业模式是把消费市场前置，从消费端入手，助力企业去库存、订单化生产，辅助企业做大、做强，让新技术和好产品迅速市场化。传统商业以商品的生产、运输、仓储、交易环节为重，而新商业模式更注重消费环节，强化消费的奖励和促销力度，变消费者与商城的弱关系为强关系。传统市场渠道是各厂家各自代理，而新模式是全厂家全渠道代理。这些可归纳总结为9套商业模式：以物易物模式、消费赠券模式、服务赠券模式、股权配购模式、渠道=钱道模式、生态产业合作社模式、债务对冲模式、大健康模式、幸福之路模式。这9套模式就是9个动力，它涵盖了社会和经济建设的方方面面，是一套完整的商业模式组合，持续均衡、相互促进、平稳有序。

3. 通过万维对接资源，挖掘商业创新的市场潜力

有信消费券坚持开放共享，可以万维对接各种有价值平台。全面对接包括：农业产业链、文化产业链、养老产业链、教育产业链、健康产业链、新能源产业链、5G数字应用产业链等。通过万维对接各种资源，促进消费升级，未来在脱贫帮扶体系中，既能获得基本消费的日常生活用品，包括油粮米面、快消品、家用电器、服装等，又能享受各类高端消费、品牌商品、跨境商品，包括国际大牌奢侈品；同时，还能投资优质低价资产，成为有产阶层，包括房产、股权、债权、汽车、生产资料等，在未来获得资产高增值、高分红回报。

4. 加强有信消费流通大数据建设，夯实商业创新基础

加强数字信用+数字引擎的消费流通大数据应用场景的建设，其中数字引擎也是核心之一。数字引擎包括5G、大数据、区块链、人工智能（AI）、云计算等在内的数字技术和数字金融。

数字技术的飞速发展，不断引发大量去中心化、个性化、草根化的商业逻辑变化，这些变化将彻底颠覆传统的商业模式，为每个人创造出巨大的商机，为各行各业带来了全新的数字化应用的创新机遇。

一方面，运用最新的数字化技术，可以搭建自主、创新、可控的5G数字应用服务平台，从而有效地进行5G数字应用的资源整合、咨询服务和应用推广工作，加速推进数字化应用标准、数字消费流通、数字文化教育、数字健康医疗、数字全民强身、数字养老、数字供应链、数字新能源等领域的全面应用，促进数字经济时代的数字应用创新。

5G数字应用服务平台围绕智能合约、数字银行、社群、分布式应用和应用孵化5大环节搭建而成。智能合约用于完成合约定义和发布，进行规则输出。数字银行用于完成数字资产发行、托管、结算、分配等。社群用于完成数字社交、应用场景、需求优化、投票表决、产品预售、建议反馈等流程，让满足智能合约条件的产品自动进入正式交易环节。分布式应用用于完成数字管理、支付、交易和应用服务。应用孵化可进行商品和资产数字化，孵化企业上链。

另一方面，数字金融创新可以搭建全球数字化应用生态体系，紧跟全球实现中心化数字金融日新月异的发展。

5. 加强全球数字化易货建设，拓展商业创新国际空间

区块链数字资产创新了“锚定发行+应用场景+数字交易+结算银行+行权商城”五位一体的生态体系，打造出全球数字化易货B2B2C服务平台。核心是通过区块链数字化锚定资源、资产、产品、服务、消费等资源，加速消费流通大数据应用场景的实际落地，并通过合规的全球数字资产交易所完成数字资产的交易和结算。

合规的数字资产交易首先要求合规的身份验证（KYC）系统，保证最高标准客户信息、资料收集，向指定机构（FCA）开放数据库。保障用户资产安全，为Defi等金融监管提供方案。其次是反洗钱（AML）认证，要符合AML法规要求，作为金融服务的参与者必须对反洗钱有深入的认知，防止自己或自己的企业成为洗钱的目标。

易货模式面临30万亿容量投资，前景广阔；易货模式面临3000万客户群，急需正规平台；易货模式面临国际、国内、平台三大趋势，前景无限利好。全球去中心化电子记账本，即将为国际级商品流通提速增效，促进世界贸易的繁荣，正规标准化行业大平台的建立，契合国家供给侧改革流通国内产能。

有信消费券支付是易货服务的好工具。做好易货服务，需要建设好从数字资产交易所、线上易货商城、线下市县乡村渠道和各行各业实体店、配套物流仓储，到中心城市易物展示和培训馆的全系统；此外，还有开展易货服务让人无法模仿和难以超越的独门功夫。有信消费券易货创新拥有三大核心。一是拥有实用原理，用有信消费券进行以物易物和清债，注重相互之间“各算各的账，算得来就行”的实用原则，让交易更能达到自然完美的状态。二是能够以低成本推动，有信消费券用店推店的方式可以整合渠道、实现异业跨界、创造用小资金加速商品周转的数字经济蓝海经营模式。三是拥有市县乡村渠道、数百万店、数千万会员，已经打好了易货服务的规模基础。

第三节　数字技术驱动创新

数字技术创新活跃，不断拓展人类的认知和增长空间，成为数字经济发展的核心驱动力。人类经济社会的发展从来不是渐进平稳的，少数重大事件决定了历史新阶段的到来。通用目的技术的进步和变革是推动人类经济社会阶跃式发展的核心动力。数字技术的创新进步和普及应用，正是当下时代变迁的决定性力量。区别于以往的通用目的技术，数字技术进步超越了线性约束，呈现出指数级增长态势。数字技术能力的提升遵循摩尔定律，每18个月综合计算能力提高一倍，存储价格下降一半、带宽价格下降一半等产业现象持续印证了摩尔定律的效果。接入网络的用户和设备的价值遵循梅特卡夫定律，数字经济价值呈指数型增长，进一步推动了数字经济的快速成长。近年来，大数据、物联网、移动互联网、云计算等数字技术的突破和融合发展推动了数字经济的快速发展。人工智能、虚拟现实、区块链等前沿技术正加速进步，产业应用生态持续完善，不断强化未来发展的动力。此外，数字技术加速与制造、生物、能源等技术融合，带动群体性突破，全面拓展人类的认知和增长空间。

数字经济能够降低实体经济成本、提升效率、促进供需精准匹配，使现存经济活动费用更低，并激发新业态、新模式，使传统经济条件下不可能发生的经济活动变为可能，推动经济向形态更高级、分工更精准、结构更合理、空间更广阔的阶段演进。

1. 经济运行成本大幅降低

（1）大幅降低信息获取成本：数字经济改变传统获取信息的手段和方式，大大降低了经济主体获取相关信息的费用。比如，近年来网络提速降费取得积极进展，2016年底中国移动八项降费举措惠及客户，流量资费由2015年底的1.35亿户扩大到4.1亿户，流量单价降低34.7%。

（2）大幅降低资源匹配成本：数字经济打通线上、线下两个空间，大幅降低资源发现、契约签订、监督实施费用，并解决主体间信息不对称的问题。贵州“货车帮”开发“中国公路物流GPS运力资源整合平台”，运用互联网和大数据技术，极大地减少了公路物流运输资源浪费，使贵州省2016年前3个季度的货车空载率减少6%，物流成本降低5%，为企业节省成本500亿元。

（3）大幅降低资本专用性成本：数字经济有效地解决了企业固定资产或人力资本用于特定用途后，不能经济性地用于其他用途的问题。沈阳i5机床依托互联网，提供产品租赁、个性化定制等新型服务模式，客户无须一次性拿出大笔资金购买设备，只需支付部分订金，就可以接单生产，最大限度地摊薄专用性资本购买和使用成本。

（4）有效降低制度性交易成本：数字经济为降低企业因遵循政府各种制度、规章而需要付出的成本提供有效手段和可行途径。浙江省长兴县利用“互联网+政务服务”新模式，实现企业证照登记全程电子化，生产许可证从初审时限的5天压缩至3天，内资企业设立从20天压缩至3～5天，股份公司设立当场办结，为项目落户开辟“绿色通道”，降低企业新建门槛。

2. 经济运行效率显著提升

（1）不断深化产业专业化分工：专业化带来的效率改进与由此引发的交易费用决定了专业化分工的程度，数字经济大幅降低交易成本，导致专业化分工日趋精细化、精准化，产业分工、产品分工、模块分工日趋深化。“众包”改变了以前只有大型物件，如飞机、汽车等才能实现生产分工的情况，把过去更多由企业内部执行的工作任务，以自由自愿的形式外包给非特定的大众网络，让专业的人做专业的事，通过专业化分工提升运行效率。

（2）提升企业间生产协同水平：实体经济通过利用数字经济，将分散生产的实体组织在一起，相互配合、协调一致地工作，以完成单一实体不能完成或不经济的任务，实现总体效益优于单独效益之和。例如，内蒙古的“网络协同制造云平台”通过实施数控机床设备数字化改造，构建设备智能互联网络，搭建开放共享的协同设计与制造平台。2016年，实现400套数控集装联网规模，并推动30%联网企业开展协同设计，40%以上联网设备承接网络订单，在西部地区率先开创“推倒企业围墙、打破区域界限”的现代化制造新局面。

（3）助力实现供需精准匹配：数字经济能够把市场信号更快、更准确地传递到供给侧，把优质商品信息更高效、更便捷地交换到需求端，从而通过线上的方式实现供需精准匹配，找原始设备制造商创新代加工（OEM）模式，将需求与供给精准对接，实现按需生产、个性化定制生产。例如，青岛红领巾通过互联网，让消费者只需动动鼠标，就能获得个性化正装，真正让企业掌握需求后进行精准供给，大幅提升生产效率。2016年1月至7月，青岛红领巾定制业务销售利润同比增长150%。

3. 经济组织方式创新不断涌现

（1）企业新型生产、管理、营销组织模式加速变革，如图5-3所示。工业革命带来的规模经济和技术进步导致组织科层化和一体化，而数字革命带来的交易费用下降促进组织扁平化和分散化，工业经济时代纵向一体化组织开始瓦解，企业间网络、平台生态体系等柔性生产组织方式快速发展，产业组织也开始从寡头、垄断竞争向更加充分的竞争演进。

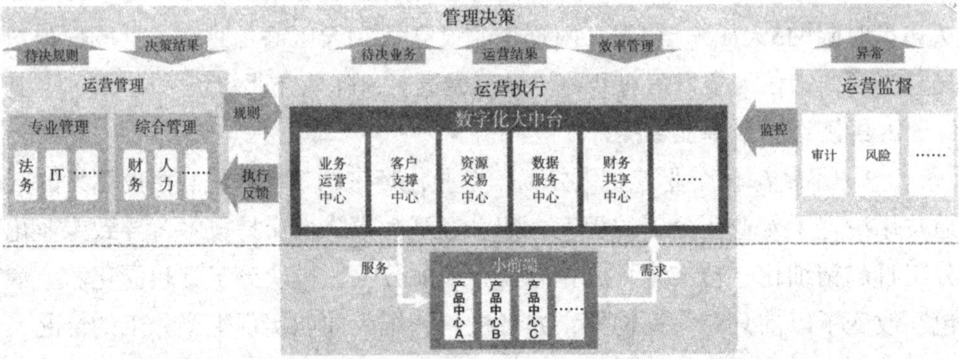

（资料来源：2019中国高科技高成长50强暨明日之星年度报告）

图 5-3　数字化组织和人才体系

（2）新型组织形态不断产生和快速发展，数字经济在实体经济中的应用日趋深化，产业界积极推动平台化、生态化发展，平台企业加速壮大。全球市值最高的10家公司中，20年前没有一家平台企业，10年前仅有微软1家，但在2016年已有6家。苹果、谷歌、微软等平台企业的市值超过美孚石油、强生等老牌跨国企业。传统产业加快向平台转型，GE打造Predix平台和多样工业App应用，对航空、医疗、风电等智能设备进行远程监控和服务，大幅提升运行效率和价值空间。新兴产业迅速崛起，分享经济、智能制造等新业态席卷全球，95%以上的独角兽企业属于数字经济领域，2008年成立的Airbnb公司估值高达300亿美元，超越了百年企业希尔顿。

4. 实体经济形态加速重构

（1）智能化基础设施成为国民经济发展的重要支撑。信息网络加快向高速移动安全泛在方向发展，新一代高速光纤网络、高速无线宽带普及的速度加快，5G和超宽带技术研究深入推进，物联网应用广泛，越来越多的设备、终端等接入信息网络，数字经济与传统电网、公路网、铁路网等深度融合，正在形成万物互联、泛在感知、空天一体的智能化综合信息基础设施，极大地提升了经济活动的网络化、数字化、智能化的水平和运行效率，成为支撑国民经济发展不可或缺的基础设施。

（2）加速形成“数字技术—经济范式”。数字经济与各行业各领域融合渗透，有力地推动了传统产业技术进步，引发新的工业革命；传统产业发展理念、业务形态和管理模式发生深刻变革，新的技术经济范式加速形成。以智能制造为例，数字经济融合应用带来产品、机器，人们从封闭走向开放，从客户需求实时感知能力到产业链、创新链的快速响应，从资源碎片化、在线化，再重组到新技术、新产业、新业态、新模式的创新发展，数字经济正驱动新型经济范式的加速构建。

（3）数字经济成为重塑经济发展模式的主导力量，数字化的知识和信息成为驱动放大全部生产力的“乘数型”生产力，成为重塑经济结构和提升生产率的主导力量。近年来，数字经济与传统产业融合创新推动O2O、分享经济等新形态持续涌现，智能制造、工业互联网等新业态快速兴起，精准农业、农村电商等新模式方兴未艾。

第四节　赋能传统经济转型

2017年，数字经济首次被写入政府工作报告，这既是对近年来以互联网为核心的新兴商业模式的肯定，又是对中国未来经济发展模式的一种新探索。从目前看，中国的数字经济发展与发达国家并无差距，甚至在这一领域，中国占据着一定的优势。据统计，数字经济在中国GDP中的占比已经达到30.6%，带来了280万新增就业人数，占中国年新增就业人数的21%。毋庸置疑，数字经济是近年来中国经济发展最为活跃的领域。一批互联网企业，依托本国强大的消费群体，与国际著名的网络企业同台竞争，充分说明了这一点。

事实上，以“互联网+”为主要特征的数字经济托生于“+互联网”式的信息技术，真正实现了对原有经济模式的革命。虽然20世纪90年代以后，得益于技术进步的“军转民”催生了信息技术革命，使全球经济迎来了少有的长期稳定增长时期，但信息技术革命与此前的产业革命相比在本质上并没有差异，经济增长过程也没有摆脱依据大规模基础设施更新等带有的周期性特征。因此，信息技术革命不会改变企业的经营（营利）模式，也不会改变买卖双方的交易模式，更不会改变市场发挥决定性作用的资源配置方式。而与此不同的是，以“互联网+”为主要特征的数字经济正在改变着传统经济模式，这种改变既包括企业营利模式的变化，还包括市场概念的重塑。更重要的是，它对市场配置资源的决定性作用发起了“挑战”，并引发了经济学界的深入思考与争论。

（1）微观上融合“规模经济”与“范围经济”，颠覆了传统企业的营利模式。以生产型企业为典型的传统企业的利润可以用公式简单表述为：利润=商品数量×（价格－平均成本）。由此可见，传统企业的利润基于其所提供的产品或服务，受数量、成本和价格3个主要因素的影响。从供给侧看，企业要增加利润，必须通过提高效率来压缩成本并扩大产量；从需求侧讲，要通过提供优质商品（或服务）来提高价格。但无论是供给侧还是需求侧，利润都来源于商品本身。而与传统企业不同，数字经济的利润并不单纯来自数字产品（网络产品）本身，因为很多企业提供的商品和服务是免费的。

那么，互联网企业的利润从何而来呢？从整个互联网行业来看，广告经济的主导地位十分明显，免费似乎是行业巨头们的共同选择。虽然用户可以免费享受互联网企业提供的产品，网络企业的利润主要由发布广告的企业来支付，而发布广告的企业则是通过出售相关产品实现的。通俗地讲，就是“羊毛出在狗身上，猪来买单”。据统计，广告收入在门户网站、社交网络、娱乐媒体、电子邮件的利润占比分别达到27%、21%、11%、10%。大家熟知的奇虎360，其2014年第四季度的营业收入构成中，广告收入为2.43亿美元，网络增长服务收入1.67亿美元，分别占59.3%和40.7%。同样，2014年，爱奇艺的营业收入中，广告收入的占比也超过30%。

数字经济颠覆了原有成本、价格、数量的简单逻辑，开创了企业自身产品之外的伴生利润来源。但从理论上讲，数字经济之所以能够实现这种营利模式，是因为其将范围经济发挥到了极致。传统的范围经济是在平行供给产品，可以通过降低总成本（平均成本）而获取更多的利润。显然，传统范围经济强调的是产品相关性，产品相关性越强，范围经济的特征就越明显，比较明显的例子是电子产品。数字经济将相关性降到最低，如植入的广告，除了与提供的产品必须出现在同一个媒介这一共性，与产品本身并没有任何相关性，这就极大地拓展了范围经济的应用范围，从而使其发展成为可能。而这种范围经济又是建立在一定规模经济的前提之下。市场占有率和用户数量是网络企业获取范围经济的基础，如果缺乏一定的规模，无论是对于附加其上的广告，还是可能带来的其他潜在收益，都不能实现。因此，可以说数字经济之所以能够颠覆传统营利模式，是其将规模经济和范围经济充分融合，并将范围经济发挥到极致的结果。

（2）中观上以网络平台为核心的产业组织模式改变了市场结构，重塑了传统的市场概念。传统的市场是买卖双方交易的场所，解决的是交易双方时间、空间不对称的问题。因此，虽然分散的交易双方集中在有形或无形的市场，但市场作用的发挥是被动的，所有的信息是通过无数次交易在博弈中不断传递形成的。在此前提下，无论是资本市场、商品市场还是要素市场，买方总是要自己去收集和整理大量信息，买卖双方实际上是处于不对等的博弈地位。

当然，市场结构会改善这一情况，如果买方处于相对垄断的地位，那么剩余会向买方倾斜；相反，如果卖方处于相对垄断的地位，剩余自然会向卖方倾斜。应该说，在最大量交易的消费者与企业之间，企业是占有相对垄断地位的，因此，消费者剩余会向生产者转移。但数字经济的发展，特别是网络平台企业的发展，改变了消费者与企业之间不对等的关系。相比而言，中国电商的发展远快于国外，除了消费群体巨大，主要原因有以下5个。

①互联网金融的快速发展和互联网基础设施的完备是基础。

②要素价格上涨，倒逼商家理性选择，选择电商可以节约企业的土地价格和劳动力工资上涨带来的成本上涨，有效降低了商品价格。

③劳动力数量优势使得送货上门这种毛细血管式的物流运输成为可能。

④节约消费者交易成本，一方面通过网上浏览可以节约到实体店购物的交通成本和时间成本；另一方面根据购买体验对商品、对商家进行评价可以节约选择成本，避免潜在的不愉快的购物体验。

⑤网络平台在提供市场竞争环境的同时，还通过对买卖双方提供的信用担保和惩罚机制，规范市场交易行为。

因此，以网络平台为代表的电商在提供交易市场的同时，改变了一（卖家）对多（买家）的市场结构，在主动提供的各种机制下，部分地实现了“完全竞争”市场的效果，保证了市场的进一步发展。以网上购物平台淘宝（天猫）为例，该平台创造了一个竞争性市场，连接了数量众多的企业与消费者。淘宝（天猫）之所以能够快速发展，除了前面分析的原因，还得益于以下两个机制的设计。

①对卖家的评价机制：买家购物后可以在网上公开对卖家做出评价（包

括文字评价及打分），可以作为卖家的声誉机制，即通过离散的博弈实现了连续无限期动态博弈的效果，这是声誉机制内生过程。

②通过金融创新——支付宝提供信用担保机制。买家通过支付宝购物付款之后，款项并不立即进入卖方账户，而是暂存在支付宝平台上，只有买家向平台确认实际收到货物，卖方才能收到款项。这就解决了网上交易不能实现现货交易“钱货两清”带来的问题。

（3）宏观上以大数据应用为引领，挑战传统的资源配置方式。虽然政府在经济领域中依然发挥着重要作用，但市场作为资源配置方式发挥决定性作用几乎是所有市场经济国家或地区的主要特征。因此，计划经济与市场经济融合是资源配置机制长期发展的趋势，二者并非相互排斥。计划经济要以市场为基础，市场经济离不开政府宏观调控与企业微观的计划安排。这就是邓小平同志南方谈话所说的“计划经济不等于社会主义，资本主义也有计划；市场经济不等于资本主义，社会主义也有市场。”早在20世纪20年代到40年代，在苏联等社会主义阵营经济快速发展之时，学界就展开了关于计划经济与市场经济的大争论，争论的结果是兰格等人在新古典经济学理性人假设的前提下，论证了计划经济的有效性，但后来的实践却证明计划经济先天不足，并不能实现资源配置效率的提高。尽管实践证明了计划经济的失败，但并不意味着政府宏观调控的无效；相反，政府调控宏观经济与市场发挥资源配置决定性作用一样，成为各个经济体的标准配置。

数字经济的出现进一步加速了政府与市场的融合。首先，数据平台的统一调配，充分利用了闲置资源，使共享成为可能；其次，供给与需求的融合使个性化需求的满足成为可能，提高了消费者效用；最后，大数据是对过去已经发生事实的记录，基于对大数据进行分析，可以更加准确地模拟稳定的消费，或者带有规律性的消费变化，使降低供需缺口成为可能。无论是哪种机制，资源配置效率都会被大幅提升，市场生产的“盲目性”都会降低。在这种意义上，数字经济的发展一定会扩大政府的边界，“经济计划”的成分也必然能够有所提高。但必须明确的是，规律性的理性行为（在大数据定律的基础上）做出研判，蕴含着理性人的假设。

实际上，人并不总是理性的，尤其是在消费过程中，非理性行为很多，这已经被管理学所运用，所以从数据中并不能完全刻画出规律的真实情况。基于此，市场这种分散化的决策对于资源配置依然具有决定性作用。但是，过分强调市场而排斥“计划”的学者或实业界精英也是片面的。马云就强调：“进入数据时代以后，请大家记住，数据就是对未来的研判。”而数据对未来确定性的、对不确定性与非理性的是研判不出来的，即使研判出来也难以做出恰当的供给，或者说如果将各种可能性全都准备出来，那么成本就会非常高，相反会降低资源配置的效率。当然，无视大数据在经济规划中的作用，单纯地强调市场是不能的也是不可取的。应该说，应用大数据可以更好地帮助政府做出宏观规划，优化资源配置。大数据的应用将使市场和计划的融合进一步得到完善，政府可以更好地应用市场做出科学规划，这也就意味着大数据的应用会扩大政府的边界。

第二部分

新基建：数字技术的演进

第六章　大数据：数据成为新生产要素

第一节　大数据催生数字化反应

在过去的十几年里，数据借助移动互联网的发展形成指数级的积累，反垄断监管者也开始着手限制那些有能力控制数据的群体和机构。数据成为数字时代的“石油”，已是广泛共识。

但在快速更迭的数字时代，数据的价值迎来了悄无声息却影响深远的革新。在10年前，大众对数据的价值描绘得头头是道，如同发掘到金矿的淘金客一般。而如今，围绕数据的话题逐渐回归理性。在某种意义上，数据的价值正在向更深层次演进，和石油相比，数据更像是与人们日常生活息息相关的水和空气。

回顾水和空气的特质，与数据之于当今社会生态十分类似。首先，水与空气是每个个体日常生活中不可或缺的重要资源，即使毫无存在感，但是一旦失去就会导致机体的崩溃。在数字化时代，个人、企业与政府也应意识到，习以为常的生活与生产已经无法离开各类数据的支撑。

试想一个普通工薪阶层日常的一天：在早起通勤的路上就会收到由个人喜好数据筛选出数十条信息流的新闻与广告；工作打卡后的个人信息与时间数据快速与企业管理系统进行对接；午餐时，习惯打开大众点评浏览数十条餐饮门店数据并快速决策；而晚餐则在外卖平台推荐的大量菜肴中寻找合适的美食；即使在入睡前，也可以通过各类健康或信息应用回顾一天的运动与休闲数据。可以说数据已成为每日生活秩序的有效保障。

对企业而言，缺少数据支持将变得寸步难行。当今全球市值最高的五大科技巨头（谷歌、亚马逊、苹果、脸书和微软）似乎都势不可当，数据不仅是驱动利润增长的引擎，更是它们的护城河——谷歌知晓当下的搜索热点，脸书了解被分享的内容，亚马逊知晓人们购买的货物——收集到的关于消费者的数据促使它们提升服务质量，从而不断地加高进入壁垒。而中小型企业则积极通过“云”等技术在聚焦的领域消化数据，为业务提供指引，真正意义上以数据来哺育业务的发展。

政府的运作同样离不开数据，否则大量的运行与组织工作将举步维艰。得益于极强的组织与服务能力，中国大量城市已开始试点甚至部分已经实现网格化管理，在感知数据的帮助下，迅速响应以社区为单位的群众需求，涵盖从安防到养老、从记录到执行的全政府服务环节。一旦失去对社区人与物的数据联系，政府的作业与大众的实际情况将产生以天为单位的割裂，服务型政府将如纸上谈兵。

其次，水与空气是自然界无处不在的巨大供给资源，而数据也已经在潜移默化间成为个人、企业与政府正常运作即可获取的重要资源之一，如同水与空气一样影响着每一个个体。如此充满活力的数字化社会，也反向催生了中国乃至全球数据体量的繁荣。

从数据量上看，中国是数据生产大国。根据国际数据公司IDC对全球“数据圈”进行的研究显示，中国在2018年产生了7.6ZB的数据。该机构预计，中国的“数据圈”将会在2018年至2025年扩张14倍左右，以每年30%的平均增速发展。中国的数据量将在2025年达到48.6ZB，也就是48.6万亿GB。届时，中国将问鼎数据圈的“金山”，成为全球第一。而美国在2025年将会产生30.6ZB的数据，相当于30.6万亿GB，相比中国少18万亿GB。

根据IDC的预测，如图6-1所示，2025年全球数据量将达到175ZB，有一个形象的比喻可以帮助大家理解175ZB究竟是何等庞大的数据量级：假如将175ZB的数据刻录在单盘容量为4.7GB的普通DVD光盘中，则这些光盘叠加的高度是月球至地球距离的23倍，或是环地球赤道222圈，以当前美国平均25Mbps的网速，下载完175ZB数据需要18亿年。

最后，水与空气看似廉价，却能在相关介质的配合下催生出长久持续的能量，例如电。数据自身虽然微小，同样也能通过聚合效应驱动质变。回顾数据的质量效应，全球和中国数据的融合与增长催生出各类新兴应用，产生了数据积聚的强大枢纽效应。

数据体量与质量的飞速增长，正驱动各行各业对“数据”概念进行重新认知与战略解读，数据作为社会经济生态中的水与空气，具有取之不尽、用之不竭的压倒性优势。在大数据时代，谁能率先认识到数据的重要性，并且

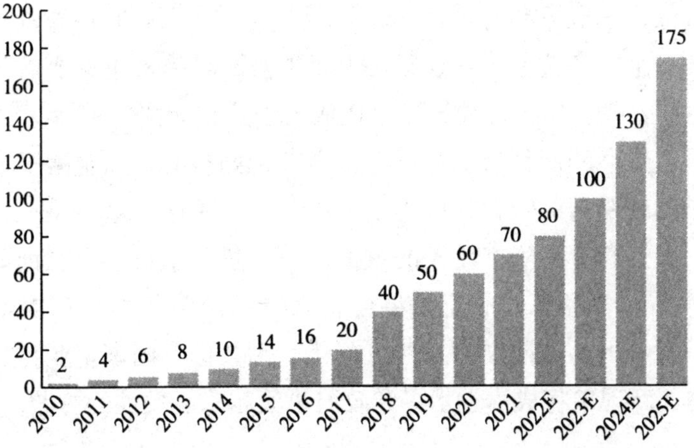

（资料来源：IDC）

图 6-1　全球数据量增长预测（ZB）

对丰富的数据资源加以合理运用，谁就能迅速把握时代风口，抢占行业先机，并创造出惊人的经济利益。

由于数字化带来的连接效应，数据的累积将不断加速，数据涵盖的领域将不断延伸，数据资源的储量也将更加丰富，因此如何将数据从资源转化为资产，当是每个具备战略眼光、考虑长远发展的企业、政府乃至整个社会必须正视的重大课题。

第二节　数据成为新的生产要素

新经济时代，传统经济增长理论的很多元素被赋予了新含义，有必要进行修正。$Y=AF(K, L)$ 的增长核算框架已经发生变化，数据本身成了生产要素，即$Y=AF(D, K, L)$。在原有生产函数中，A、K、L一般都有明确的产权属性，没有考虑到外部性和溢出效应，没有体现现代共享经济的特点。在新经济中，数据D直接进入生产函数，这一生产要素是指企业掌握的服务于生产行为的市场需求与供给方面的信息，这一要素很可能没有明确的产权属性，至少不完全属于企业所有，这很好地体现了新经济中的共享思想。

传统经济主要依托劳动等属地属性较强的生产要素，结合资本形成生产中心，通过产品的流动实现要素流动，改善资源配置效率，促进经济增长。

在新经济时代，一般劳动的可替代性不断上升，从原有的物质资本和技术中抽象出另外一个生产要素——数据在生产中扮演着越来越重要的角色，数据本身就是生产要素，生产过程轻资产化成为趋势，如图6-2所示。可以预期，基于特定要素生产的产品流动将不再是全球化的核心，而金融资本流动及其与数据等非属地要素的结合将成为新经济时代的关键，这将是一个划时代的变迁，与大数据和金融资本相关的数据产权、货币主权、思想创造等将重构现有经济体系。各经济体的竞争将会越来越趋向服务水平和创新能力的竞争。在这一背景下，不同维度的两极分化、大数据、国家企业化、企业国家化等新问题、新现象将成为学术界和政府决策越来越关注的主题。

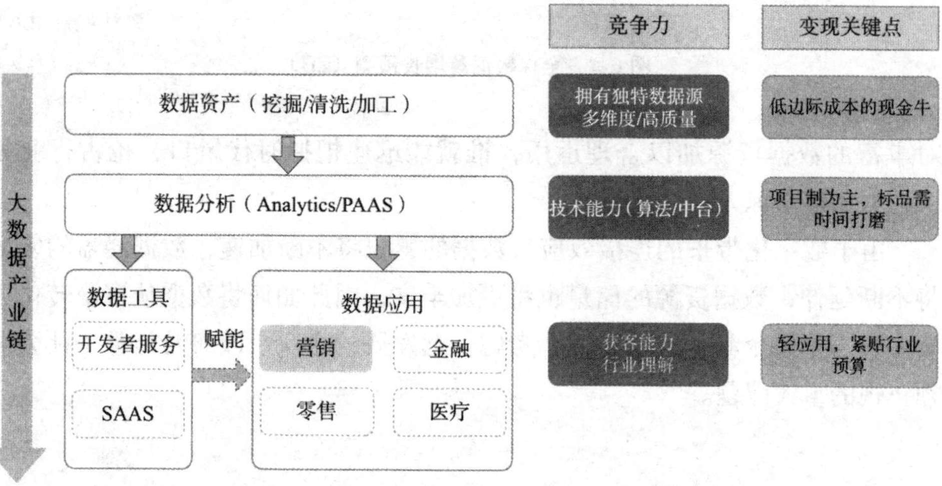

（资料来源：安信证券研究中心）

图 6-2　大数据产业链

资源配置效率的改善是经济增长的核心，而基于信息交流的要素流动又是改善资源配置效率的基础。经济学理论就是讨论有限资源的有效配置，经济增长就是不断挖掘资源配置效率改善的空间。要素、技术和信息的组合构成现代经济增长的源泉。在信息流动和完善的基础上，要素开始流动，与特定的技术相结合，形成最终产出。三者互动合作，互相促进和加强，缺一不可。18世纪以前，虽然有基本的生产要素，但要素流动和信息流动的成本非常高，技术交流速度也非常缓慢，形成的是低水平传统农业社会经济发展的均衡，经济发展水平很低，人均产出基本保持不变。自工业革命以来，人均产出开始持续增长，这完全突破了原有的低水平农业社会经济发展的均衡，使得人们开始从理论上思考经济持续增长的原因。$Y=AF(K, L)$是现代经济增长理论和实践的精髓，Y表示最终产出，K表示资本，L表示劳动，A表示以技术为核心的全要素生产率。两百多年来，经济学理论一直以这一基本的宏观经济核算来解释和指导经济发展的实践。资本、劳动和以技术为核心的全要素生产率构成现代经济增长的基本要素。而最近十多年，新经济的迅猛发展为传统经济增长理论赋予了新的内涵，有必要对现有理论体系做适当的拓展。

作为一种全新的生产要素，数据D为什么能促进企业成长和经济增长呢?至少可以从2个角度来考虑：数据所包含的信息能优化企业决策，促进生产，数据就是信息；数据信息可以加速资源流转速度，使得特定资源在一定时间里生产更多的产出，数据就是时间。

一方面，数据是信息，这是一个接受程度较高的概念。在新经济时代，大数据使得企业对外围市场供给和需求信息的可得性大大提高，企业能根据这些信息进行更为精准的市场定位，创造更高的效益。企业掌握的关于其他企业的供给方信息，能够使企业更好地进行错位竞争，也能够更为迅速地了解其他企业的相关产品和技术信息，获得溢出效应。此外，企业掌握关于消费者的信息，使得企业能够更好地进行产品定位，实行价格歧视，提高利润率。

另一方面，数据是时间，能够加快企业自我识别的过程，加快资源流通速度，提高资源配置效率，促进企业成长与经济发展。企业进入市场和决定是否继续生产是基于对现有市场盈利状况及自身生产率水平的判断，相对于传统经济，大数据信息能够使得企业更快、更完整地获得市场信息，也能更快地对自身生产率水平做出识别，以做出合适的生产决策。在传统的对企业全要素生产率水平的度量中，一个较大的不足是对资源流通速度处理得不够周全。如果生产相同产品的两个企业有相同的生产要素，而生产周期差异却非常大，则两个企业的生产率水平差异也会非常大。传统经济理论对这类问题并没有做特别处理，而新经济时代，资源流通速度、资源利用效率的问题会越来越重要，需要进行更加深入的研究。

第三节　大数据驱动商业创新

基于“大数据”资源工具化运用的商业模式基本构成要素的创新，基本上属于熊彼特创新的范畴，它是以新资源和新技术供应为基础的产品、生产方法、市场及行业的转变。这种创新是建立在新的数据资源基础之上的，它包括对“大数据”资源本身价值、利用方式、获得方式的再思考，也包括对受“大数据”影响的企业其他资源、能力延伸和利用方式的再思考。基于“大数据”企业特征层面的商业模式创新主要表现为：价值主张创新、价值创造和传递模式创新（关键业务和流程创新）、收益模式创新，以及外部关系网络和价值网络重构。

1. 基于“大数据”的价值主张创新

由于“大数据”具有无限接近消费者的潜能，可以为企业提供精准的价值主张。

（1）洞悉消费者的真实需求。面向顾客的公司长时间以来都在利用数据细分和定位自己的顾客，然而消费者的真实需求具有隐蔽性、复杂性、易变性和情景依赖性，利用历史的、静态的、结构化的数据，企业很难获得用户的真实需求。而“大数据”使企业获得消费者的真实需求成为可能：人类的细微行为，会直接暴露其内心的真实想法。例如，网友在网络中浏览的痕迹、留言等能直接反映出他的性格、偏好、意愿；在物联网世界，企业可以运用来自内置于产品中的传感器数据，了解商品在真实世界里的使用情况。

（2）对消费者进行准确细分。传统的、企业可操作的消费者细分一般以地理位置、人口统计特征为依据，而“大数据”可以实现越来越接近消费者真实需求的细分方式：

①细分标准抽象化。当人们的兴趣、爱好、价值观、生活方式、沟通方式等都可以数据化以后，利用这些特征细分消费者就具有了现实可行性。

②细分市场微小化。从本质上讲，世界上有多少人就有多少种兴趣、偏好和需求，每个人都是一个细分市场，“大数据”正在使企业向“微市场”化迈进。例如，在医疗行业，基于包括个人遗传基因及分子组成的大数据的个性化医疗已经成为这一行业商业模式变革的大趋势。

（3）产品的即时、精准、动态定位。大数据的实时个性化，以及多来源、多格式数据的快速综合对比分析能力，使数据的收集、整理、分析、反馈、响应可以在瞬间完成，使企业可以随时随地精准圈定用户群，并满足他们的真实需求，或使潜在的需求成为可能。零售业就是一个典型的数据驱动定制化的行业，目前在线零售商利用实时数据提供精准的商品推介已经十分普遍。新一代零售商已经可以通过互联网点击流跟踪消费者的个人行为，更新他们的偏好，实时模型化他们的行为模式，快速识别出消费者在什么时候接近购买决策，然后打包首选商品，促进交易的完成。以希尔斯控股（SearsHoldings）为例，几年前这一公司就决定利用它的三大品牌收集关于顾客、产品、促销的巨大数据来创造价值——用以量身定做针对顾客的个性化促销手段和产品。但是，这一大规模分析所需要的数据是海量的，而且是碎片化的，储存在不同品牌所持有的多个数据库和数据仓库中，运用企业原有的IT架构完成一轮分析需要8个星期的时间，这使其没有了商业价值。后来，公司转向了大数据技术和实践，与云纪元公司（Cloudera）合作搭建了分布式计算集群（HadoopCluster），运用集群可以直接进行数据分析，避免耗费大量时间从不同来源抽取数据加以合并才能用于分析的复杂过程，产生一套有效的促销数据的时间从8个星期缩减为1个星期，而且分布式计算集群的存储和运行成本仅仅是传统标准数据库成本的一个零头，“大数据”技术的运用使其“量身定做”的价值主张得以实现。

2. 基于“大数据”的关键业务和流程创新

作为基础技术条件和工具，“大数据”资源具有释放和放大其他资源价值的能力。基于“大数据”的关键业务和关键流程创新就是企业业务活动的“大数据”化，依据其改造和影响的范围可以分成以下两种情况：以“大数据”设施和技术作为基础和以数据信息流为线索对整个业务流程进行再造。例如，“大规模定制”生产方式的实现，就是基于强大的IT基础设施对企业进行流程再造的结果。

（1）以“大数据”活动取代传统的业务流程，使企业的业务经营模式发生变化。例如，电子商务的发展就是传统商业流通主要交易流程被数据交换取代的结果。

（2）把“大数据”活动纳入价值创造流程，寻找新的价值创造方向和路径。例如，在汽车行业，利用大数据进行分析，充分挖掘数据信息背后所隐含的行业技术关联，寻找有效途径延长燃气涡轮、喷气式发动机和其他重型设备的运行时间，这为传统制造业寻找新的价值增长点提供了思路。

（3）基于“大数据”的流程再设计，以“大数据”作为解决问题的新方法，提高某一业务流程的效率或效果。以机场为例，预计航班到达时间是机场的一个重要流程，以往这种预计由飞行员到达最后一个导航点至机场期间来提供，高误差率和大的误差范围需要相当可观的成本。利用通行航空公司（PASSUR Aerospace）提供的名为准确航班时刻（RightETA）的航班到达时间估计服务，彻底改变了这种状况。RightETA服务是基于天气、航行时间表等公共数据，以及PASSUR收集的多维历史数据进行的精细分析和模式匹配分析。使用RightETA服务以后，机场从根本上消除了预测误差，每年可为机场创造几百万美元的价值。

3. 基于“大数据”的收益模式创新

许多商业模式创新都是建立在这样一种认知基础之上的：消费者对商品需求的本质是使用商品而非拥有商品本身。例如，出售模式改为出租模式，与此相对应的收益模式从一次性支付向“微支付”转变：著名的建筑设备制造销售商喜利得（Hilti）变身成为设备出租服务合同管理商；国内的“北森测评”公司通过在线销售创新软件收费方案——由原来以企业为单位的固定收费转变为按照使用次数收费等，这些创新都取得了巨大的成功。但是，使用这一收费模式的前提是使用过程可被记录和量化，而“大数据”可以实现使用过程、频率、强度的实时监控和记录，如图6-3所示。这一收益模式变革在软件行业和媒体广告行业最为典型。在软件行业，应用软件泛互联网化改变了消费者获得和使用软件的方式，软件价值的载体虚拟化，使软件的价值传递方式和收益模式必须发生改变。例如，开源软件模式、App Store（应用程序商店）模式等，企业利用“门户化”建立排他性，提高客户黏性；利用“碎片化”把原来大型臃肿的软件，拆分成多个独立的功能组件，用户可以按需下载，从而降低了客户的总体拥有成本，企业的关键流程也由开发、复制、销售软件向开发、服务、提供问题解决方案转变。在媒体广告行业，传统的以呈现时间或频次为计费标准的收费模式，很难在广告费用和广告效果之间建立起直接的联系。对广告主来说，如何确定广告的有效性是最大的困扰。正如百货行业巨子约翰·沃纳梅克（John Wanamaker）所说，他花在广告上的钱有一半是浪费的，但却不知道是哪一半。利用“大数据”，互联网广告正在逐步实现广告成本与广告价值的对等。例如，CPC（Cost per Click）模式，即广告主为每次点击付费；CPM（Cost per Thousand

Impressions）模式，即广告主以广告显示每1000次为单位付费；CPA（Cost per Action）模式，即广告主为广告所带来的用户的每次特定行为付费，包括形成一次交易、获得一个注册用户、产生一次下载行为等；CPS（Cost per Sale）模式，即基于广告引入用户所产生的成功销售而收取一定比例的佣金，典型的如Google地图的"点击呼叫"（Click-to-Call）功能，以及脸书推出的"转化追踪"服务，这些创新与应用正在引发广告媒体行业收益模式的大变革。

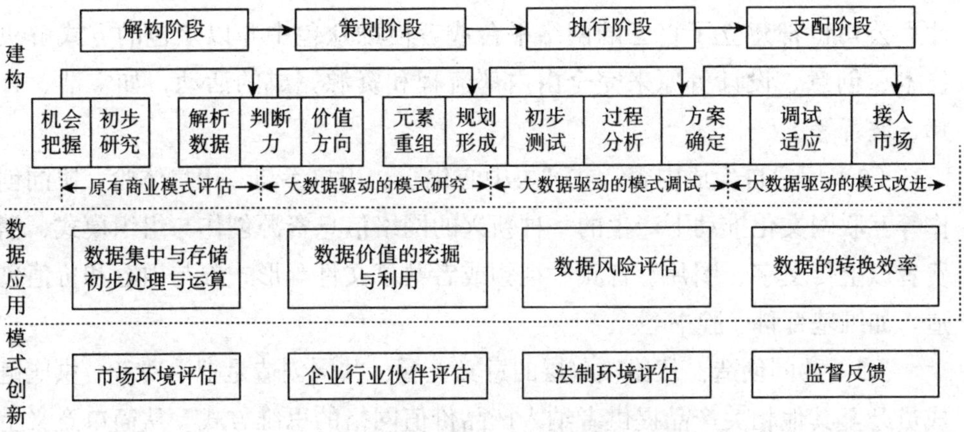

图 6-3　大数据驱动的商业模式创新的具体过程

4. 基于"大数据"的外部关系网络和价值网络重构

从资源基础理论（RBV）分析视角看，数据资源虽然具有很高的价值，但是其流动性强、可获得性强、价值流逝速度快，人们对它的利用方式也易于模仿，而且它还具有无形性、知识性的特征。一方面，大数据技术具有高度专业性和复杂性，大数据基础设施的运行具有高固定成本、低边际成本的特征，而且对其访问（利用）呈现高度的并发性和波动性，企业以传统方式获取和控制大数据资源和技术的成本较高，而且风险很大；另一方面，大数据技术使外部资源利用的交易成本和风险大大降低，这就使得企业在"大数据"资源获得和利用方面倾向于选择介于市场交易与内部生产的方式，分享与合作成为企业构建外部关系网络和价值网络的主题。例如，数据共享、IT外包（Outsourcing）等。IT外包是目前一般企业解决"大数据"问题的基本思路，也是"大数据"产业链形成的根本推动力，这一方式可以实现"大数据"资源的柔性配置和规模效率。

除了以获取大数据资源和技术本身为目的的外部合作，大数据技术使企业获取和利用其他外部资源的成本和风险也大大降低，为新的价值创造模式和价值传递模式提供了技术路径。

（1）众包：把传统上由指定代理人（通常是雇员）完成的任务以公开选拔的形式外包给大量不特定的个人去做的行为。众包模式的实质是对离散社会资源的有效利用。在IT业，开源社区就是众包的典型模式，目前各大IT巨头争相采取这种模式来构筑自己的创新“生态圈”，其他行业的许多世界性大公司也都建立了自己的网络平台或者借助众包中介以众包的方式解决技术、创意、设计等原来完全由内部流程和资源完成的活动，如宝洁、杜邦、波音等。

（2）用户自生成内容：在“去中心化”、用户参与、用户体验、协同创作等互联网文化推动下产生的一种新兴的网络信息资源创作与组织模式，消费者以上传文字、图片、音频、视频或者共享文件等形式参与内容和价值创造。如维基百科、脸书等。

（3）共同创造：从比较深层的意义上看，共同创造是把消费者、供应链成员乃至其他相关产品提供者纳入产品价值网络的思维方式。从简单意义上看，共同创造是指企业整合来自多元系统的数据、邀请跨职能部门的合作甚至从外部供应商和消费者那里获取信息以共创产品。例如，汽车行业基于集成化数据平台的全供应链设计合作，以及玩具行业巨头乐高基于在线订购的允许客户组装他们自己乐高套件的乐高工厂等。这些新模式所依赖的核心工具都是基于Web 3.0技术的网络平台。

这些创新改变了企业对外部资源需求的内容及方式，改变了企业创造价值、传递价值的方式及路径，改变了企业的商业生态，使企业的资源边界、市场边界和契约边界都呈模糊化趋势。可见，企业对“大数据”资源的获得和利用过程也是企业重构外部关系网络和价值网络的过程，价值网络重构已经成为企业商业模式创新的重要方式之一。

第四节 “连接”与“融合”的创新

行业变革层面基于“大数据”的商业模式创新主要表现为：一种全新商

业模式的出现（或者从其他行业中分离出来，形成一种独立的、有重大影响的行业），以及跨行业商业模式形成。前者来自交易成本降低驱动的交易内容、交易结构、交易机制的创新，后者来自以核心资源和能力为基础的行业外扩张。

1. 连接“大数据”——平台式商业模式

“大数据”的高连接性、高可获得性、丰裕性使关于“大数据”的业务活动频率急剧上升，这些活动不仅表现为市场化的交易，也包括介于市场机制与科层机制的各种合作，以及“大数据”业务与其他业务在企业内的结合。交易（泛指关于“大数据”的交往活动）频率的急剧上升，使交易成本的节约成为企业设计交易结构和交易机制关注的中心问题，也是决定整个经济运行效率的关键问题。另外，“大数据”的发展也在多方面使交易成本降低：无障碍零距离沟通、开放的信息和标准、资产专用性的降低、少数人的联合等。平台式商业模式既是因交易成本降低需要而产生的，也是交易成本降低的结果。平台式企业在商业生态系统中扮演着越来越重要的角色，这种商业模式创造价值的逻辑就是通过“连接”与“聚合”降低平台参与者各方的交易成本，并使网络效应得以发挥。根据平台所连接与聚合的对象不同，平台式商业模式又可以分成客户平台、数据平台、技术平台，或者三者兼而有之，其本质都是基于“大数据”的中介组织。

（1）客户平台商业模式。基于“大数据”的客户平台商业模式主要是指通过互联网以某种方式把大量客户吸引到自己的平台，通过提供双边或多边客户价值相互转化与传递机制创造价值。这种商业模式运行的基础是客户的连接与聚合，其关键资源是平台所聚集的庞大的客户群，主要通过网络效应的发挥创造和传递价值，如脸书、腾讯QQ等。

（2）数据平台商业模式。数据平台商业模式是指通过提供多行业、多企业的合作机制，聚集海量的数据，通过数据挖掘、分享、运用来创造和传递价值。这种商业模式运行的基础是数据的连接与聚合，其关键资源是平台所聚集的庞大的数据资源，主要基于数据资源的互补和共享创造新价值。如IZP公司，通过与全球电信运营商及互联网网站合作，基于自主创新的大数据量智能分类处理技术，在全球互联网上部署跨多个国家、多个地区、多个语言体系、覆盖面最广的超级互联网媒体平台。它最具战略性的资产是经过授权使用的客户数据，特别是真实可靠的社会关系数据。

（3）技术平台商业模式。技术平台商业模式是指通过提供技术开发的基础条件，吸引技术相关各方的参与，以实现分散的、互补技术优势的高效利用。这种商业模式是基于技术的连接与聚合，通过技术的创新与应用创造价值。技术平台包括基于开源软件的开源社区平台、众包平台等。如红帽（RedHat），其产品红帽开源操作系统（RedHat Linux）是全世界应用最广泛的Linux。RedHat依靠开源开发社区创造和传递价值，对自助用户提供基于Linux开源的免费软件，对企业客户通过专业订阅提供持续升级服务和有保障的软件，实行软件免费、服务收费的模式。

（4）还有一些商业模式则兼具客户平台、数据平台和技术平台的性质，如苹果公司为iPhone手机推出苹果应用程序商店（App Store）模式。苹果公司为无数的独立软件开发商提供开发工具，鼓励他们把应用软件上传到App Store；所有应用程序开发商的应用程序都必须通过应用商店渠道销售，苹果公司提取30%的版税。应用商店允许用户直接从苹果音乐软件（iTunes）商店浏览、购买和下载应用程序。App Store显然是一个技术平台，但是赋予它生命力的却是双边网络效应的发挥，而客观上它无疑也是一个数据平台；从iPod到iPhone产品线的演进过程也是苹果向强大的平台商业模式转型的过程。苹果公司为全球软件市场带来了一种全新的模式。目前，各大IT操作系统提供商、网络运营商和手机终端制造商都相继推出自己的“App Store”，如中国移动的MM（中国移动推出的手机应用程序商店）、诺基亚的应用商店（Ovi Store），它们都希望借助“App Store”模式，尽可能多地把参与者聚集在自己的平台上，从而创造出最大的价值。

2. 融合“大数据”——数据驱动跨界模式

从资源基础论的视角来看，企业边界主要取决于企业所拥有核心资源的价值辐射能力和企业控制能力。当“大数据”成为企业的优势核心资源，对“大数据”资源规模经济和范围经济的追求激发了以“大数据”为中心的扩张，数据相关多元化出现，除了技术相关多元化、市场相关多元化，大数据资源和技术成为企业决定其边界的新依据。

从交易成本的视角看，外部交易成本的降低提高了互补资源的可获得性，内部交易成本的下降提高了企业的管控能力，这也为企业跨行业扩张提供了可能性。一些前瞻性的公司已经开始尝试跨界与融合，即数据驱动跨界模式。这种跨界与融合主要来自3个方向：一是产业链外的企业依托天然拥有的大数据资源向“大数据”产业链扩张，涉足“大数据”生产；二是产业链内的企业依托“大数据”资源向其他行业扩张，涉足“大数据”行业外应用；三是以“大数据”为核心资源的全方位扩张。

（1）上行跨界模式。

①“大数据”资源商品化。在“大数据”产业链之外，一些企业在正常经营的过程中，作为副产品天然拥有庞大的数据资源，或者积累发展了先进的大数据技术，这些资源在满足企业本身需要之外，成为一种“冗余”，依赖“大数据”资源冗余利用方式的创新——“大数据”资源商品化，改变企业原来的价值创造逻辑，甚至使公司的业务性质发生根本性变化：数据商品化。例如，“广联达”是一家在深圳中小板上市的软件公司，主要收入来源是建筑领域计量软件、造价软件等版权销售。“广联达”的业务集中在建筑领域，公司在经营中有机会接触到大量实时产品数据，而许多客户需要精确的数据来确定一所建筑的造价，于是“广联达”开展了一种新业务：收集各地的建材价格数据，处理打包后销售给客户。

②“大数据”技术商品化。在线零售商业模式的先驱亚马逊从2006年开始新一轮的商业模式创新，开始销售“云计算”服务（即提供在线存储空间业务与按需服务器使用业务）。自此，亚马逊开始以完全不同的价值主张迎合完全不同的客户细分群体——网站公司。这个策略可以实施的根本原因在于亚马逊对其强大的IT基础设施应用的再思考，以使其基础设施能被零售业务运营和新的“云计算”服务所共享。

③“大数据”服务商品化。淘宝网在运行的过程中采集和存储了海量的交易数据，而且拥有自己的云存储系统OceanBase（支持海量数据的高性能分布式数据库系统）。通过专业的数据挖掘，形成了面向进驻商家的多项数据产品，实现了数据的商品化。利用OceanBase开源还可以为非淘宝的其他电商网站提供数据产品及软件，为各类网站及社区提供电商解决方案，为淘宝卖家和消费者提供各类优化工具，从而实现了从交易平台到“生态圈”基础服务提供商的角色转变。

（2）下行跨界模式。这种模式是指拥有“大数据”的公司（例如，互联网公司、IT企业等）利用大数据和大数据技术优势，开拓行业之外的新业务，以完全不同的方式解决某种传统业务问题，实现跨界经营，从而成为这一传统行业的破坏性创新者，或者创造出一个全新的产业。例如，阿里巴巴旗下的阿里金融——一家基于数据分析的小额信贷公司。小额信贷是需要抵押品或担保人的，但是有些小微企业没有任何可以抵押的资产，也找不到愿意提供担保的人，这一直是小额信贷的技术性障碍。而“大数据”可以解决这一关键问题，通过分析这些企业往来的交易数据、信用数据和客户评价数据，便可以掌握他们的资金流动状况、信用状况等。这种模式与传统的银行小额信贷业务相比，业务成本和放贷风险都大大降低。阿里金融的核心资源就是其拥有的大量真实的小微企业的财务数据、交易数据和支付数据等。再比如，2011年被微软以85亿美元收购的Skype公司，它通过提供基于网络的免费通话服务成为电信行业的破坏性创新者。Skype公司开发了同样以Skype命名的软件，在计算机或智能电话上安装这个软件以后，用户可以在设备间免费拨打电话。Skype与传统电信运营商的成本结构完全不同，免费电话完全是通过网络基于“点对点”技术路由的，这项技术利用了用户的硬件和互联网作为通信的基础设施。因此，它不必像电信运营商那样管理自己的网络。除了后端软件和用户账号托管服务，Skype基本没有自己的基础设施，用户只有在呼叫固定电话和移动电话时才需要付费，而且费用非常低。尽管Skype提供的是通信服务，然而其商业模式却更多地遵循软件公司的经济规律。

（3）全方位扩张跨界模式。基于“大数据”的全方位扩张跨界模式的典范当推互联网巨擘谷歌（Google）。Google发展到今天，人们已经很难定义它的性质，它的扩张包含了“大数据”产业的垂直整合、价值链扩张和行业融合。它兼具客户平台、数据平台和技术平台特征，其业务布局从应用（地图、搜索、Youtube等）、平台（Google Play应用店）、操作系统（Android）到硬件（手机、平板电脑、谷歌眼镜、无人驾驶汽车）。Google创造价值的逻辑是：对于个人用户而言，所有的应用都是免费的，所有的软件都是在线的，用户在免费使用这些产品的同时，把个人的行为、喜好等信息免费地送给了Google。Google的产品线越丰富，它对用户的理解就越深，它创造价值的能力就越强。Google董事长埃里克·施密特（Eric Schmidt）曾披露，Google在两天内收集的数据相当于从人类起源到2003年所产生的数据总和。Google是一家“搜索引擎公司”“网上服务公司”，也是出版商、广告平台、制造商，但就其核心而言，它是一家数据收集公司，它所有的业务都是基于“大数据”的。正如Google研究部主任彼得·诺维奇（Peter Norvig）所说：“我们没有更好的算法，我们只有更多的数据。”全方位扩张跨界模式就是要打造一个基于“大数据”的超级商业生态帝国。

如果说上一轮基于互联网的商业模式创新的本质是泛互联网化，那么新一轮的基于“大数据”的商业模式创新则要建立在超越互联网、超越“大数据”的思维之上。“连接”“跨界”“融合”不仅带来了许多新的商业模式，而且使行业边界呈现模糊化的趋势，基于这些思想的商业模式创新开拓了企业追求高层次差异化的新境界。

第七章　云计算：好风凭借力，乘“云”而上

第一节　“云”让计算触手可及

如果从2006年IBM和Google联合推出云计算这个概念开始算起，云计算已经进入了第二个10年，在第一个10年里，云计算从被质疑到成为新一代IT标准，从单纯技术上的概念到影响整个业务模式，如图7-1所示。虽然到目前为止，还有很多不成熟的地方值得探索，但云计算在第一个10年里已经正式确立了它的地位，已经被广泛接受并实践。如今，我们正处在一个全新的时代，数据呈爆炸式增长，人类对计算的需求大大增加，并且希望随时随地获取，这将直接推动云计算成为数字经济时代的新型信息基础设施，并作为公共服务支撑下一波数字经济的发展，推动人类走入数字化时代。

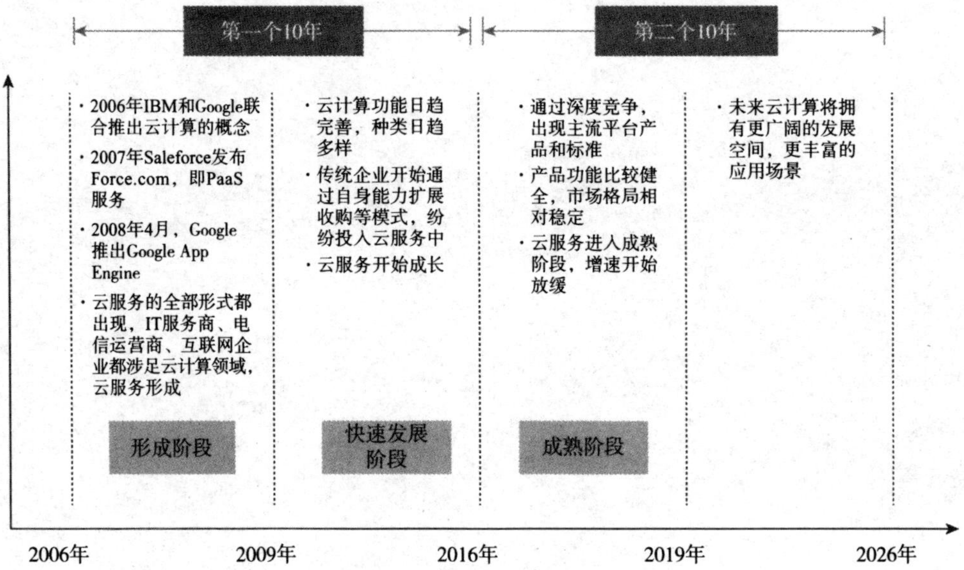

图 7-1　云计算的发展历程

随着云计算的不断发展，云计算的服务模式也在不断调整。IT基础设施被要求更大规模的扩展、更高的密度、更低的功耗及更低的成本，同时要有灵活、弹性、直观与深入的管理方式，并以标准化、通用化的形式将服务提供给客户，这将在很大程度上解决传统计算的服务模式固化、资源整合能力不足、资源分配时间成本高、平台化效率低等问题。云计算发展至今，其特点主要表现在以下方面。

（1）虚拟化：云计算支持用户在任意位置使用各种终端获取应用服务。

（2）规模化整合：云中的资源非常庞大，在一个公有云中可以有几十万甚至上百万台服务器，在一个小型的私有云中也可拥有几百台甚至上千台服务器。

（3）高可靠性：云计算使用了多副本容错技术、计算节点同构可互换等措施来保障服务的高可靠性，使用云计算比使用本地计算机更加可靠。

（4）高可扩展性：云计算具有高效的运算能力，在原有服务器基础上增加云计算功能能够使计算速度迅速提高，最终实现动态扩展虚拟化的层次，达到对应用进行扩展目的的按需服务。云计算是一个庞大的资源池，使用者可以根据需要来进行购买。

目前，云计算进入成熟期，全球云计算市场规模总体呈稳定增长态势，如图7-2所示。2018年，以IaaS、PaaS和SaaS为代表的全球公有云市场规模达到1363亿美元，增速为23.01%。未来几年市场增长率在20%左右，预计到2022年市场规模将超过2700亿美元。

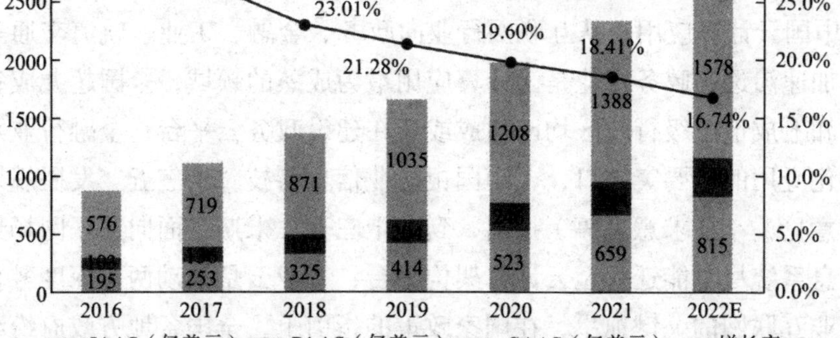

（资料来源：中国信息通信研究院）

图 7-2　全球云市场规模及增速

目前，中国公有云市场保持高速增长，私有云市场增速趋于稳定。2018年，中国云计算整体市场规模达962.8亿元，增速达39.21%，如图7-3所示。其中，公有云市场规模达到437亿元，相比2017年增长65.2%，2019—2022年处于快速增长阶段，到2022年底市场规模将达到1731亿元；2018年私有云市场规模达525亿元，较2017年增长23.1%，未来几年继续保持稳定增长，到2022年底市场规模将达到1172亿元。

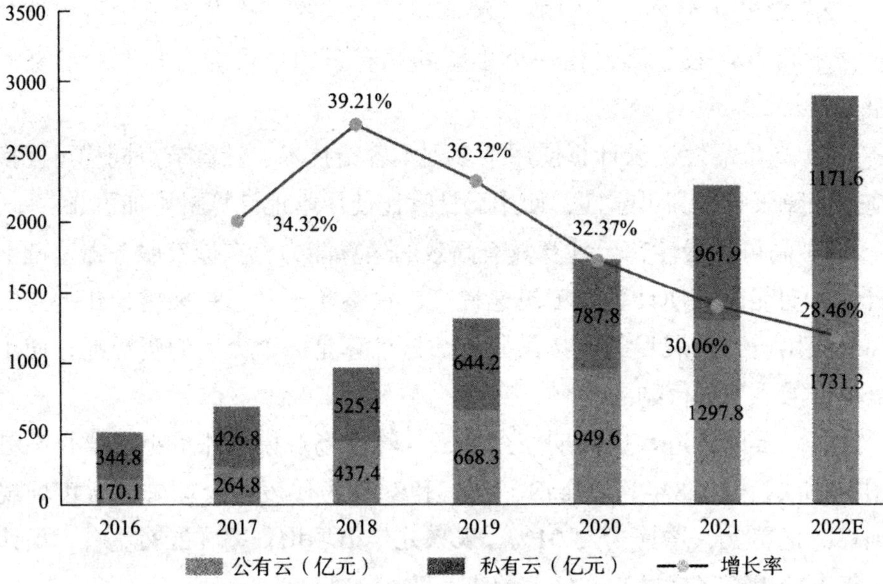

（资料来源：中国信息通信研究院）

图7-3 中国云计算市场规模及增速

中国云计算应用正从互联网行业向政务、金融、工业、轨道交通等传统行业加速渗透。政务行业是云计算应用最为成熟的领域，全国超九成省级行政区和七成地市级行政区均已建成或正在建设政务云平台；金融行业是云计算深化应用的重要突破口，《中国银行业信息科技“十三五”发展规划监管指导意见》（征求意见稿）指出，到“十三五”末期，面向互联网场景的主要信息系统尽可能迁移至云计算架构平台；工业云是推动两化深度融合、发展工业互联网的关键抓手，在国家政策的指引下，全国各地方政府纷纷进行工业云发展规划，积极推进工业云的发展；轨道交通是城市运转的命脉，轨道交通信息化已经成为国家信息化重要布局，轨道交通云正处于蓬勃发展、方兴未艾的关键时期。

云计算正成为政府和企业实现数字化转型的重要信息基础设施。对政府来说，一方面，云计算助力政府打破信息孤岛，实现数据共享共治，通过电子政务云平台，提高电子政务信息共享的效率，扩大信息共享范围；另一方面，依托云平台有效推动“互联网＋政务服务”建设，极大提升了政务服务的便捷性。对企业来说，信息化成为不少传统企业的短板，云计算能够大幅降低企业信息化建设成本，有效降低了企业的时间成本和资源成本，逐渐颠覆传统 IT 行业部署的方式。除此之外，云计算帮助企业优化运营管理流程，企业利用云资源可以实现弹性扩张，依托云计算资源池的共享机制，有效解决了企业业务量波动性强带来的成本不可控问题，帮助企业实现降低运营支出的措施。

云计算为产业数字化提供坚实支撑，政企云市场前景广阔。2020年第1季度，云IT基础设施在全球IT基础设施服务中占比55%，总量达145亿美元，第一次超过传统IT基础设施投入，成为新基建的重要组成部分，为大数据、5G等新型技术在各产业的应用提供坚实支撑。伴随产业数字化的推进，云计算正进一步从互联网企业渗透到至传统企业领域，为教育、医疗、农业、制造、政府等领域提供更多解决方案，政企云市场将成为国内头部云厂商的必争之地。

第二节　云计算优化数字商务

在信息化时代，“云”这个词的出现频率十分高。从本质上来说，我们可以将云看作一个网络，那么狭义的云计算也就是一种能够提供资源的网络，用户可以根据自身的需要随时从“云”中获取资源，只是这一过程是需要付费的。而从广义上来说，云计算是一种较为方便的网络服务，它把许多可以利用的计算资源集中到了一起，并利用软件实现了自动化的管理，用户可以自由申请资源的服务，这种计算资源共享池也就被叫作“云”。

云计算可以说是网络时代的一个新生词汇，是计算机信息技术的一项衍生技术。具体是指在利用网络的基础上，将数量庞大的待计算与处理数据进行分解，使其变化成为无数个方便计算的小程序，然后利用多部服务器组成的系统对这些便于计算和处理的小程序进行分析，从而得出结果，并将最终的分析结果反馈给用户。也就是说，云计算是分布式计算的一种，对于早期的云计算而言尤其如此，它可以将计算任务进行分解，分别计算后再将结果进行合并。因此，云计算在面对庞大的数据处理时，具有无可比拟的优势，可以在非常短的时间内完成数量庞大的数据处理，是一项非常强大的网络服务技术。随着各项网络信息技术的不断发展及完善，现在的云计算或者说云服务早已今非昔比，它不再只是一种简单的分布式计算，而是融合了多项计算技术的一种能够提供更加综合化服务的技术模式。

严格来说，云计算并不是一项全新的技术，只能算是一种全新的网络应用概念，必须通过互联网这个中心和媒介，才能为网络上有需求的用户提供快速且安全的云计算与数据存储服务，使其成为一种需要付费的共享式资源。云计算是网络时代的一项具有重要价值及意义的技术革新，具有重要的现实意义及战略意义，未来的时代很可能就是一个云计算的时代。

在互联网时代，一种新兴的商务模式开始兴起，即电子商务。数字商务则是电子商务领域新兴的一个产业，这种模式将终端商、电信运营商及软件提供商联系到了一个系统之中，成功地实现了资金流、物流及信息流等商务要素之间的紧密联系。随着社会的不断发展，以及技术创新，数字商务这种全新的模式在中国获得了飞速的发展。

所谓数字商务，如果简单地从字面的意思来理解，我们可以将其看作是“移动+数字商务”。其中，“移动”指的是无线终端设备，比如常见的智能手机，再比如专业的PDA等设备；而“数字商务”则是指建立在电子通信等设备基础之上的各种贸易活动。

数字商务虽然脱胎于传统商务，但是又有着明显区别于传统商务的特点，它的形式更加方便、灵活，操作也更加简单。与传统商务不同，数字商务的客户群体拥有更加显著的个性化特征，他们不再满足于千篇一律的服务模式，而是更加关注自身的需求及喜好，他们乐于自己选择心仪的设备，自己控制信息的获取方式及服务模式，他们更加享受个性化的定制服务。因为客户在进行选择时往往需要借助移动设备，所以，在数字商务模式下，商家可以借助大数据的采集功能随时随地获取客户之间各不相同的个性化需求及选择。

云计算的发展给数字商务带来了新的改变，而在数字商务领域的应用也是云计算产业发展中的一大机遇。将云计算这一技术应用于数字商务领域，不仅可以降低企业运营的成本，企业还可以将更多的精力用到市场营销工作中去，提高营销效果。在数字商务模式下，企业不再需要投入大量的成本用于建立和维护数字商务系统，而是可以直接将其委托给云计算服务商进行处理，这样可以极大地解放企业的经营压力，提高经济效益。

（1）云计算可以极大地提高数字商务信息的安全性。与传统的商务交易模式不同，数字商务是一种依赖于互联网的线上商业形式，所以，对于数字商务而言，保证其数据信息的安全是重中之重。而随着社会经济的不断发展，计算机应用领域的不断普及，数据计算规模的扩大等，不只是数字商务行业，社会各行各业都对数据安全，以及计算机储存能力提出了更高的要求。在计算机技术不断提高的同时，随之发展的还有黑客技术，越来越多的病毒及黑客入侵等因素开始对企业的数据安全造成威胁。由此可见，数据信息的安全性对于数字商务企业的重要性。而将云计算应用于数字商务模式中，则可以极好地解决信息的安全性问题。在云计算的环境下，首先，数据信息高度集中，为统一管理提供了便利。其次，信息在云端的储存使得信息资源的优化整合得以实现。最后，更加专业的管理手段，以及专业技术团队的出现，使得企业数据信息的管理更加高效和科学，其安全性得到了极大保障。

（2）云计算的应用提高了数字商务的信息处理能力。对于数字商务来说，信息处理能力是其发展的根基和前提。随着网络购物行为的日常化，数字商务愈加繁荣，而电商企业面临的状况也愈加复杂，需要处理的数据规模空前庞大，传统运营模式之下的硬件设施及资源等，都无法应对数据数量的急剧增加，传统电商企业的发展模式已经成为企业发展的桎梏。云计算的出现，可以很好地解决数据处理的难题。不仅是因为云计算拥有强大的数据存储及计算能力，还因为云计算在进行数据处理时会采取分开处理的模式，利用服务器系统对数据进行分层处理，汇总结果之后反馈给用户。云计算在数据处理上的强大优势，不仅可以为愈加繁荣的数字商务企业提供数据计算保障，还能最大限度地整合资源，从而推动电商企业的发展。

（3）云计算的应用降低了数字商务企业的运营成本。对于数字商务企业来说，硬件设施及人力资源会消耗大部分的资金投入，一方面硬件设施是其运营的基础，另一方面，企业的日常运营不仅需要大量的人力资源来维系，各种硬件设施的正常运转也需要相当数量的人力资源。数字商务不同于传统商务，它的核心是信息服务，主要的工作就是要尽最大可能保证服务器的质量。企业运营发展的过程是不断开发新客户、维护老客户的过程，而客户的开发与维护都需要大量的资金支持，因此，数字商务对于企业数据处理方面的资金投入就会略显不足。而云计算的应用则可以有效解决电商企业运营成本方面的问题，云计算自身所有的在数据存储及数据处理方面的强大优势，可以有效减少电商企业在硬件设施方面的成本投入，也能最大限度地节省投入在数据处理方面的成本，从而极大地降低企业的运营成本，还可以为企业其他方面的投资，比如资源开发及营销推广等提供更多的资金支持，从而推动企业的发展。

第三节　云计算助推数字商业

每个时代都有其最基本的操作系统，这个操作系统贯穿对应时代的所有赛道，是时代演进的底盘。正如桌面计算时代PC的Windows系统和移动互联时代智能终端的iOS和Android操作系统一样，产业互联网时代最基本的商业操作系统将是云计算。云计算跟SNS一样都具备极强的网络效应，如图7-4所示，未来强者的格局已经形成。

（资料来源：阿里巴巴）

图 7-4　云计算的本质是具有强网络效应的商业操作系统

1. 对资源模式方面的改革

虽然中国的传统电商获得了较快的发展，并且在社会上形成了较大的规模，但是在其发展过程中还是存在大量的问题。比如，资源利用率问题及管理难度问题等。随着大数据技术的不断完善，将云计算技术引入数字商务行业中会有效地解决一些上述问题。

首先，企业可以利用云计算的资源共享技术，更加快速地获取各种资源信息，并对其进行有效的管理；其次，企业可以利用云端服务器对硬件设施进行管理维护；再次，企业可以放开手脚拓展核心业务，扩大经营范围；最后，企业可以借助云计算利用云端基础服务、系统平台及服务软件等对各项资源进行调度，不断优化资源的各项配置，解决资源利用率不高的问题。

2. 对服务应用模式方面的改革

（1）云计算的应用可以对数字商务企业的数据处理和经营过程产生影响，更加先进和科学的数据管理工具使得高效处理大量数据成为现实。而数据处理方面的高效性又可以提高企业获取客户信息的速度，能够更加准确地采集和分析客户信息，从而对企业产品或者服务的受众群体进行精准定位，为企业的经营决策提供合理参考和建议。

（2）云计算还拥有先进的信息共享功能，它可以为企业处于完整供应链上各个环节的数字商务主体建立资源共享平台，加强各方之间的交流协作及资源共享，提高服务效率。除此之外，从用户的角度来说，云计算的出现使得他们可以不受时空的限制，自由选择和享受移动电商企业提供的各项服务，为企业的智能化及个性化服务的发展提供便利。

3. 对技术模式层面的改革

在云计算出现之前，电商企业为了应对用户增多、数据处理难度加大等问题，只能从配置性能更高的服务器，搭建更加庞大的存储系统，以及升级网络系统等方式入手。而云计算的出现，则为移动电商企业提供了一种全新的计算资源管理和使用的思路。云计算并不是一种单一的技术成果，它包含分布式计算、虚拟化等技术门类。借助这些技术，它可以将存储、计算、应用及服务等企业需要涉及的多种资源整合到统一的虚拟资源池中，进行集中调度管理。这不仅改进了IT服务的商业模式，极大地提高了工作效率，而且对技术及成本的控制产生了良性影响，极大地降低了企业的运营成本。

云计算技术在数字商务领域的应用不仅帮助电商企业改进了发展模式，拓展了发展空间，而且在降低企业运营成本方面发挥了积极的影响。

第四节　云计算服务价值管理框架

1. 云计算服务价值管理

云计算服务价值管理是指对云计算服务的价值形式、影响因素、导向、发现、组合、共享、转移、评估等问题的协调过程。随着经济全球化、网络化的发展，信息资源的服务化、虚拟化的变革，云计算服务的价值不再只是传统信息技术在效率、绩效、能力等视阈下的片段化形式，更多的是在改变信息网络产品与服务内部的成本结构、定价导向、供需合作模式的基础上，推动价值链再造、价值网络重组和商业生态构建等系统性价值形式。

就价值管理过程中创造机制的协调、实现模式的创新和经营系统的升级而言，云计算服务价值管理包含3个部分，即云计算服务环境下资源的链式化整合、基于云计算服务的产品和服务的网络交付，以及面向云计算服务的社会化运营再造和重组，3个部分相互作用，共创价值。

2. 使能过程链式化

云计算服务就像曾经的蒸汽机技术、电能技术和石油一样，被广泛应用到生活、商务的每一个角落。虽然不同的时代有不同的核心技术主体，但信息及信息技术服务一直是商务和经济的重要因素之一，特别是随着信息技术的快速变革和经济全球化的推进，新兴信息技术在商业和经济中扮演的角色越来越复杂，其技术使能性和社会性促使其在价值发现、创造和转移中的作用显得更加普遍和独特。当前，物联网、云计算和大数据正改变所有的商业活动，每个行业都在推行基于它们信息化、网络化和服务化的建设。在这样的过程中，物联网通过实现物物相连的普遍性表明信息技术，可以和任何一种生产要素或资源进行组合应用，通过方便沟通、有效共享、及时协调和边界跨越来实现规模化生产和个性化服务的协同价值。在具有普遍性的同时，信息技术还具有独特性。也就是说，没有任何一种技术可以替代信息技术普遍地应用于各行各业，并提高该领域的效率、效益和竞争力。普遍性和独特性使得信息技术的应用价值不同于其他技术价值的产生原理，在信息技术产生价值的过程中，其信息技术与产品和服务的设计、制造、销售和维护等全生命周期特征密切相关。

云计算服务的广泛应用，不断推动自身的系列技术突破，也带来了制造和服务的创新，服务型制造和现代服务都是基于信息技术的产业演化的结果。基于技术的使能性特征，产生了除制造和服务以外的生产要素，出现了由信息技术进行获取、处理和应用的知识资源。知识资源使制造和服务过程变得虚拟化、全球化和集聚化。这些技术和资源的变化，引起组织向敏捷性和扁平化分裂，通过构建组织间动态关系网络，突破规模不经济和资源冗余的难题。例如，信息技术的广泛使用使人力、财力资源信息变得透明，并且产生社会化效益，同时，电子政务的信息公开、审批和电子商务的可视化跟踪都让现代社会更加和谐。

3. 产品与服务的网络化

事物的分解与整合就像分工和合作的关系一样，这轮新兴信息技术的应用特征也较全面地反映了分工与合作的协同机理。信息技术的出现和发展是技术分工的结果，信息技术的应用是信息技术与其他资源合作和整合的过程。复杂的分工和合作形成网络化的关系，为构筑面向功能和服务的虚拟化资源和能力提供基础。

在云计算服务系统内部，服务模块化是分工的表现形式，如图7-5所示。云计算服务的硬件和软件的分离是以模块化为基本单元的。集中式大型机由于巨大的波动性需求造成了大量浪费，分布式小型机的集群能很好地解决这一问题。不同的集群规模就是通过虚拟化实现的计算服务模块。这种机制不仅解决了复杂问题的关键，而且提供了完整的功能和敏捷的消费体验。服务计算能力模块化的出现，让制造可以并行，让服务可以打包。对于复杂的巨型的制造系统，基于计算分解任务块，根据任务连接产品与服务。这样的过程不仅需要模块化，还需要模块化之间的并行处理。在个人计算机和手持终端时代，并行化发展表现为网络型开放。在今天的移动机潮流中，模块化、网络化变得更加智能，出现了任务执行的模块化和并行性网络的增长。

从软件的视角来看，操作系统的集成、开发平台的集成和服务应用的捆绑与集成，都很好地说明了新兴信息技术的应用是一种基于模块化网络的分工与合作。在苹果商店中，一个服务就是一个模块，放到网络上给大量使用者按需使用，整个商业系统呈一种网络化增长。在苹果商店中热销的应用就是较好的佐证。

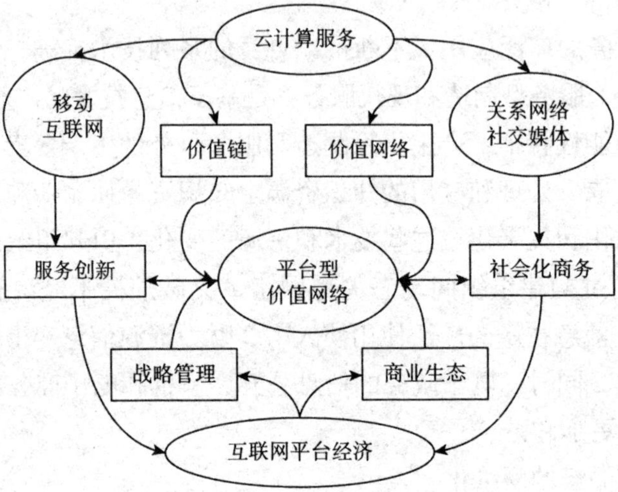

图 7-5　基于云计算服务的内容层价值网络演化图

4. 服务价值社会化

在云计算服务诱发的管理变革中，最为突出的特征就是社会化。社会化集聚了民主化、开放式和社交关系化的相关资源。传统信息技术就有积极作用于组织规模边界、增强消费自助性的特点。当前，社会媒体、社交网络、虚拟团队、众包商务等模式的出现都是信息技术社会化的结果。在信息技术社会化的过程中，信息技术引起社会意识和形态的改变，这种改变势必造成需求和商业过程的改变，但这个传递机制较慢且长。在信息技术商业化的过程中，由于信息技术的支撑和使能，让社会公民、消费者都参与了商务社会化的过程，让社会公民参与产品质量、公司信誉的评论，让民众为消费者建立组织形象。对消费者而言，通过微信、微博等方式发表用户体验，这都将推动商务社会化的进程。

物联网云计算大数据让社会信息更加透明，大众的参与更加积极、知识获取泛化、交易搜索成本低廉化、组织边界模糊化，这些变化在改变商业要素的同时，也改变着人们对社会的认知。信息技术以大社会共享平台的方式让社会的每一个个体感受到商业信息的价值，感知知情的价值和自由消费的体验。因此，基于这种新技术的社交关系构成了商业的核心要素之一。在许多虚拟社区、团购论坛和社交网络中，通过网络社交关系进行商业策划、实施和评估成为当前平台型商务的重要活动。例如，脸书和腾讯公司等都是把基于信息技术的社交关系引用到商业模式中，提出虚拟资源和产权，以发挥社会交往的信任对商业交易和营销宣传效果实现的影响。

第八章 人工智能：算法让机器“觉醒”

第一节 通向人工智能时代

自古以来，人类文明经历过若干次大的技术进步和社会演化，不同的学者对这二者的关系有着不同的认识（如技术决定论、制度决定论等），但有一点人们是具有基本共识的，即技术演化与社会演化呈现出密切的双生伴随关系。新的社会结构一定以新的技术结构为支撑，而新的技术结构又以新的社会结构为环境从而进一步巩固和发展。

总体而言，人类经历过3次大的技术革命和社会转型，其间伴有若干小的技术革命和社会转型。而每一次社会转型又伴随着不同的文明形态和承载文明形态的国家民族兴起。

根据现代文明演化史，从大的文明分野来看，在30万年前，人类从原始状态进入了类似于现代人类的智人阶段，标志着人类作为智慧生物的独立演化。在1万年前，人类经历了历史上第一次经济革命——大规模种植业的出现和与之相配套的农业社会组织的出现，形成了人类历史上的第一次社会结构，人类社会正式形成。此后在公元17世纪左右，人类开始了第一次工业革命，在经济史上称之为第二次经济革命，人类进入了以水平专业化分工和严密的垂直科层化管理为体系的工业时代。“二战”以后，随着通信控制技术的发展和社会市场的不断演化，知识逐渐超越产品成为重要的社会财富与产出形态，去科层化与分工化成为一种新的趋势，人类逐渐进入后工业时代。伴随着网络技术、大数据技术和人工智能技术的发展，人类从公元2000年左右开始逐渐进入新的时代，这也是当前我们所经历的可以称之为人类历史上最为重大的文明进化与变革时代，如图8-1所示。正如曼纽尔·卡斯特尔在《网络社会的崛起》一书的结语部分所言：“人类进入网络社会，人类的文明才刚刚开始。”

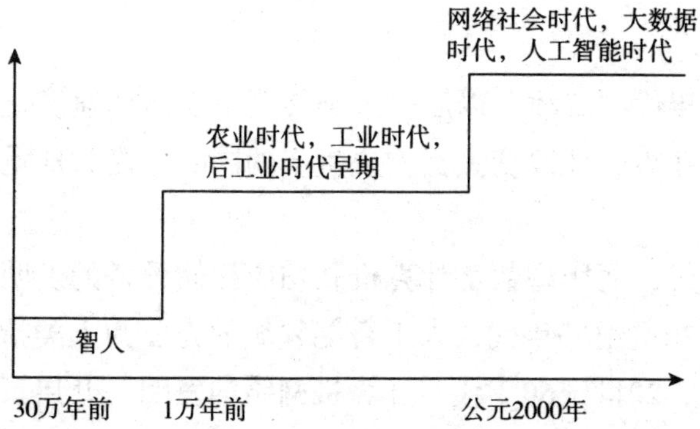

图 8-1 人类文明的演化阶段

而从人类文明演化与技术的发展来看，每一种人类整体的历史阶段，都对应着某一具体的国家或民族，以及与之对应的文明体系的崛起，并在下一个历史阶段产生转换。人类正是在这样的转化中，形成此起彼伏的文明兴衰并整体推动人类历史的进步。具体而言，如果从技术阶段、社会组织方式、优势文明形态、文明承载与崛起等几个角度来看，可以得出如表8-1所示的历史轨迹。

表 8-1 人类技术进步与文明更替

技术阶段	社会组织方式	优势文明形态	文明承载与崛起
相对落后的农耕文明	分散型社会组织	统治联盟	古希腊、古罗马
成熟的农耕文明	中心型社会组织	统一封建帝国	中华帝国
工商业文明	中心型＋社会分工	资本主义国家	欧洲近代文明，美国
网络、大数据、人工智能	去中心、去科层的网络化松散组织	网络、大数据、人工智能文明	?

伴随着人类的技术进步和优势文明形态的改变，历史上产生了不同的国家与民族区域的文明交替。比如，在相对落后的农耕文明下，人类社会相对分散，国家以一种松散城邦（地域）联盟的形态组成优势文明形态，与之对应的则是古希腊文明以及后续的古罗马文明早期的繁荣。而伴随着农耕技术的发展，农耕文明不断成熟，形成了相对大一统的社会组织，统一的帝国成为优势文明形态，中华帝国相应崛起。进入16世纪和17世纪以及近代以来，随着工商业文明的不断发展，形成了高度严密的社会分工和垂直统治，资本主义帝国成为近代以来的优势文明形态，与之相对应的是近代欧洲工业国家的兴起，并进一步演化为以彻底的金融资本为核心的资本主义金融

帝国（如美国）。

自20世纪40年代“二战”以后，人类文明呈现出加速演化的趋势。新的技术层出不穷，在极大地改变人类物质生产的同时，极大地重塑了社会结构和社会行为。

20世纪40年代，通用型数字计算机和相应存储设备的发明使得人类开始进入数字时代；20世纪50年代，人工智能领域的先驱为人类指向了通往人工智能时代的大门；20世纪60年代，计算机网络的发明，开启了人类通向网络时代的道路。与此同时，半导体技术、激光技术、光存储和光通信技术的不断进步，进一步加速了人类在互联网、数据处理和人工智能领域的发展。进入20世纪90年代以后，随着万维网的发明，人类在全社会逐步普及了互联网。21世纪初的10年里，人类社会以网络为核心，重新组织社会结构，形成了新的网络社会，人类进入网络社会时代。随着网络社会的进一步发展，广泛分布的传感器技术、大规模数据存储和通信技术的应用，使得人类的数据规模呈指数级上升，并在2010年左右进入大数据时代。迄今为止，大数据已经成为一种被广泛接受的技术和社会领域的概念。21世纪第2个10年的下半段，随着数据处理能力的飞速提高，新的运算能力和算法使得人工智能领域呈现出飞速发展和广泛应用的态势，人类即将进入人工智能时代。

人类在进入21世纪的3个关键点时相继进入了3个互相联系又略有区别的新时代，网络社会时代、大数据时代、人工智能时代共同标志着人类新时代的3个侧面，共同组成了新的社会结构。网络侧重于描述人类社会乃至与物理社会广泛连接的状态；大数据侧重描述新社会状态下的内容形态和数字本位状态；人工智能则描述了新的社会创造物和广泛的机器介入的社会状态。

第二节　AI 让智能无所不及

AI，即人工智能，可以理解为用机器不断感知、模拟人类的思维，使机器达到甚至超越人类的智能。随着以深度学习为代表的技术的成熟，人工智能开始应用于数字经济的各个部分，促进产业内价值创造方式的智能化变革。

自诞生至今60多年的时间里，各行业的专家学者们对AI进行了大量探索与实践，AI的发展也经历了多次起伏，如图8-2所示。AI最早于1956年夏天在美国达特茅斯大学的一场学术会议中被人们提出并获得肯定，标志着人工智能科学正式诞生。1956年到20世纪60年代初，机器定理证明、跳棋程序等研究成果大大提高了人们对人工智能的关注度。但在随后的10年中，对人工智能过高的期待使得人们设立了许多不切实际的研发目标。例如，用机器证明函数问题、依靠机器进行翻译等。这些挑战均相继落空，使人工智能的发展进入了低谷。到了20世纪70年代末期，专家系统的出现让人工智能从理论研究成功走向了实际应用。专家系统通过模拟人类专家的知识和经验解决特定领域的问题，让人们开始在医疗、化学、地质等领域享受人工智能带来的价值。20世纪80年代到90年代，随着美国和日本立项支持人工智能研究，人工智能进入第二个发展高潮。期间，人工智能相关的数学模型取得了一系列重大突破，如著名的多层神经网络、BP反向传播算法等，使算法模型准确度和专家系统获得了进一步优化。

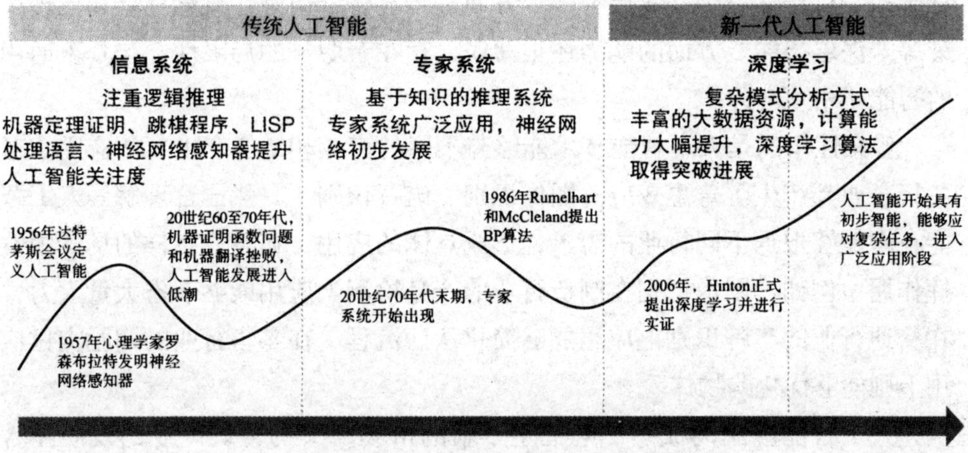

图 8-2　人工智能发展历程

如今，得益于算法、数据和算力3个方面的共同进步，人工智能发展到了新的阶段，呈现出专业性、专用性和普惠性的特点，如图8-3所示。

专业性指的是人工智能具有了等同甚至超越人类专业水平的能力。随着深度学习等技术的成熟，人工智能已不仅能够进行简单的重复性工作，还可以完成专业程度很高的任务。例如，阿尔法狗（AlphaGo）在围棋比赛中战胜了人类冠军，人工智能系统诊断皮肤癌达到了专业医生的水平，人工智能程序在大规模图像识别和人脸识别中有了超越人类的表现。

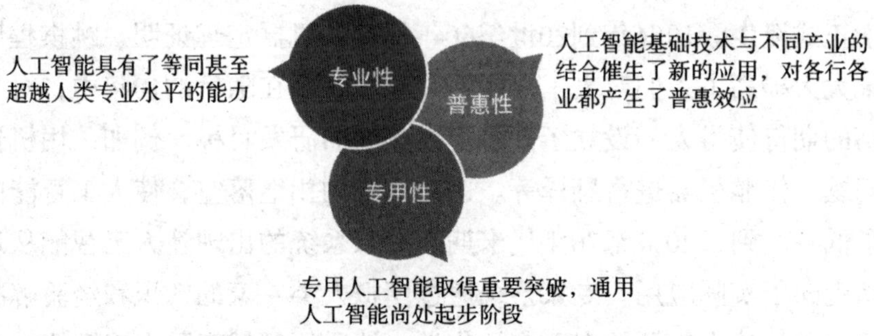

图 8-3　人工智能应用的特点

专用性指的是目前一种人工智能的应用通常仅能用于一个领域，无法实现通用。面向特定任务（比如下围棋）的专用人工智能系统由于任务单一、需求明确、应用边界清晰等理由形成了人工智能领域的单点突破。虽然在信息感知、机器学习等“浅层智能”方面进步显著，但是在概念抽象和推理决策等“深层智能”方面的能力还很薄弱，存在着明显的局限性，与真正通用的智能还相差甚远。

普惠性指的是人工智能技术能够与不同的产业相结合产生新的应用，对各行各业都产生了普惠效应。图像识别、语音识别、自然语言理解等人工智能技术能够根据不同行业的需求，形成具体的应用，在各式各样的场景中发挥作用。例如，图像识别在制造行业的产品检测上应用能够节省大量人力，在交通行业的车牌识别上应用能够简化认证流程，在零售行业的刷脸支付应用上则能够优化购物体验。

人工智能应用的成熟，既催生了新的市场，又为传统产业的发展注入了新的活力。据IDC统计，2018年，中国人工智能市场规模为161.9亿元，预计到2022年底市场规模将接近700亿元，年复合增长率超过50%，如图8-4所示。

人工智能的发展正驱动着产业内劳动力、工作方式及工作组织形式等多方面的变革。首先，人工智能能够通过辅助人类活动显著降低工作门槛，实现工作方式的智能化变革。例如，通过在人机交互方式上应用图像识别、语音识别和自然语言理解等技术，不仅大大降低用户的学习成本，还使得交互效率大幅提升。其次，通过利用人工智能取代人类工作，能够更稳定甚至更高效地完成任务，实现劳动力的智能化变革。例如，在许多现代化工厂里，大量的工业机器人和机械臂已经取代了人工岗位。结合适当的人工智能算法，甚至能够实现全流程自动化，为企业带来更高的生产效率和生产质量。最后，通过突破人类思维，人工智能能够创造出新的流程、方法或产品，实现工作组织形式和应用方式的智能化变革。例如，通过使用机器人流程自动化（RPA）工具，企业能够使“机器人”与处理事务、数据及其他数字通信系统进行交互，执行跨越多个应用的复杂嵌套流程。而以人工智能为基础的机器翻译技术则促成了翻译机产品的出现。语音识别、机器翻译等技术构成的翻译软件和专属硬件相结合，为消费者提供了快速对话翻译能力，在出国旅游等情景下得到了广泛应用。

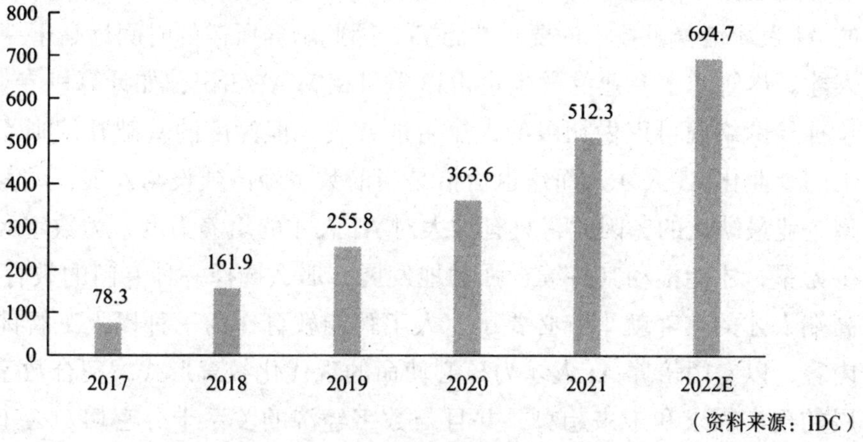

图 8-4　中国人工智能市场规模（亿元）

第三节　人工智能支撑数字基础

2016 年，在 G20 峰会上，发展数字经济已经成为全球普遍的共识。目前，中国的数字经济建设步入快速发展的新阶段，加速建设数字中国，推动数字经济发展已经逐步上升为国家战略，并且已经成为落实国家重大战略的关键力量。而以大数据、云计算和深度学习等为核心驱动力的人工智能是当前新一轮科技革命和产业变革的重要驱动力。加快发展新一代人工智能，是推进数字经济建设与发展的重要举措，更是抓住战略机遇的关键。但推动数字经济建设与发展，离不开大量高层次的人工智能人才的支撑。如果说人工智能是“工具”，那么数字经济便是“结果”，AI 人才则是“工具”的承载者、应用者与开发者，也是数字经济这一“结果”的创造者、推动者与引领者。

随着人工智能发展的日新月异，以人工智能为重要技术支撑和典型特征的数字型企业不断增多，AI 人才需求迅猛增长。然而，中国当前 AI 人才匮乏，供需矛盾突出，已成为横亘在数字经济发展面前的最大难题。《2017 全球人工智能人才白皮书》中的数据显示，2017 年前 10 个月，中国 AI 人才需求量已达到 2016 年的近两倍、2015 年的 5.3 倍，人才需求直线上升，年复合增长率超 200%，保守估计，AI 人才缺口目前在 100 万以上，而且这种趋势正随着数字型企业的增多和快速发展而变得越发明显。另外，由于合格的 AI 人才培养对技术的要求非常高，因此培养所需的时间远高于一般的 IT 人才。尽管非本专业的学生也可以学习相关 AI 知识，如计算机专业，学 1 年神经网络便可以做初级的人工智能开发，但深度的基础开发则需要高精尖的专业化 AI 人才，而这也恰恰是当前数字经济建设与发展，尤其是数字型企业最缺乏的。因此，只有加大对 AI 人才的培养力度，为数字经济储备生力军，才能推动其持续、强劲地发展，那么选择一种专门的教育进行 AI 高端人才的培养就十分必要了。人工智能教育作为一种以人工智能为教育内容，以专门培养 AI 人才为核心使命的现代化教育形式，契合数字经济发展的现实需求和未来趋势，并且与数字经济的关系十分密切。人工智能教育使学生具备专业的 AI 知识与技术，提升并强化其适应数字经济发展的能力，间接驱动数字经济的发展；推动数字经济的发展，还可以为人工智能教育持续发展带来强劲的物力保障和财力支持，二者之间存在复杂的双向交互（协同联动）关系。

通过对人工智能教育与数字经济之间复杂关系的多维解读可以发现，在“应然”状态下，人工智能教育与数字经济之间是一种“互动共生”的生态关系，并且推动各协同联动作用主体合作共治、助力激发层次之间的耦合效应，是深化人工智能教育与数字经济协同联动，实现二者联动发展的有效途径和必要保证。因此，为深化人工智能教育与数字经济的协同联动，更好地保障并推动二者联动发展，可尝试以下路径及措施。

1. 构建具有共生性质的生态关系

依据“互动共生”逻辑分析，人工智能教育与数字经济之间的“互动共生”是指人工智能教育与数字经济作为两个相对不同的共生单元，通过“资本要素”这一桥梁连接与驱动，在互相作用、彼此促进与相互制约的过程中，实现互利共生、联动发展，并促使二者“互动共生”联动达到一种高水平的平衡状态。为达成这一目标，就应积极“构建”具有共生性质的生态关系，即应紧扣“资本要素”的两个“源头”，推动“资本要素”在两个“源头”上的服务和保障互为依赖和支持，保持资本“供给”与“需求”的动态平衡。具体可从3个方面发力。

（1）树立人工智能教育与数字经济的“互动共生观”，为促进“互动共生”联动提供理念支撑。“互动共生观”的确立是二者实现“互动共生”联动的价值判断和推动联动发展实践的方向引领，在促进二者互惠共生、协同联动的过程中发挥着方向指导和理念统领作用。但是，就当前人工智能教育开展的广度、深度而言，人工智能教育在培养AI人才、支撑数字经济发展过程中的作用，未得到很好的发挥和显现。尽管这在很大程度上是由于人工智能教育是一种很“年轻”的教育形式，发展基础较为薄弱，如相关学科、专业基础目前均处在发展形成阶段，但其中还有一个很重要的原因，那就是在寻求人工智能教育与数字经济协同联动的过程中，较少从二者协同联动的前端（观念层面）进行思考。因此，应先树立人工智能与数字经济“互动共生”的发展观念，为推动“互动共生”联动提供理念支撑，并要在具体实践中认识到没有“互动共生”就会束缚人工智能教育与数字经济间协同联动的可持续性，还会制约二者的联动发展。

（2）做好人工智能教育“‘人力资本’源”服务，为数字经济建设与发展提供持续的人才动力与支持。综合其他几种逻辑关系来看，若想做好人工智能教育的“‘人力资本’源”服务，重点是要做好针对AI人才培养的人力资源开发，使其从待开发的人力资源转化为与数字经济发展相适应的人力资本，关键在于要正确把握数字经济建设的特征和发展趋势，尤其是应根据数字化产业及区域数字经济发展的实际和新特点，选择与之相适应的人工智能教育。具体而言就是：作为人工智能教育的办学主体——人工智能教育机构，要按照数字化产业发展和数字经济建设与发展的总体规划（包括国家和地区层面的战略规划），明晰契合区域资源、环境条件的数字化产业和地区优势的数字化产业发展方向，以及区域内数字化产业、企业、产品结构调整与优化的思路及对策，拟订AI人才教育与培训计划，并开发、设置相应的专业、课程，配置师资、选定教材，有组织、有计划、有重点地实施AI人才的人力资源开发。除此之外，为助力AI人才的人力资本持续升值，人工智能教育机构应向社会广泛开放，尤其是要与数字型企业合作，针对数字型企业在职在岗AI人才，积极开展以补充、提高、更新为内容和目标的人工智能教育。

（3）为人工智能教育持续发展提供强劲的物力与财力支持。要想在“‘物力资本+财力资本’源”上为人工智能教育发展提供有力保障，经费“投入”是关键。

首先，在整体层面，根据推进数字经济建设与发展的总体要求和未来趋势，作为当前的“投入”主体——各级政府，应逐渐加大对AI人才教育与培训的投入保障，如在经费投入比例上给予倾斜。

其次，应立足数字经济发展的实际，特别是要依据区域数字化产业、企业和AI人才的人工智能教育、培训规模与需求的综合预测，从社会总体发展所取得的经济收入中提取相应经费，设定专项教育与培训基金给予支持，并根据区域经济增长情况，逐渐提高相关经费支持的比例。

最后，应广纳经费，通过寻求并集聚广泛的社会力量和资源，在经济上保障人工智能教育的正常、有效运转。因此，应注意发挥政府的统筹作用，建立政府、个人、数字型企业等多元主体参与的人工智能教育投入与成本分担机制。通过政府投入、数字型企业和学习者共同分担学习成本，以及多渠道筹措经费的形式，保障人工智能教育及其项目建设与发展的可持续性。

2. 创建主体合作共治的治理模式

基于以AI人才培养为核心使命的人工智能教育工作是一项系统工程，必然需要各方力量的积极参与并寻求合作共治。为更好地发挥各个主体的作用和主动性，弥补每个主体在客观上都是一个有限理性者的缺陷，创建适应AI人才培养要求的多元主体合作共治的治理模式，是使人工智能教育治理走向理性“善治”的制度化选择，如图8-5所示。因为教育治理是教育现代化的重要内容，并且是一种由政府、学校和企业等多社会主体依托的正式或非正式制度在主体间进行协调及持续互动的行动过程。那么，基于以AI人才培养为核心使命的人工智能教育多元主体合作共治的治理模式，其基本的架构应该是在市场导向下，主要由政府、人工智能教育机构、数字型企业等协同联动作用主体共同组成的一种网络化合作共治的治理体系，其中各大主体在这一治理体系当中的主要角色分别是主导、主体和参与。

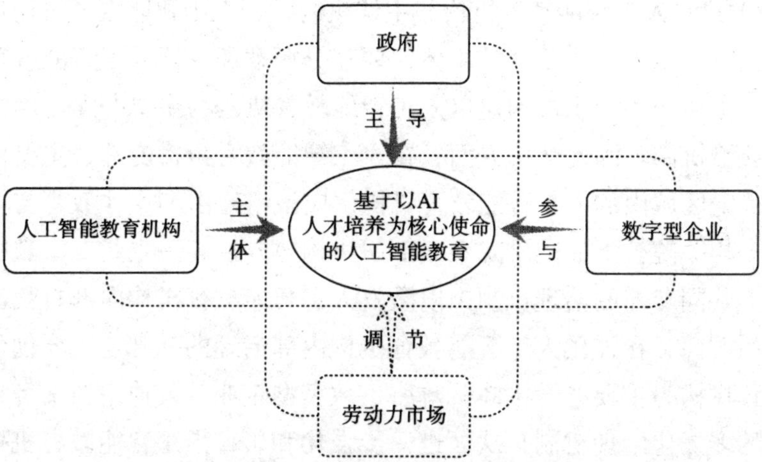

图 8-5　多元主体合作共治的治理模式基本框架图

为保障该治理模式有效运行，按照治理理论的要求，需要“静态”与“动态”两个层面的配合。在“静态”层面，需要对人工智能教育与数字经济协同联动过程中涉及的各个作用主体之间的关系进行界定，明晰并创建该治理模式的基本理论框架（前述分析都已明确，不再赘述）；在“动态”层面，主要是支持该框架有效运行所采用的多重网络化运行机制。由于政府、人工智能教育机构、数字型企业等主体在共治体系运行当中所扮演的角色，以及发挥的作用不尽相同，所以决定了在推动这一治理模式运行的过程中，建立或拟采用的运行机制主要由以下几个机制组成。

（1）建立政府“主导机制”。要围绕AI人才教育与培训这一工作核心，以人工智能教育为主要载体，建立以各级政府及相关行政部门为主体的主导机制。在具体操作中，政府要注意通过做好顶层设计，以善治为导向，充分发挥政府的“元治理”作用，并强化对涉及AI人才培养的人工智能教育与培训工作的统筹服务，即各级政府和相关行政部门（主要是教育行政部门）要逐渐从“管理”视阈中的“行政事务”转向“治理”视阈中的“公共事务”。从“元治理”维度为人工智能教育与培训做好顶层设计，发挥对相关规划与政策制度体系的制定、人工智能教育培训公共产品的供给与市场秩序维护、相关质量评估与监管等宏观统筹服务职能，并对各个共治主体的权利、职责、利益等进行确立与保障，从而引导、支持与保证人工智能教育与培训工作的正确方向和顺利实施。

（2）建立人工智能教育机构“主体机制”。人工智能教育机构目前作为AI人才教育与培训的主要办学主体，要充分调动和发挥人工智能教育机构的主要办学主体作用，积极构建以人工智能教育机构为主要办学主体的多元主体合作共治机制。因此，一方面，在人工智能教育机构内部，主要包括全国范围或一定区域内的人工智能教育机构，应该组建由AI人才教育与培训委员会主导、相关院校下的同质院系或部门机构协同、相关主要专家教师和学生（学员）共同参与的治理机制，以激发人工智能教育机构内部自我治理的效能。另一方面，在强化人工智能教育机构内部治理的基础上，要创建以人工智能教育机构为主要办学主体，政府、数字型企业等其他主体平等参与、协同合作的多元化治理机制，从而进一步强化和彰显人工智能教育机构在承担AI人才教育与培训工作中的角色地位、使命担当及社会回应性。

（3）建立数字型企业“协同参与机制”。这一机制主要指数字型企业出于对自身利益的关心，或者对AI人才教育与培训工作所蕴含利益的认同，针对这一事业的发展与建设所采取具体行为的一种过程与方式。比如，在以AI人才培养为核心使命的人工智能教育工作中，数字型企业应给予人工智能教育机构积极的指导和AI人才需求信息反馈，共同参与相关措施的制定和协同育人，提供实践与实训基地等。正如前述分析，数字型企业既是AI人才就业的主要载体，也是与人工智能教育机构协同育人的重要主体，这就决定了数字型企业协同参与AI人才教育与培训的地位和作用，而且AI人才对数字型企业的生存和发展具有重要意义，因此数字型企业更应与其他主体形成协同，积极参与合作共治。

另外，根据“主体交互”逻辑分析，为促进AI人才的供需匹配，各协同联动作用主体要以市场需求为导向，通过市场的辅助性调节，更好地激发和保持各大协同联动作用主体参与合作共治的活力和市场适应性。

第四节　人工智能引发数字变革

以1956年达特茅斯会议为起点，人工智能至今已有60多年的研究和应用发展历史。在此过程中，人工智能共经历3次发展浪潮。人工智能第一次兴起，源于计算机可以用于解决一些原本只有人类才能完成的复杂事情，比如，计算代数应用题、证明几何定理、学习和使用英语等。但受制于当时算法的不完备和计算机硬件能力的不足，人工智能并未达成人们所期待的结果，并陷入了低谷。

人工智能第二次兴起，则是以“专家系统”的理念进入人们的视线的。但算法架构的局限性与实际生产业务的高度复杂性之间不可调和的矛盾，严重降低了人工智能带来的实际价值，使得人工智能又一次陷入了沉寂。

从20世纪90年代后半期至今，人工智能迎来第三次兴起。这一阶段，互联网和计算机硬件产业的飞速发展，使得支撑人工智能发展的算法、数据、硬件这三方面核心要素都取得了长足的进步。在算法层面，近年来深度学习技术快速发展，推动了人工智能的应用在多领域落地；在数据层面，互联网发展带来的大量数据积累，为人工智能算法的实践提供了良好的数据基础；在硬件层面，GPU（图形处理器）、TPU（张量处理器）等新一代芯片，以及FPGA（现场可编程门阵列）异构计算服务器等新的硬件设施，正在大范围用于专门的人工智能计算。

目前，较为重要的人工智能核心技术可划分为：深度学习、计算机视觉、智能语音、自然语言处理、数据挖掘和芯片硬件6类。

（1）深度学习技术基于对神经网络算法的延伸，可以自动学习大数据中的特征信息，极大地简化了传统机器学习算法中所需的特征工程。当前，在一些诸如物体、图像和语音等富媒体的识别方面，深度学习算法都取得了非常好的效果。同时，结合深度学习与强化学习所形成的深度强化学习技术，更是能在空白状态下进行自主学习来实现具体应用，Google下属公司DeepMind于2017年10月发布的AlphaGo Zero正是对这一技术的典型应用。

（2）计算机视觉技术包含图像识别、视频理解、增强现实/虚拟现实（AR/VR）等核心技术。其中，图像识别以对静态图像的分析和处理为主，发展较为成熟；视频理解则是随着近年来视频类信息的大量出现而新兴的技术，用于对动态视频信息进行分析和处理。此外，结合图像分析技术和传感类技术，AR/VR技术则可以在三维空间中生成虚拟的环境。目前，计算机视觉技术在物体识别方面的能力已经超越人类，微软亚洲研究院在2015年的ImageNet大赛中已成功实现系统识别错误率低至3.57%的识别系统。同时，在人脸识别、视频理解等方面，相关的技术也在快速发展，例如，最新的苹果手机已经可以实现人脸解锁功能。

（3）智能语音和自然语言处理两项技术的互相配合较为紧密，这两项技术统称为语音语义识别技术。目前，结合这两项技术，已经能够实现人机间的多轮对话。但是，智能语音技术在方言、朗读语音、多通道语音理解、情感识别等方面仍存在一些技术难点，而自然语言处理技术则在理解和表示知识时仍存在一些关键技术难点。

（4）数据挖掘技术，主要包括数据清理、数据变换、内容挖掘、模式评估和知识表示等多个数据分析过程。目前已有多种成熟的机器学习算法，可用于数据分析操作。但由于许多领域数据收集困难，以及数据结构复杂等原因，使得目前数据挖掘技术的主要技术和实施难点集中在对数据的收集和预处理方面。

（5）芯片硬件是实现人工智能算法的物理基础。由于传统计算架构无法支撑人工智能算法的海量数据并行运算，因此性能和功耗都无法达到实际应用需求。目前，GPU、FPGA等通用芯片基于其适用并行计算的特点，正在被用于一些人工智能应用中。例如，人机围棋大战中的Alpha Go就使用了约170个GPU。与此同时，一些领先的公司已经在开发和实践专用人工智能芯片，如Google的TPU芯片、中国科学院计算所的寒武纪深度学习处理器芯片。

总体来说，目前各类人工智能技术都已具备了阶段性的研究和应用基础。但从算法到硬件，人工智能技术都还有着更为广阔的发展前景。在当前各类技术应用加速落地的过程中，未来人工智能技术的发展将会获得来自科学研究和商业应用两方面的共同促进。

随着技术、算法的创新和突破，人工智能让诸多商业和生活场景变得更加智能和高效，催生出许多新的业态和商业模式。总体来看，人工智能在金融、零售、制造业、医疗、安防、交通领域的渗透较早，对这些行业的数字化转型正产生深刻的影响和变革。

（1）金融、零售行业目前已具备较为成熟的行业应用场景，也是未来人工智能应用的优势行业。这些领域对硬件依赖程度较小，最直接的应用就是为企业提供智能化解决方案和数据分析服务。金融领域的量化交易、智能投顾，以及商务零售领域的用户画像、精准营销、智能办公等场景，都是目前人工智能应用的热点。

（2）制造业和医疗业作为传统行业，由于长期沿用体系化和流程化的工作模式，拥有良好的数据积累和模式化经验，存在许多可通过人工智能技术优化的应用场景。例如，医疗领域的病案管理和分析、医疗影像识别，以及制造业领域的3D打印、智能制造等。

（3）结合硬件和人工智能算法，可催生安防行业多样化的人工智能应用场景。安防领域的智能摄像头、门禁系统都是有效的人工智能应用场景。物联网行业催生的各类智慧城市形态，也都是人工智能未来广阔的应用空间。

（4）人工智能通过对交通数据的学习，在交通行业可以智能调控车流和规划行车路线，最典型的应用场景就是无人驾驶。无人驾驶结合了多种人工智能相关技术，是目前十分具有商用价值的技术方向。2017年，在百度开发者大会上，百度正式发布了Apollo自动驾驶开放平台，并预期与众多合作伙伴合力打造中国的无人驾驶产业。

总体来看，当前人工智能发展进入新阶段，即将引发行业与经济结构的重大变革。中国是否已经进入人工智能驱动的经济数字化转型的新阶段，需要对中国人工智能社会认知与应用需求的现状，以及其发展趋势做出细致、深入的分析。

第九章 5G 通信：搭建下一代数字高速公路

第一节 5G 让连接无处不在

5G是第五代移动通信技术的简称，5G的意义在于万物互联，即所有“人”和“物”都将存在于有机的数字生态系统中。移动通信代际特征如表9-1所示。

表 9-1 移动通信代际特征

代际	特征	概 述
1G	模拟语音	1981 年，诞生了第一代蜂窝移动通信系统，采用模拟调频技术来实现，缺陷也非常明显：一是系统容量太小，模拟技术对频谱的利用率偏低，当时的交换技术发展相对落后，无法使系统接入大量的用户，1G 成了少数人的奢侈品；二是保密性差，信息非常容易被截取；三是各自都有相对独立的网络标准，不能实现漫游
2G	数字语音	1991 年，人们开始大规模部署 GSM 系统。从模拟技术迈向了数字技术，使系统的用户容量得到了大幅提升。GSM 系统是迄今为止覆盖面积最广、时间最长、最稳定的网络，巅峰时在世界范围内拥有近 45 亿用户，至今仍然在大规模使用，时间跨度将近 40 年。它的局限性也非常多，其中最大的问题就是不能满足人们对移动宽带流量的需求
3G	移动互联	ITU 国际电联颁布了 TD-SCDMA、WCDMA 和 CDMA2000 三大技术标准，供全球运营商部署 3G 移动通信网络。2007 年，随着智能手机的普及，3G 网络开始得到大规模部署。但是 3G 存在速度慢、资费高的问题
4G	数据通信	紧随 3G 普及之后，2008 年人们开始了 4G 的技术开发。移动宽带是 4G 发展的焦点，其对高速率、低延迟和大容量有严格的要求。而且，在 LTE 上不再产生多种制式，只有 FDD-LTE 和 TD-LTE 两种制式标准，在统一标准化方面也优于 3G 网络。LTE 还支持大规模机器类通信和引入机器对机器的通信，拓展了移动宽带的使用范围
5G	万物互联	5G 是移动通信系统稳定、高速、可靠的演进，是 4G 的延续和增强。5G 在标准的制定上，就充分考虑继续发挥这种优势，无论是提升速率还是网络切片，甚至是开放性支持虚拟化部署，都考虑到稳定、可靠、安全等因素，因此 5G 将这种优势进行延续
6G	海、陆、空一体	6G 网络能够使用比 5G 网络更高的频率，开始迈向太赫兹通信，并提供更高的容量和更低的延迟，6G 网络的目标之一就是支持 1 微秒甚至亚微秒的延迟通信。6G 网络将致力于打造一个集地面通信、卫星通信、海洋通信于一体的全连接通信世界，在沙漠、无人区、海洋等移动通信系统的“盲区”，将有望实现信号覆盖。6G 将被应用于空间通信、智能交互、触觉互联网、情感和触觉交流、多感官混合现实、机器间协同和全自动交通等领域

移动通信每10年变革一次，6G时代即将来临。移动通信在20世纪80年代诞生，历经1G“大哥大”时代、2G通信方式从模拟变为数字、3G互联网应用具备雏形，直到如今的5G时代，如图9-1所示，数据业务占据绝对主导，实现“人与人”互联，同时诞生了腾讯、阿里、脸书等互联网巨头公司。5G技术将形成人、机、物三元融合的“万物互联”空间，作为新一代信息通信基础设施，承载人工智能、自动驾驶、VR/AR、无人机等应用，成为下一轮科技浪潮的先驱。

图 9-1　通信技术发展历程

5G三大应用场景开启“万物互联”。ITU提出5G支持三大应用场景增强移动宽带（eMBB）、海量机器类通信（mMTC）和超高可靠低时延通信（uRLLC），满足万物互联的需求，如图9-2所示。在技术要求方面，5G有8大关键能力指标，其中最受关注的4个方面：1000x容量、1000亿+的连接支持、用户体验速率100Mbps和时延1ms。

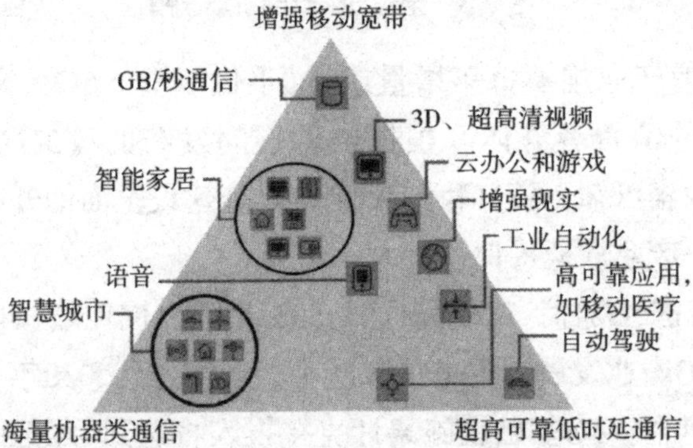

图 9-2　ITU 提出的 5G 三大应用场景

5G专网相比前一代产品有诸多优势。专用网络是一个企业内部网络，提供与特定企业的人员或事物的通信连接，并提供这些企业业务所需的特定服务，由企业独立运行并专门使用。与公共网络不同，只有企业内部的授权人员或终端才能访问此网络。5G专用网络是一种局域网（LAN），它将使用5G技术创建具有统一连接性、优化服务和特定区域内安全通信方式的专用网络。专用5G网络是使用5G蜂窝技术构建的，与有线局域网或Wi-Fi等现有LAN相比，可为企业中的设备提供更高的移动性，以及有线级别连接的质量和稳定性，还具有一些基本优势，例如，安全性和覆盖范围广。全球5G专网市场规模如图9-3所示。

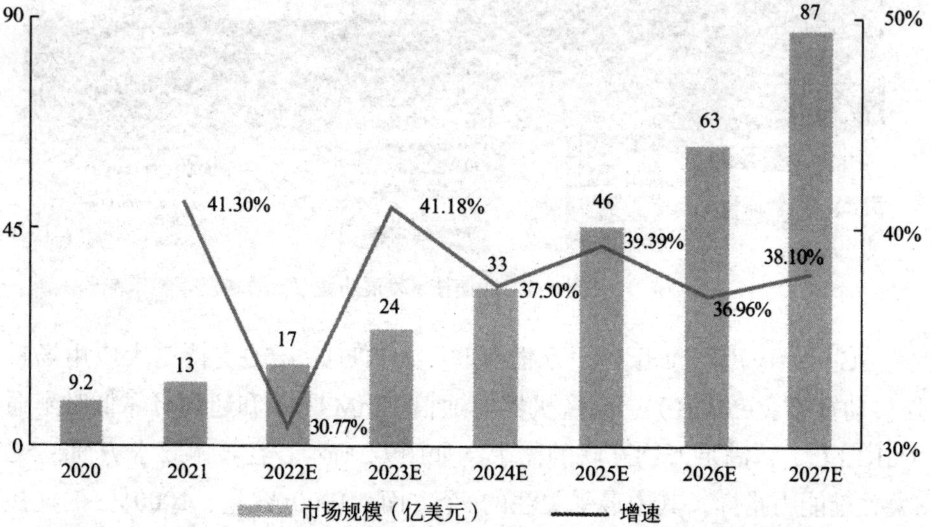

（资料来源：Grand View Research）

图 9-3　全球 5G 专网市场规模

我国5G通信产业规模每年增量或达6千亿以上。5G公网则是2C业务模式，面向广大的消费者群体。根据赛迪顾问发布的《5G产业发展白皮书（2020）》的内容可知，随着我国5G基础设施建设全面铺开，以及5G商用进程的不断加快，产业规模将日益扩大。

2020年，我国5G通信产业规模达到5036亿元，同比增长128%，实现跨越式发展。据《5G产业发展白皮书（2020）》预测，到2030年，我国5G基站数量将达到1500万个，5G基础设施累计直接投入将达到4万亿元，由5G基础设施建设累计带动的GDP达1.7万亿元。由于5G通信具有显著的乘数效应，预计到2030年，由5G产业总体带动的GDP将达到5万亿元，并深度赋能制造、交通运输、金融等领域的发展。此外，5G与工业互联网的融合发展将成为5G产业发展的重要趋势，5G智能终端渗透率也将逐年提升。下一步应加强5G网络配套设施建设，着手解决5G基站能耗问题，不断探索新型商业模式，助力5G产业快速发展。5G产业链全景如图9-4所示。

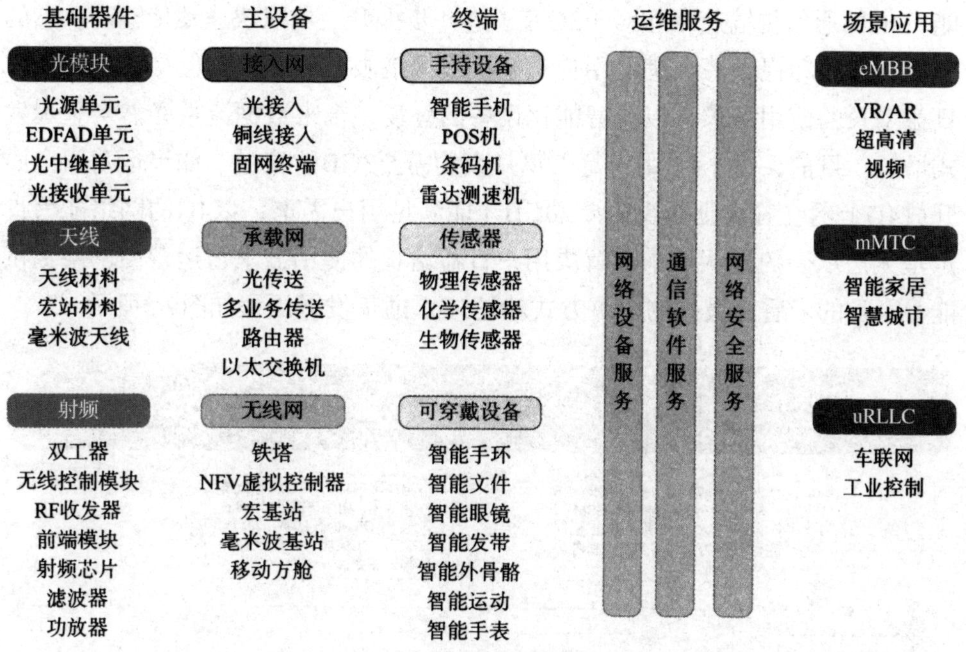

图9-4　5G产业链全景

第二节　5G带来数字化革命良机

从政策角度看，2019年国家对5G持续加码。全球经济长期疲软，各国政府希望借由高科技产业带动全行业发展，带动经济走出低谷。5G被各国寄予厚望，被认为是打通各行业进入数字化革命的良机。目前，中国已经将5G商用步伐作为2019年的重点工作之一，商用牌照作为落实5G的“发令枪”于2019年下半年落地。工信部在5G应用场景的超高清视频、车联网等方面发布产业支持政策。

移动通信技术的不断升级，加速了社会数字化发展的进程。1G时代，采用模拟信号传输，通信时面临安全性差和易受干扰等问题，并且各个国家的1G通信标准不一致，不能做到全球通信。2G时代，从模拟调制进入数字调制，手机具备了上网功能，但是传输速率很慢。随着图片和视频传输的需求诞生，人们对于通信传输速率的要求也日趋高涨，于是3G、4G相继而生。3G的通信标准将信息的传输速率提高了一个数量级，上网成了手机的主要功能。4G的通信传输速率相对于3G有了进一步提升，可以快速地传输高质量的图像、音频和视频等，满足用户对于无线网络服务的要求。但是，随着用户日益增长的使用需求，以及智能化设备的登场，未来数据流量必然会呈爆发式增长。目前，每个4G用户每人每月大约需要3GB的流量，如果运营商全面开放4G上网套餐，则至少需要20GB才能满足用户需求，以4G的网络能力肯定是无法承受的，从根本上解决用户日益增长的使用需求与运营商网络提供能力不足的矛盾，最好的解决方式就是5G。通信发展历程如图9-5所示。

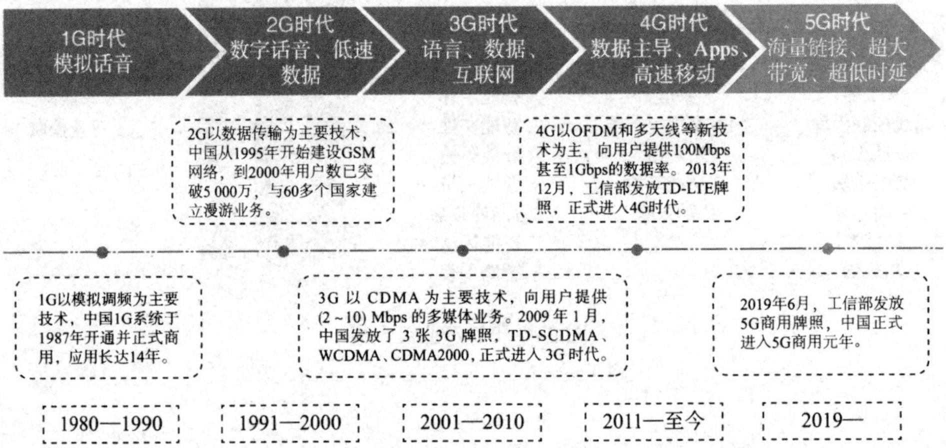

图 9-5　通信发展历程

5G有三大特性：大宽带高速率、低时延高可靠和海量连接。网络速度提升，用户的体验与感受才会有较大的提高。5G通信传输速率较4G有了全方位的提升，下行峰值速率可达20Gbps，上行峰值速率可能超过10Gbps。对网络速度要求很高的业务能在5G时代被推广。例如，云VR的呼声一直很高，但是目前4G速度不足以支撑云VR对视频传输和即时交互的要求，用户还是需要依靠昂贵的本地设备进行处理。依托于5G的高速率，云VR将能够获得长足发展。5G支持单向空口时延最低1ms级别、高速移动场景下可靠性99.999%

的连接。5G超低时延的特性可以支持敏感业务的调度，为车联网、工业控制、智能电网等垂直行业，提供更安全、更可靠的网络连接。同时，使得自动驾驶、远程医疗等应用场景走向现实。5G网络每平方千米百万级的连接数使万物互联成为可能。5G网络面向的不仅仅是个人用户，还有企业用户和工业智能设备，5G将为C端和B端的用户或智能设备提供网络切片、边缘计算等服务。5G每平方千米百万级数量的连接能力和多种连接方式，拉近了万物的距离，实现了人与万物的智能互联。5G关键特性对应的应用场景如图9-6所示。

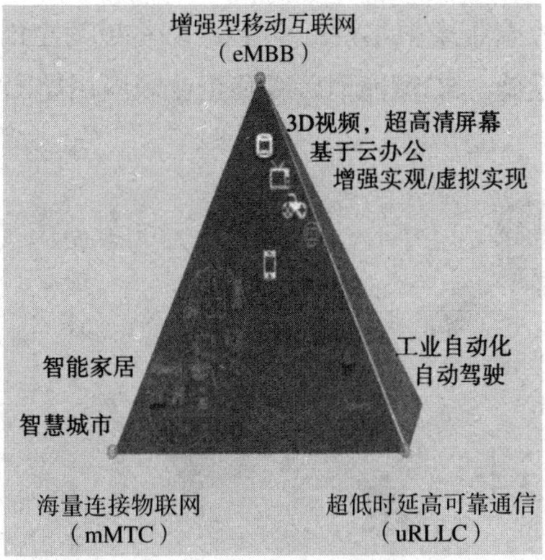

图 9-6　5G 关键特性对应的应用场景

随着5G商用牌照的发放和5G网络建设的大范围铺开，中国5G商用开局良好。截至2019年7月，全国各省市共发布5G相关政策文件35个，加速5G在工业互联网、交通、医疗等多个行业创新应用场景，5G时代已到来。在产业发展方面，5G产业链上游设备厂商着手开发和生产5G设备、运营商密集建设5G网络、先行终端厂商接踵发布5G手机。同时，通信行业与垂直行业加紧开发5G应用。截至2019年7月，全国范围内已建成5G基站3.8万个，2019年底，全国5G基站建设总数进一步增加。5G消费类终端仍将以智能手机为主要形式，同时，智能穿戴设备、智能家居和智能工业应用等终端正在逐渐丰富。在标准方面，5G技术标准的确定是一个渐进的过程。2018年6月，5G第一个版本标准完成了增强移动宽带场景；2020年3月，5G第二个版本标准完成低时延高可靠场景。在制定5G标准的过程中，中国厂商做出了重要贡献，并且掌握较高比例的核心标准，在5G标准的推进速度、推进质量方面均位居世界前列。

5G将拉动产业链上下游高速持久的经济增长，带动中国实体经济转型，为社会带来价值。据中国信息通信研究院测算，预计2020—2025年，中国5G商用将直接带动经济总产出10.6万亿元，直接创造经济增加值3.3万亿元，间接带动经济总产出约24.8万亿元，间接带动经济增加值达8.4万亿元；在就业贡献方面，预计到2025年，5G将直接创造出超过300万个就业岗位。由此可见，5G对于经济增长的贡献潜力巨大，5G技术正在改变人们日常的生活和生产方式，甚至会给社会带来根本性的变革。5G将成为全面构筑经济社会数字化转型的关键基础设施。5G赋能消费级和企业级应用如图9-7所示。

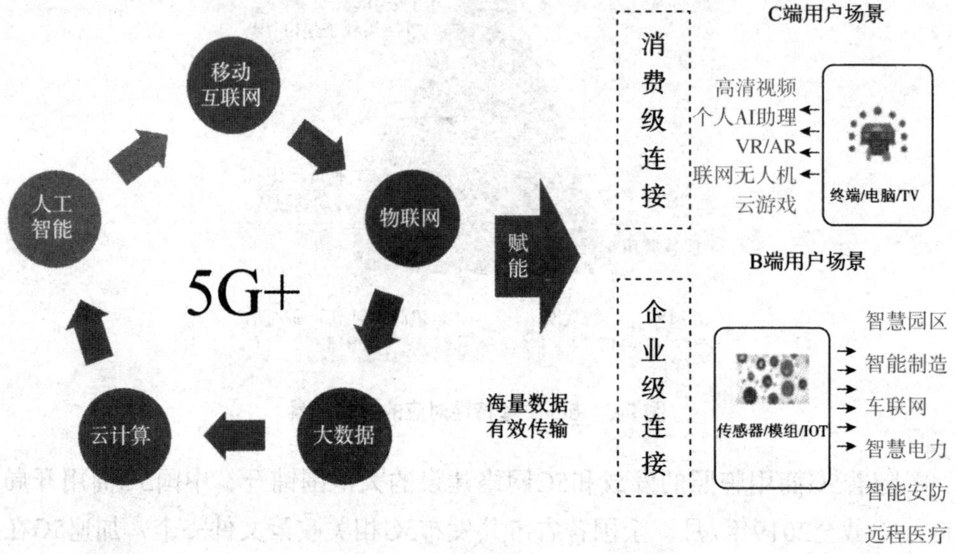

图 9-7　5G 赋能消费级和企业级应用

5G使得海量数据的有效传输成为可能，为垂直行业的高质量发展带来了新契机。首先，自动驾驶、智慧城市、智能家居等垂直应用已经走了很长一段时间，但暂时还没有取得突破性进展，关键问题就在于网络连接。在现有的网络下，虽然速度一直在提升，但由于功耗高、可用频段少和高时延等限制，很难将所有硬件设备连接在一起，它们只是单独获得了连接能力，并没有实现真正的连接。5G的多种连接技术可支持海量机器类通信，满足机器类通信所需的低成本和低功耗要求。其次，在万物具备互联能力的基础上，大连接、低时延的5G网络可以实时传输前端设备产生的海量数据，提升数据采集的及时性，为流程优化、能耗管理提供网络支撑。5G具有媲美光纤的传输速度、万物互联的泛在连接和接近工业总线的实时能力。同时，5G可以与云计算、人工智能技术深度融合，向垂直行业领域加强渗透，为垂直行业的高质量发展带来新契机，助推城市的智能升级和企业数字化转型。5G相关产业政策如表9-2所示。

表 9-2　5G 相关产业政策

时间	部门	政策内容
2018.7	工信部、发改委	印发《扩大和升级信息消费三年行动计划（2018—2020 年）》，提出加快 5G 标准研究、技术试验，推进 5G 规模组网建设及应用示范工程，确保启动 5G 商用
2018.8	工信部、发改委	颁布《扩大和升级信息消费三年计划（2018—2020 年）》，提出加快 5G 标准研究、技术试验，并确保 2020 年启用 5G 商用
2018.12	工信部	三大运营商已经获得全国范围 5G 中低频试验频率使用许可，频谱分配方案正式落地，全国范围规模试验将展开
2019.3	工信部、广电总局、中央广播电视台	联合发布《超高清视频产业发展行动计划（2019—2022 年）》，要求积极探索 5G 应用于超高清视频传输，实现超高清视频业务与 5G 的协同发展

国内设备商竞争优势凸显，市占份额逐步扩大。根据OVUM数据可知，全球设备商CR5（行业前5名市占率之和）从61.5（2014）上升至63.9（2017），其中华为市场份额上升最快。2014—2017年，华为凭借产品性价比优势，4年市场份额提升8.7%，每年保持1亿以上的市场份额提升速率。2015年，华为成功超越爱立信成为全球第一大通信设备商。中兴份额在2014—2017年保持上行趋势。从业绩上看，爱立信和诺基亚近年来并购事件较多，企业组织架构调整较大，业绩均受到影响。反观华为业绩向好，在中美贸易摩擦的背景下，短期内不会改变全球设备商大格局。随着贸易反全球化趋势愈演愈烈，2018年4月以来，以中兴和华为为首的国内厂商面临的海外压力不断增加。中兴禁令解除后，2019年5月15日，美国BIS将华为列入“实体名单”，当即有部分美国企业停止对华为出货。华为在美国经历中兴禁购事件后，加大关键芯片的存货量，同时启用海思保证部分芯片持续供应。华为在5G领域领先2～3年，在欧洲市场的影响可控。

通信产业链全球分工明确，禁购同时影响中、美两国。华为92家核心供应商中33家来自美国，占核心供应商的36%，其中大多为芯片供应商。中国企业大量采购芯片给美国带来了丰厚利润，在通信产业链全球化生产的前提下，禁购同时影响中美双方。因此，美国商务部发布从2019年5月20日起90天内暂停执行“禁令”。

设备商竞争格局出现新变化。从5G最新订单情况来看，华为订单数量最多，5G基站出货量超过10万。三星在5G时代成为设备商新进入者，目前主要供货于韩国电信运营商，发货量3.6万。

第三节　5G与中国数字经济

5G网络全面建成在即，5G模组商业化进度加速。2020年，中国进入5G规模化商用阶段，2022年全面建成5G网络。2021年8月31日，工信部部长肖亚庆在世界5G大会上介绍，我国已开通建设5G基站99.3万个，5G基站已经覆盖全国所有地级市95%以上的县区和35%的乡镇，5G终端手机连接数超过3.92亿户，5G技术商业化普及程度显著提高。随着5G技术的成熟与普及，5G通信模组的发展将成为必然趋势。2019—2025年中国5G基站建设数量及预测如图9-8所示。

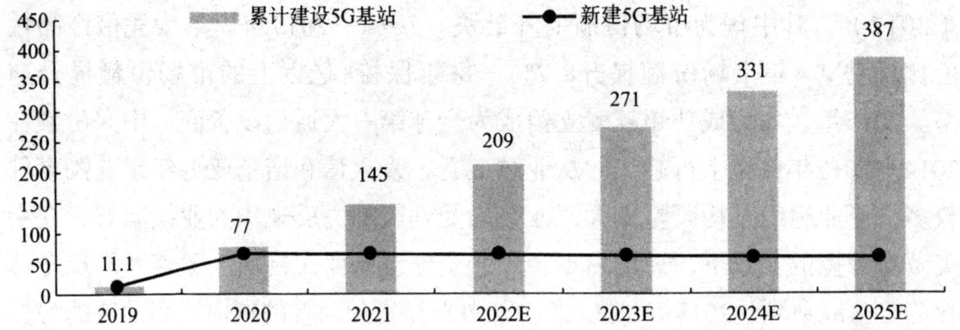

（资料来源：三大运营商官网）

图9-8　2019—2025年中国5G基站建设数量及预测（万站）

目前，我国已经建成全球最大的5G独立组网网络。根据工信部发布的《2021年上半年通信业经济运行情况》与2021年上半年工业和信息化发展情况发布会实录，我国目前开通5G基站96.1万个，如图9-9所示。其中1～6月新建19万个，推动共建共享基站超过40万个，5G终端连接数达到3.65亿户，比上年末净增1.66亿户。根据全球移动通信系统协会（GSMA）预测，到2025年我国5G终端连接数量将有望达到8.2亿户。

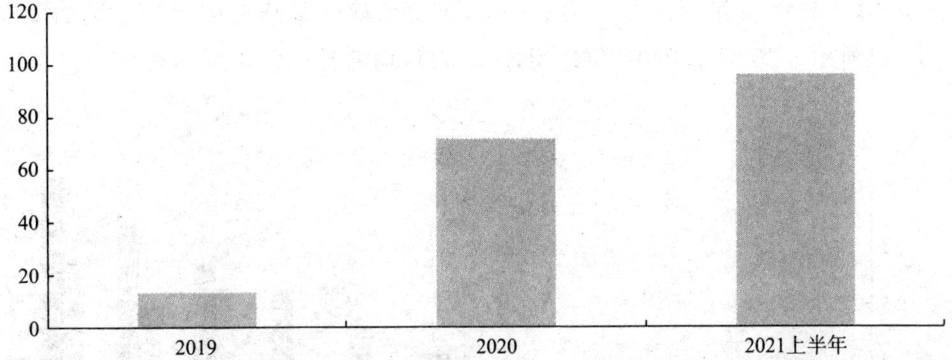

（资料来源：工信部）

图9-9　2019—2021上半年我国5G基站开通数量（万个）

我国5G用户持续增长，消费者接入5G意愿强烈。根据运营商官网数据显示，三大运营商5G套餐户数共达到4.5亿。其中，中国移动始终处于领先地位，其5G用户数量于2021年4月突破4亿；中国电信5G套餐用户数量于2021年2月突破1亿，2021年5月5G用户数量达1.24亿，如图9-10所示。据GSMA统计，有62%的中国消费者升级5G终端，在全球消费者升级5G的意愿中居于首位。

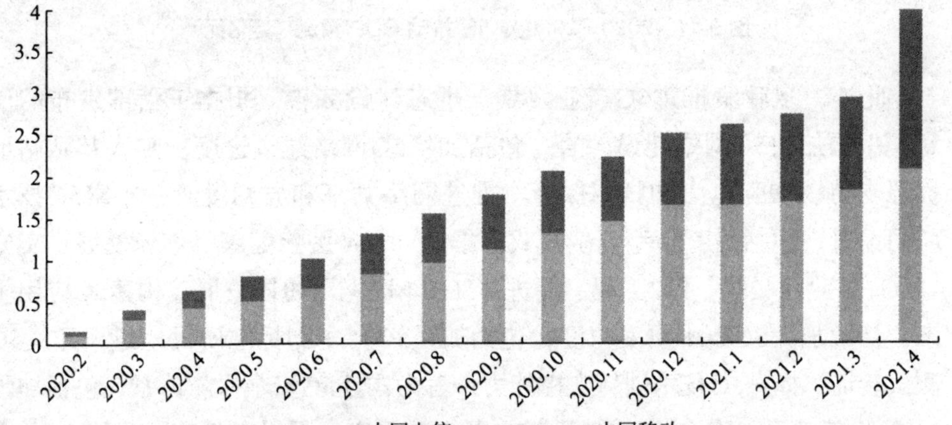

（资料来源：中国移动、中国电信）

图9-10　中国移动、中国电信5G用户数量（亿）

同时，我国5G发展市场优势明显，未来5G对经济的贡献有望进一步提高。我国5G手机出货量处于全球领先地位。据Canalys当时预测数据显示，2021年全球智能手机市场将增长12%，出货量将达到14亿台。其中，大中华区5G手机出货量占比最高，达到了62%。对于5G对GDP发展的贡献，根据中国信息通信研究院预测，2030年5G间接拉动的GDP将达到3.6万亿元，如图9-11所示，2020—2030年5G拉动GDP的年均增长率将达到24%。

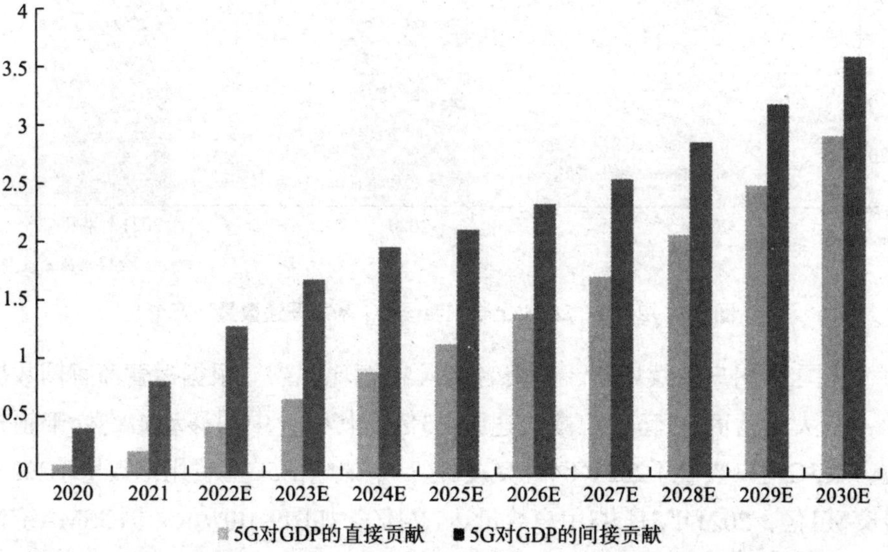

（资料来源：中国信息通信研究院）

图 9-11　2020—2030 年 5G 拉动 GDP 预测（万亿元）

此外，多政策推进5G产业发展与生态建设完善。根据工信部发布的信息，中国加快5G网络建设部署，包括加快5G网络建设进度、加大基站站址资源支持、加强电力和频率保障、推进网络共享和异网漫游；丰富5G技术应用场景，包括培育新型消费模式、推动“5G+医疗健康”创新发展、实施“5G+工业互联网”512工程、促进“5G+车联网”协同发展、构建5G应用生态；持续加大5G技术研发力度，包括加强5G技术和标准研发、组织开展5G测试验证、提升5G技术创新支撑能力；着力构建5G安全保障体系，包括加强5G网络基础设施安全保障、强化5G网络数据安全保护、培育5G网络安全产业生态。中国5G行业发展政策汇总如表9-3所示。

表 9-3　中国 5G 行业发展政策汇总

发布时间	政策名称	主要内容
2021.02	《全面推进乡村振兴加快农业农村现代化的意见》	推动农村千兆光网、第五代移动通信（5G）、移动物联网与城市同步规划建设，完善电信普遍服务补偿机制，支持农村及偏远地区信息通信基础设施建设
2020.06	《政府工作报告》	深入实施“宽带中国”战略，加快 5G 等新一代信息基础设施建设
2020.03	《工业和信息化部关于推动 5G 加快发展的通知》	加快 5G 网络建设进度、支持加大基站站址资源、加强电力和频率保障、推进网络共享和异网漫游
2020.03	《关于促进消费扩容提质加快形成强大国内市场的实施意见》	加快 5G 网络等信息基础设施建设和商用步伐
2020.03	中共中央政治局常务委员会	加快 5G 网络、数据中心等新型基础设施建设进度
2019.12	《长江三角洲区域一体化发展规划纲要》	要求到 2025 年，5G 网络覆盖率达到 80%，基础设施互联互通基本实现
2019.11	《“5G+ 工业互联网”512 工程推进方案》	提升“5G+ 工业互联网”网络关键技术产业能力、创新应用能力、资源供给能力，加强宣传引导和经验推广
2019.08	《促进平台经济规范健康发展的指导意见》	深入实施“宽带中国”战略，加快 5G 等新一代信息基础设施建设，优化提升网络性能和速率，为平台经济发展提供有力支撑
2019.06	《推动重点消费品更新升级畅通资源循环利用实施方案（2019—2020 年）》	加快推进 5G 手机商业应用
2019.05	《关于开展深入推进宽带网络提速降费支撑经济高质量发展 2019 专项行动的通知》	指导各地做好 5G 基站站址规划等工作，进一步优化 5G 发展环境。继续推动 5G 技术研发和产业化，促进系统、芯片、终端等产业链进一步成熟
2018.10	《关于促进移动互联网健康有序发展的意见》	加快推进第五代移动通信（5G）技术商用
2017.01	《关于促进移动互联网健康有序发展的意见》	加快第五代移动通信（5G）技术研发，统筹推进标准制定、系统验证和商用部署，并且要在 5G 领域积极参与国际标准制定和交流合作
2016.07	《国家信息化发展战略刚要》	要求 2020 年 5G 技术研发和标准取得突破性进展
2015.05	《中国制造 2025》	提出要全面突破第五代移动通信技术

（资料来源：工信部，中商产业研究院）

5G蕴含着全方位的经济社会价值，这也是不能忽略的。

（1）5G将创造巨大的经济价值。5G对拉动内需、促进就业和经济增长具有重要作用。根据高通预测，到2035年5G将在全球创造12.3万亿美元的经济产出。中国信息通信研究院发布的《5G经济社会影响白皮书》也显示，到2030年，在直接贡献方面，5G带动的总产出、经济增加值、就业机会分别为6.3万亿元、2.9万亿元和800万个；在间接贡献方面，5G带动的总产出、经济增加值、就业机会分别为10.6万亿元、3.6万亿元和1150万个。5G产业全景概貌如图9-12所示。

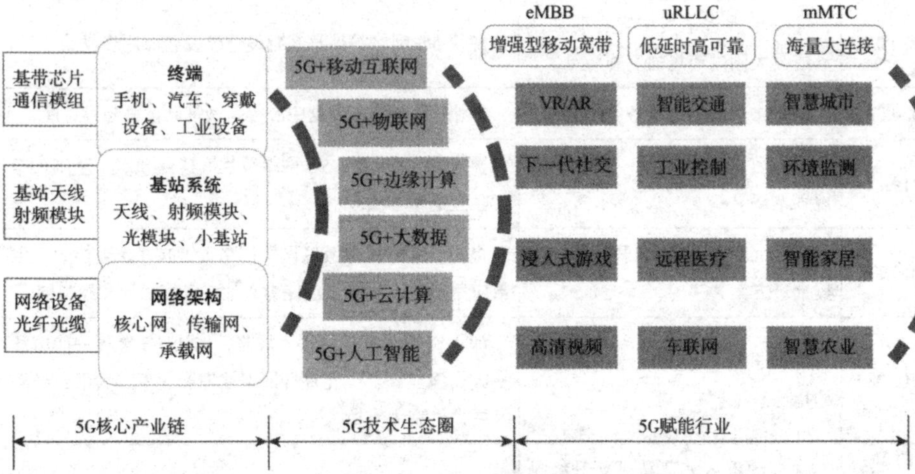

图9-12　5G产业全景概貌

（2）5G将重构城市信息基础设施。5G构成了万物互联时代的基础性网络连接。未来，经济生产、生活娱乐、交通出行和社会治理等各类平台系统运行，都将高度依赖5G网络，基于5G的国家和城市关键基础设施，将成为国家经济社会创新发展的基石。

（3）5G将带来互联网内容产业的深度变革。5G技术将推动高清图像、视频等技术的发展，为用户创造VR（虚拟现实）、AR（增强现实）和MR（混合现实）等沉浸式体验，催生了人人皆媒、万物皆媒时代的来临。高度泛化的媒介、超高速的传输速度、丰富的载体形式、虚拟现实的体验、深度的用户参与，还将进一步释放自媒体和网络内容产业的创新活力，使互联网产业迎来全新的发展空间。

（4）5G将实现消费互联网向产业互联网的关键跨越。4G移动通信技术发展催生了以电子商务、移动支付等“App经济”的大发展；5G技术则将开启智能生产、智能消费、智能家居、智能医疗、智能交通的发展，不仅将推动消费互联网的升级，更将拉开产业互联网的大幕，进而实现两者的融合创新，推动传统经济结构的转型升级。

第十章　区块链：重构社会信用流通体系

区块链是现阶段社会经济发展中一个比较重要的概念，主要是指数字结构，涉及分布式数据存储、加密算法及点对点传输等多项技术手段，在实际应用中表现出了较强的价值。区块链的应用也就是针对相关数据信息资料进行有效的处理，将所有数据进行分区域及分点处理，这些区块在链接下也就形成了区块链（Blockchain）。

第一节　区块链加速数字经济的发展

区块链是多种技术的创新性融合，其关键技术包括哈希函数与非对称加密、区块与链式结构、P2P通信、数字签名、共识机制、智能合约等。从狭义角度来看，区块链是一种按照时间顺序连接数据存储区块，从而形成一种链式数据结构，并以密码学方式保证不可篡改和不可伪造的分布式账本（分布式数据库）。从广义角度来看，区块链技术是利用块链式数据结构来验证与存储数据，利用分布式节点共识算法来生成和更新数据，利用密码学的方式保证数据传输和访问的安全，利用由自动化脚本代码组成的智能合约来编程和操作数据的一种全新的分布式基础架构与计算范式。

1. 区块链技术优势

区块链因具有分布存储、不可篡改、集体维护、可追溯等技术特征，构建了独特的信任机制，在数字经济领域得到了广泛应用。

（1）分布式存储：区块链作为一种开放式、扁平化、平等性的系统或结构，采用分布式存储和点对点通信，所有参与计算的节点都拥有完整或部分区块链账本，因此区块链的分布式储存架构节点越多，数据存储的安全性也就越高。区块链节点之间彼此可以自由连接，可根据自己的需求在权限范围内直接获取信息，而不需要中间平台传递信息。任意节点的损坏或者失去都不会影响整个系统的运作，系统具有极好的健壮性。

（2）信息不可篡改：区块链的数据结构是由包含交易信息的区块按时间顺序有序连接起来的，每个区块都指向前一个区块，创建一条一直可以追溯到第一个区块的链条，因此节点上的信息交换活动都可以被查询和追踪。区块链通过哈希算法将任意原始数据生成为哈希值，由于哈希值的唯一性，一旦节点被恶意篡改，哈希值就会发生变化，那么该区块之后将失去连接，无法形成完整的区块链，使得篡改操作难以生效。

（3）集体维护：传统的数据库是一种单方维护的信息系统，对数据记录和访问有高度的控制权。区块链中的所有节点都可以承担网络路由、构建新节点、验证区块数据、传播区块数据等任务，将对数据访问和使用行为等信息在短时间内大范围地进行全网广播、匹配、核查和认定，数据不再由单一主体单方面控制，需要经过多方验证集体维护，增强了数据存储的一致性。

（4）自治性：区块链的自治性构建在规范和协议的基础上，整个系统中的所有节点在信任的环境中自由、安全地交换数据。区块链上的自治采用基于协商一致的规范和协议（如共识机制），让参与方、中心系统按照公开算法、规则形成一种自动协商一致的机制，记录在区块链上的每一笔交易都更加准确、更加真实，每个人都能对自己的数据做主，是实现以客户为中心的商业重构的重要一环。区块链的智能合约更加接近现实，延伸到了社会、生活和商业等方面，使其在多个方面让机器参与这类能完成的判断和执行。

2. 区块链赋能数字经济发展

区块链推动数据要素高效流通。

（1）助力数据要素确权。区块链的逻辑能够为数据权属确定、数据共享和开放形成支撑。利用区块链的数字签名、共识机制、智能合约等技术可以对数据进行确权，使数据要素的所有者、生产者和使用者都能够作为重要的节点加入区块链网络中，实现数据的授权访问和使用，建立安全可信的身份体系和责任划分体系。再根据不同的身份赋予相应的访问权限，对数据的产生、收集、传输、使用与收益进行全周期的记录与监控，为数据的流通提供坚实的技术基础。

（2）助力创新数据共享和开放模式。区块链技术建立的分布式信任体系能为实现数据完整性提供架构保证。区块链上的每一个区块包含了前一个区块的哈希值和时间戳，所有区块一经形成便无法更改，将数据的访问和使用行为等信息进行全网广播、匹配、核查和认定，保障数据存储、读取、使用等整个过程可追踪、不可篡改，可以提供数据行为的全程记录，有助于加快公共数据开放进程，促进数据资源的高效利用。

（3）助力构建数据监管治理体系。区块链依靠智能合约取代传统的数据协议，实现全自动化流程管理，能及时自动检测发现交易问题，并将警告记录和处理记录同步在区块链上，便于追溯问责，有助于监管部门开展数据要素市场的治理和监管工作。

3. 区块链促进"新基建"主体多方协作

将区块链与网络基础设施结合，可以在确保安全的前提下构建分布式物联网，提升城市网络设备之间的通信效率和可信水平，进一步推动网络互联的移动化、泛在化和信息处理的高速化、智能化，构建"人—网—物"互联体系和泛在智能信息网络。区块链将有助于完善工业互联网，提供更加丰富多源的工业产业链和供应链上下游真实可信数据，实现数据的精准采集和实时上传，有利于产业链协同、供应链管理、供应链金融领域的扩大应用。在能源电力基础设施方面，通过区块链技术将电力用户、电网企业、供应商等设备连接起来，实现不同主体数据共享，有利于多方参与协作。基于智能合约技术能够实现发、输、变、配、用、调等全过程的资源协调配置，大大提高了智慧能源体系运维管理的效率。

4. 区块链加速推动产业数字化转型

将区块链技术应用于传统产业中，有助于促进数据资源优化配置，推动实体经济向智能化和数字化方向转型，促进产业提质增效。

（1）助力实现产业链数据共享和协作。区块链技术可以实现企业内部信息系统数据的分布式存储，提高互联互通的效率，将供应商、生产商、检测机构、物流、监管部门、消费者等参与主体以分布式节点上链，实现商品需求、客户管理、销售跟踪等信息的快速、及时传递和信息协调。区块链有效地解决了信息共享不充分的问题，提高了信息资源的利用率和系统运作效率。

（2）助力产品全生命周期管理。基于区块链的分布式、安全、加密、可追溯的数据存储技术，可以实现农业、工业等产品的全生命周期追溯，实现链上产品信息同步，并对所有链上的产品信息进行实时监控，为用户提供可供溯源的产品。

（3）助力服务业形成新兴业态。区块链技术通过数据可追溯建立信用评价机制，可促进传统服务行业形成公开透明、互利互信的合作机制，基于区块链网络的多方交叉验证，有助于解决中小企业融资难、信任成本高的问题，驱动传统服务业转型发展。

第二节　数字信用生态体系

通过区块链技术，围绕区块链改变信任方式和区块链的顶层决策机制，我们可以建立《互联网平台数字信用建设与应用规范标准》。把静态的个人、企业数字身份和信用，与动态的应用交易数据相结合的数字信用创新，全面融入区块链新技术。静态信用是平台参与方的主体信用，动态信用是行为信用。使区块链技术可以在信用的基础上，解决好有信平台的使用问题。

通过数字信用标准在互联网应用领域全类别、全方位地建立，可以有效地服务于商业模式和应用场景创新。数字是互联网的属性，信用是金融的属性，区块链是数字和信用的结合，是数字信用的工具，是有信交易的技术保障，是商业模式和应用场景创新的基础。区块链对于有信交易的影响，将不亚于互联网对通信的影响。区块链不是一个简单的商业风口，而是一个有信交易的商业创新时代。

区块链技术中有很多新概念，包括智能合约、DAO、通证等。从机制创新视角来看，其核心围绕着区块链改变信任方式和区块链的顶层决策机制，包括为开展和维持正常活动的DAO/DAC顶层决策组织，以及需要经费而发行的通证Token。对参与活动和流动的对象，按工作和权益证明，进行激励和奖励POW/POS/DPOS/NPOS共识机制，例如，社群的组织、活动的开展、流动挖矿的形式等。

1. 区块链的应用特点

作为一种数据传输调用的底层技术，在当今的数字时代，区块链的应用场景其实非常广泛。严格地说，被引导至另一路线的数字货币属于被过度解读的区块链应用，而从当前区块链的实际应用来看，其往往表现出以下几个关键词：共识、去中心化、不可篡改。

（1）共识：区块链往往透明性较为突出，能够实现对所有相关数据信息的透明化处理。无论是数据收集记录，还是后续更新处理操作，都是透明的。因此，每一条信息的处理就必须让全链所有节点（或符合规则的权限节点）形成共识。这样就避免了因为数据信息的不真实和虚假性导致相关应用出现问题。这种完全透明的操作让数据信息的追溯有据可依，早期的区块链应用场景也往往在溯源这一特点上加重笔墨。

（2）去中心化：这是一个非常容易被过度解读的词汇。去中心化是一种现象或结构，必须在拥有众多节点的系统中，或者在拥有众多个体的群中才能出现或存在。区块链的去中心化侧重于强调相关工作处理流程可以较好摆脱对中央处理节点的高度依赖，在数据分布式管理模式下，相应数据信息的收集、存储及更新处理更为高效，同样也能够表现出更强的安全性。

（3）不可篡改：一旦最初的设置完成，整个区块链系统中的所有信息资料及处理流程都会被全过程公开和记录，很难有漏洞可钻。与此同时，因为区块链自身系统结构的特点，如果单独更改某一个节点上的数据信息，也不具备有效性，只有在控制一半以上的节点时，才能够具备数据库修改效果，相应的难度较大。

2. 区块链的信任重置

事实上，我们可以通过观察得到，上述区块链的几个特点其实是对信任机制的一种重置，是完全从技术角度提供的一种信任解决方案，这种解决方案在区块链的世界里被称为智能合约。有了智能合约，可以让数千万的节点形成共识，这些节点至多存在一些权重差别，而不存在能够篡改规则的“中央处理节点”。因此，这是一种超脱于人性思维的数字信任法则。基于这种信任法则，会改变很多社会行为的规则与方式。

3. 区块链的DAO组织

一个完全由区块链技术构建驱动的网络社会空间里面，必然存在一个在当中以类似投票的方式形成共识，并由共识生成智能合约来执行的组织，这种组织可以认为是在没有任何人为干预的情况下运行的公司，并将一切形式的控制交给一套不可破坏的业务规则的节点集合，我们把它称为去中心化自治组织（DAO）。

一个成功的DAO组织的建立，除了区块链本身被赋予的价值和职能，一个最为重要的因素便是激励机制。通常情况下，在链式社区当中，没有中心化的管理，同样也就没有中心化的责任，那么零散的节点没有利益的驱动作为前提是很难形成共识的，甚至参与链式社区的理由都未必成立。因此，往往在链上有一个“通证”来作为激励资产，用来激励那些在社区中参与付出的节点单元。对于节点单元则通过付出时间、计算效能、存储空间等图灵做功来获得通证，这一过程即“挖矿”。而计算做功和获得激励的规则，则是每个DAO社区采用的共识机制。

4. 区块链的共识机制

上面提到了DAO当中有类似投票的方式来将某些“提案”形成“共识”，再生成智能合约的处理流程，在这一流程当中的“投票”机制有多重类型。通常来讲，我们既希望形成共识的节点利益互不相干，同时也希望节点之间存在与利益相符的投票权重，而发展到今天的区块链已经衍生出了多种共识机制，适用于不同的DAO组织。

- POW机制：工作量证明机制，即获得多少奖励，取决于你贡献的工作量。以“挖矿”的比特币为例，参与“挖矿”的计算机性能越好，记账形成的区块越多，分给你的奖励就越多。挖矿潮多半是在POW机制下运行的链上行为。
- POS机制：权益证明机制，即根据你持有链上通证的量和时间进行利息分配的制度。这种制度的理论基础类似于现实社会的“股权”，大量通证持有者的利益一定是与DAO组织的利益更同步的。所以，在POS机制下，“挖矿”收益正比于币龄，而与计算机的计算性能无关。在POS机制下，通过对DEFI（去中心化金融）产品存入资产，增加资产的持有权重，从而获得更高效收益的方式被称为流动挖矿，目前在以太坊DEFI和以太坊2.0上应用较多。
- DPOS机制：委托权益证明机制，即由普通节点投票先选出超级节点，再由超级节点具备DAO组织的决策投票权，可以理解为类似“人大代表”的制度。如果超级节点不能够履行职责或多次恶意利用权限，则可以通过委托人（普通节点）投票将其除名。DPOS是目前比较受欢迎的DAO共识机制，因为它更适合现在普遍应用的联盟链。当下流行的矿机项目当中也有很多选择DPOS机制。
- NPOS机制：提名权益证明机制，是POS的一个变种。在NPOS共识协议中，存在验证和提名人两个角色，一个对应着在其中工作的矿工，一个对应着手中持有通证的权利人，两者的收益规则完全不同但合理分配。目前很多区块链技术人非常推崇的波卡（DOT）采用的就是NPOS机制。

5. 区块链的DAO组织运营

DAO组织是靠规则来自治运行的节点法则。在最初构建链的时候将一些规则制定好，比如，选择什么样的共识机制、共识机制里面的参数如何设定，以及形成共识后如何成为智能合约来自动执行。完成上述工作后就像上帝将规则赋予了人间，社区按照规则自治化运行下去，在社区中也可以出现一些有组织的活动。当然，这需要DAO组织成员来发起并获得共识才可能运行下去。

第三节　提升政府数字化治理能力

为解决政府在智慧社会建设中存在的诸多难题，需要一种足够安全、可靠、灵活的技术。区块链技术的出现，完美地契合了以数据为驱动的国家治理体系和治理能力现代化的内在要求。区块链技术是在记账技术与信息技术的推动下，在提升组织间协作效率与构建数字社会的需求牵引下，产生的以“信任自建”“共享开放”“高度自治”为主要特点的数字技术。习近平总书记在中央政治局第十八次集体学习时强调，要抓住区块链技术融合、功能拓展、产业细分的契机，发挥区块链技术在促进数据共享、优化业务流程、降低运营成本、提升协同效率、建设可信体系等方面的作用。

在社会治理和公共服务中，区块链技术有着广泛的应用空间，将有力地提升社会治理数字化、智能化、精细化、法治化水平。随着大数据、云计算、5G技术的广泛应用，人与人的联系拓展到人与物、物与物的万物互联，数据已成为数字时代的基础要素。当应用于数字金融、医疗服务、版权保护、商品溯源等领域时，区块链技术将为这些领域的管理者和服务者提供可靠的数据信息。

1. 区块链技术可以提升社会治理智能化水平

区块链技术中的共识机制、智能合约，能够打造透明可信任、高效低成本的应用场景，构建实时互联、数据共享、联动协同的智能化机制，从而优化政务服务、城市管理、应急保障的流程，提升治理效能。例如，依托区块链建立跨地区、跨层级、跨部门的监管机制，有助于降低监管成本，打通不同行业、地域监管机构间的信息壁垒。当审计部门、税务部门与金融机构、会计机构之间通过区块链技术实现审计数据、报税数据、资金数据、账务数据的共享，数据造假、逃避监管等问题将得到有效解决。

2. 区块链技术将推动社会治理法治化

在司法、执法、行政等领域，区块链技术与实际工作具有深度融合的广阔空间。当然，我们也要看到，包括区块链在内的最新科技成果，在应用初期难免会出现不成熟、不规范等问题。这就要求我们要进一步加强对区块链等技术的基础理论和标准体系的研究，制定专门的法规，为新技术的应用和发展提供指引。完善与电子数据相关的法律法规，有助于更好地厘清开放共享的边界，明确数据产生、使用、流转、存储等环节和主体的权利和义务，实现数据开放、隐私保护和数据安全之间的平衡，进而促进科技与社会治理的深度融合。

3. 区块链技术可以促进社会扁平化治理

区块链技术构建了一个基于社会共识的可信社会治理体系，同时结合了分布式身份管理、行为治理等手段，相较于传统治理系统，基于区块链技术的社会治理系统中间层级减少，人们的参与度更大，社会治理的扁平化程度增强，更加亲民。分布式身份管理，将现实世界的身份映射到区块链系统的虚拟网络中，将生物特征（如人脸）和行为特征（如步态）上链存储，保证身份可信。利用零知识证明等密码学技术，让每一位参与者在隐私保护下接受身份验证，让执行身份验证工作者无法获取参与者额外的隐私数据。经过了分布式身份认证的用户，无须再通过其他方式证明自己的身份，减少了烦琐的认证过程。

4. 区块链技术可以促进社会治理及服务过程透明化

（1）区块链技术将账本信息公开，使得系统中的每个人都可以看到链上存储的内容，有利于政府信息的公开化、透明化，减少了政府在社会治理过程中与治理对象间的信息不对称，方便了民众更快地获取自身需要的信息，提高了政府机关的办事效率，更好地促进了社会治理协调、有序的进行。

（2）区块链技术中包含时间戳及单向函数等技术，通过密码学手段保证了链上信息的不可篡改性，建立不可篡改的数字证明，为人们提供更有效的公证与认证服务，在知识产权、税务等领域建立新的认证机制。区块链技术的链式追踪特性，可以用于产品的防伪溯源。食品药品监管部门可利用区块链技术解决商品流转过程中出现的假冒伪劣问题。同时，可在教育、医疗、供应链等领域构建一个完整的全周期记录，保证整个流程安全可信。

5. 区块链技术可以促进社会治理智能化

区块链技术具有可编程的智能合约。智能合约是一种基于功能函数，以数字形式被计算机识别，并可以自动执行的智能协议。利用共识机制和智能合约，可以打造透明可信任、高效低成本的应用场景。利用智能合约在多部门之间进行数据共享和联动协同，可降低社会治理的管理成本，并打通各部门之间的数据壁垒，同时结合物联网、人工智能等技术，有效利用数据预测社会需求，预判社会问题，增进社会共识，提升社会治理智能化水平。

6. 区块链技术也是生产关系的革命

通过“网状协同”的底层技术，支持降低人与人之间交换与合作的成本，推动人类分工的进一步细化，有助于打造互通互联生态产业体系，建立全球生态和谐新秩序，为全球经济治理体系变革注入强劲动力，为构建“人类命运共同体”贡献一份全球治理的“中国方案”；打造基于区块链的开放、包容、均衡、普惠的世界经济合作新架构，寻求同沿线各国各地区的利益汇合点，发展全球利益共识关系，促进贸易大繁荣、投资大便利、人员大流动、技术大发展的和合共生局面，实现“区块链”探索全球合作共赢路径的使命。

7. 区块链技术与中国特色社会主义制度有着诸多契合

“难篡改可追溯”（自我约束且自我管理）、“共识机制”（集体决策且自我调整）、“激励机制”（多劳多得且优绩优酬）、“智能合约”（诚实守信且自动履行）等，形成了“集体共识、信任传递、价值流通”等核心功能。通过降低信任成本的方式，解决信任问题，优化社会结构，重塑社会的诚信价值体系，使政府和社会更加透明、诚信，达成以人为本、公平公开的民主化思维共识；通过信息共享、全民参与的模式，调动更多人的主观能动性，并且真正激发其主人翁精神，有助于构建人民生活幸福、关系和谐的社会，体现中国传统文化的核心价值取向，实现国家富强、民族振兴、人民幸福，充分体现出社会主义制度的优越性。

另外，数字经济是推动信息社会发展前提、基础和核心驱动，是信息社会发展的根本保证。信息社会则是数字经济发展的最终目的，并为数字经济发展提供精神动力、智力支持和必要条件。互联网模式下的数字经济是以人工智能、大数据计算、云计算等技术为抓手，带动整个经济活动过程并创造效益的经济模式。相比传统产业，数字经济对市场的应变速度快，并且投资门槛低，生产环节相对简单，成本较低。数字经济还能避免传统经济活动对自然资源和能源的过度消耗及环境污染。所以，数字经济不仅能实现低投高产、降本增效，还有利于经济社会的可持续发展。数字经济将成为社会生产力升级的强大推动力和经济增长的新引擎。

区块链模式下的数字经济弥补了传统经济对生产关系作用的缺失，是生产力决定生产关系的必然产物，是信息社会生产力和生产关系的辩证统一。区块链能够界定信息社会生产资料与劳动者之间的生产关系，即生产资料归谁所有、人们在劳动中的关系和地位如何、产品如何分配。同时，生产关系的确立，促进实现数字经济的资产数字化，扩展数字经济的维度和空间，从而反向作用于生产力的发展，所以说区块链将成为信息社会的重要组件。区块链模式下的信息社会关系结构如图10-1所示。

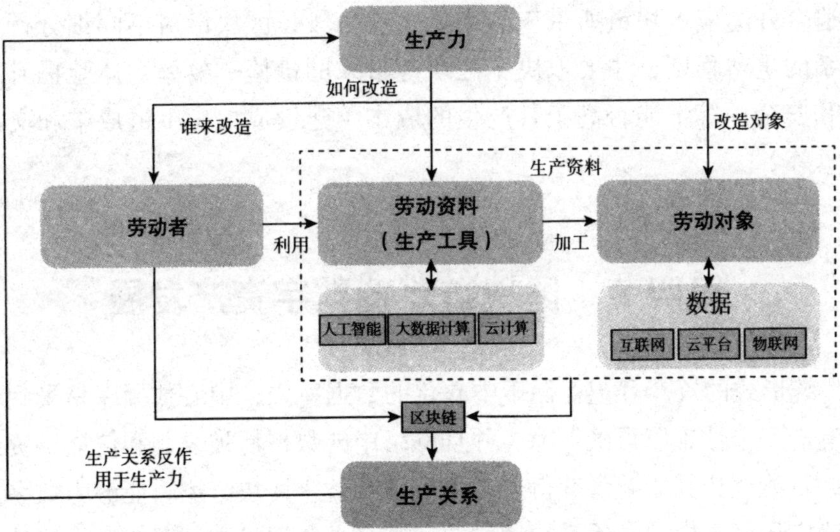

图 10-1　区块链模式下的信息社会关系结构

生产力指的是人类利用自然并改造自然的能力。生产力的升级促进新的生产关系的产生，生产力与生产关系之间辩证统一的过程，是促进信息社会发展的根本驱动力量。在数字经济时代，生产力三要素均有不同程度的发展。其中，变革社会生产力的关键因素——劳动资料（生产工具），已经被信息时代的人工智能、大数据计算、云计算等技术代替。而数字经济下的劳动对象，也已由农业原料、工业原料转变为信息社会下通过互联网、云平台、物联网、半导体智能终端感知和采集的数据。

劳动资料与劳动对象被称为生产资料，劳动者与生产资料的关系被称为生产关系。互联网模式下的数字经济，生产关系不合理、不完善、不公平，即生产资料归中心化的数据寡头拥有，毫无成本地支配、使用，并且劳动者在劳动中的地位由中心化系统管理者所控制。区块链模式下的数字经济将重构生产资料与劳动者之间的关系。一是区块链能够凭借密码学技术、不可篡改的分布式账本、点对点网络，建立确权机制，确立生产资料与劳动者之间的所属权和使用权；二是区块链提供共识机制和权限控制等技术，能够在信息社会中完整地复制线下的经济关系；三是区块链中的积分机制和激励机制，将重新定义生产资料的分配法则，丰富和激发数字经济的创新模式和创新理念。

随着区块链对生产关系改变的逐渐深入，其将对各行业产生深远的影响，并加速信息社会的发展进程。但区块链并非万能的，也并不是每个领域都适合并适应区块链所带来的影响。现阶段，区块链对不同细分行业生产关系的重塑程度，主要取决于区块链带来的价值（效率、体验提升、保密性和安全性等）能否高于其产生的成本（建设成本、上链成本和交易时间成本等）。

第四节　区块链赋能数字资产发展

传统形式的资产登记存储于中心化的数据库中，中心数据库易受到攻击而使资产安全性难以得到保障，并且网络中的数据易被复制和传播，资产难确权，不能够让其所有者获得合理的经济利益。区块链逻辑能够为数字资产权属确定形成支撑。利用区块链的数字签名、共识机制和智能合约等技术，可以对数字资产进行确权，将资产的所有者、生产者和使用者都能够作为重要的节点加入区块链网络中，建立安全可信的身份体系和责任划分体系，并对数字资产的传输、使用、交易与收益进行全周期的记录与溯源管理，为数字资产的流通提供坚实的技术基础。

随着数字技术的发展，传统的纸质票据逐渐发展为数字票据。当前数字票据的主要缺陷如下：一是票据的真实性难保障，目前市场中仍然存在票据造假现象，如克隆票、变造票等；二是票据违规交易多，存在为了牟取私利进行一票多卖、清单交易、过桥销规模、带行带票、出租账户等违规行为，难以有效地管控和防范风险；三是票据信用风险较高，存在商业汇票到期承兑人不能及时兑付等现象。

区块链技术有效地解决了传统票据交易市场存在的诸多痛点，为优化现行数字票据市场提供了更好的选择。一是区块链能重塑票据价值传递模式。采用区块链的分布式结构后，现有的系统存储和传输结构发生改变，使多方节点间建立全新的连续“背书”机制，真实地反映了票据权利的转移过程，直接提高整个票据市场的运作效率。二是区块链能够降低监管成本。数据一旦经过多方共识达成使其上链后，区块链中的全部节点都共同维护同一个账本，所有节点都可作为备份节点，使得单点违规操作无法进行。同时，在共识机制中具有对不良节点的惩罚措施。通过智能合约控制，进一步控制节点操作和票据流转过程，有助于建立更好的市场秩序。三是区块链赋能数字票据信任属性，以达到信任传递。区块链利用多方共识机制实现了数字票据经过多方交叉验证后才生成上链，加密机制的引入实现了对节点的身份验证问题，数字签名、加密机制等多种加密算法实现区块链中数据真实有效且不被篡改，实现了多方信任传递，并且可以灵活、便捷地拆分和重组数字票据。

区块链通过加密算法可以将多源异构的数字资产进行上链存储，使链上数据可以自由交易。

（1）保障数字资产存储安全。数据经过区块链共识机制达成共识后，会保存在全网节点的数据账本中，单点数据的丢失不会影响数据的完整性。而通过区块链哈希算法提取数据指纹，建立数据和指纹的对应关系，对数据任何形式的造假都会导致数据指纹发生变化，从而保障了数字资产的真实性和完整性。

（2）保障数字资产交易安全。区块链以链式结构对数据进行存储，并对数据添加时间戳，这种顺序排列的数据结构使得数据操作和活动都可被查询和追踪，为数据全生命周期审计、溯源提供了有效手段；智能合约的引入能够在不需要第三方的情况下自动执行合约条款，有助于多方参与者根据事先约定规则处理交易、结算事务，从而完成数字资产的安全流转。

（3）助力数据资产确权探索。中国在进行数据确权方面也开展了部分实践。数据要成为数字资产，首先需要完善数据确权。数据确权包括数据的所有权、使用权、经营权、知情权、遗忘权、修改权、删除权、拒绝与限制处理权等一系列的权利。2015年7月，中国首家开展数据资产登记确权赋值的服务机构——中关村数海数据资产评估中心在北京成立。评估中心构建数据资产产权制度，以产权效益最优化为原则，结合知识产权、虚拟财产权（资本利得权）和财产权（物权）进行登记和确权，并对数据资产实行分类管理，推动数据资产实行市场化运作；新建数据资产赋值体系，将数据资产价格分为产权价格、社会生产价格、补偿价格3个部分，完善数据资产的价格结构和价格体系；将开展新型数据资产保险、数据资产贷款、数据资产证券、数据资产信托等新型互联网金融业务，企业可以通过评估中心服务体系探索发行基于自己增值数据的有价证券。基于区块链的资产数字化架构如图10-2所示。

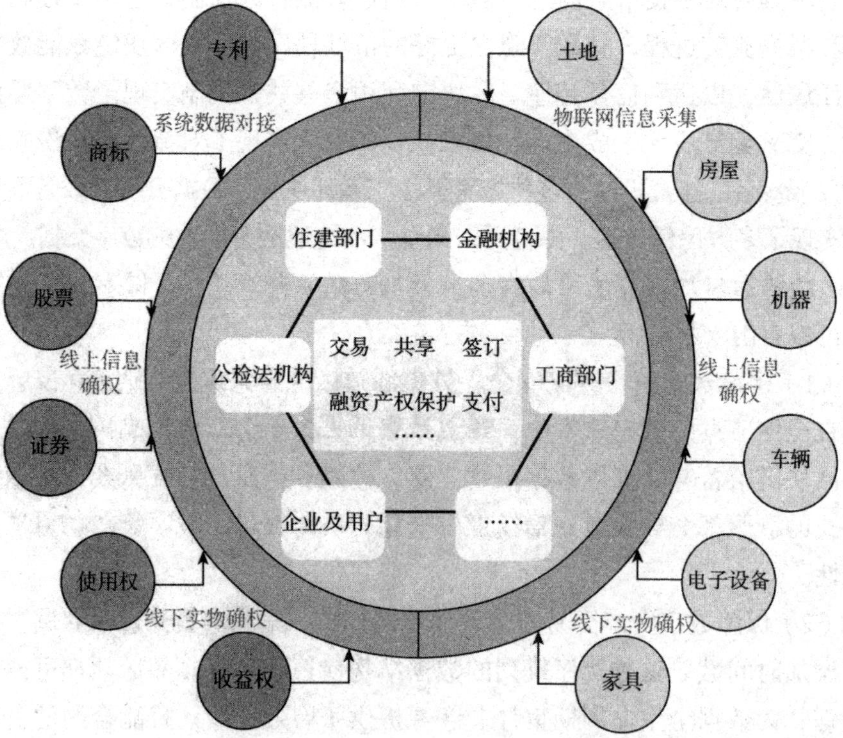

图 10-2 基于区块链的资产数字化架构

2019年9月，人民数据管理有限公司主办的“人民数据资产服务平台”正式启动。这是中国首个全国家级综合数据资产服务平台。人民数据资产服务平台由数据源认证平台、数据流通登记平台、数据交易服务平台和数据流通监管平台组成。该平台将通过与数据提供方、加工方、交易平台、使用者、监管机构的联系与合作，建立统一的数据赋权标准、数据类目管理、数据加密规范、数据流通交易安全体系，并且将利用新一代信息技术，有效实现合法数据流通和非法数据流通的辨识，建立行业规范和黑名单机制。该平台利用区块链技术进行数据确权，也是行业内首个集数据合规性审核、数据确权出版、数据流通登记、数据资产服务于一体的平台。

第三部分

新时代：数字中国的机遇

第十一章　数字经济成全球竞争新高地

第一节　发展数字经济成世界主流

全球数字经济的发展趋势有着非常明显的共性——创新驱动、基础设施、深度融合、完善治理、人才培养，只是不同收入的国家发展存在先后差别，发展中国家在数字经济领域的发展整体显著慢于发达国家。由于各国在数字经济上的发展阶段不一，并且自身能力存在差异，所以各国在发展数字经济上均有“强化优势、补齐短板”的战略需要，这也是各国数字经济未来发展的趋势。

随着部分发达国家受益于数字经济的红利，更多国家纷纷开启数字化革命，大力发展数字经济，争夺云计算、大数据、人工智能等高新技术前端领域。近年来，主要经济体均陆续出台了国家级别的数字经济发展战略，并且持续在数字经济的细分领域推出各种支持政策。到目前为止，几乎所有经济合作与发展组织（OECD）成员国均制定了国家数字发展战略。

在发达经济体中，美国从20世纪90年代末即开始大力支持和鼓励数字经济的发展。克林顿政府的“国家信息基础设施行动计划”、奥巴马任内的《网络空间国际战略》、特朗普政府颁布的《国家网络战略》等，都明确了美国对未来数字经济发展的政策导向。英国政府早在2009年即推出了“数字大不列颠”行动计划，致力于实现英国主导的世界数字经济时代，后又分别于2015年和2017年出台了《数字经济战略（2015—2018）》和《英国数字化战略》，力争让英国成为全球领先的数字化经济体。日本在21世纪初就制定了“IT立国”战略，通过《e-Japan战略》《u-Japan战略》《i-Japan战略》等政策的指引，促使日本数字经济逐步向信息化、网络化与智能化方向发展，并在2013年提出建设最尖端IT国家与“超智能社会”。新加坡从1981年起就先后实施了“国家计算机计划”“国家IT计划”“IT2000计划”“Infocomm21”和“全联新加坡计划”，为数字经济的发展打下了坚实基础，2006年6月正式推出“智慧国2015（iN2015）”计划，致力于将新加坡打造成为信息技术无处不在的智慧国家。

发展中经济体的数字经济战略布局起步较晚，但近年来也纷纷出台了相关政策。其中，印度在2015年推出了“数字印度”计划，包括普及宽带上网、建立全国数据中心与促进电子政务3个方面；巴西在2016年颁布《国家科技创新战略（2016—2019年）》，将数字经济与数字社会列为其优先发展的11个领域之一；俄罗斯在2017年将数字经济列入《俄联邦2018—2025年主要战略发展方向目录》，并将其编制成为《俄联邦数字经济规划》。

近年来，各国的数字化转型政策方针又呈现出了一些新的变化趋势，如表11-1所示。OECD近期梳理并总结出如下几个方面的变化：

第一，国家数字战略越来越多地由政府最高层协调，部分国家甚至成立了专门负责数字事务的部门。

第二，数据资源与数字安全创新是OECD国家关注的焦点之一，主要经济体近年来都加强了公共部门数据的获取和共享，部分国家还推动促进了私人部门的数据共享。同时，数字安全创新也是OECD的一个新趋势，澳大利亚、法国、德国、以色列和英国等几个国家已经建立了开放创新中心，以促进其发展。

第三，人工智能（AI）、区块链、量子计算正受到越来越多的政策关注。到2020年中，已有超过60个国家制定了国家AI战略。澳大利亚、中国、德国、印度、瑞士等国已发布了区块链战略，美国、中国和欧盟在量子计算研发支出方面处于领先地位。

第四，为应对新冠肺炎疫情，OECD国家的政府、学术界和企业实施了一系列应对政策，也包括许多数字经济领域的措施。例如，发展AI系统以预测和监测疾病传播，同时促进医学研究；收集、处理和共享与COVID-19有关的个人数据，以发挥疫情防控的作用等。

表 11-1　近年来各国推出的数字经济发展战略

国家 / 地区	时间	数字经济战略
欧盟	2005 年 6 月	i2010——欧洲信息社会：促进经济增长和就业
	2010 年 5 月	欧洲数字经济议程
	2015 年 5 月	数字单一市场战略

续表

国家 / 地区	时间	数字经济战略
美国	2009 年 1 月	透明和开放政府备忘录
	2010 年 3 月	国家宽带计划
	2011 年 2 月	联邦政府云计算战略
	2012 年 3 月	大数据研究与开发计划
	2012 年 5 月	“数字政府”战略
	2014 年 5 月	美国开放数据行动计划
	2015 年 11 月	《数字经济》议程
	2016 年 5 月	联邦大数据研究与开发战略计划
	2016 年 10 月	国家人工智能研究与发展策略规划
	2016 年 12 月	加强国家网络安全——促进数字经济的安全与发展
	2017 年 3 月	国家宽带研究议程
德国	2016 年 4 月	产业数字化规划
	2010 年 11 月	数字德国 2015
	2013 年	工业 4.0
	2014 年 8 月	数字议程（2014—2017）
	2016 年 3 月	数字战略 2025
法国	2008 年 10 月	2012 数字法国计划
	2011 年 12 月	数字法国 2020
	2013 年 2 月	数字化路线图
日本	2001 年 1 月	e-Japan 战略
	2004 年 5 月	u-Japan 战略
	2009 年 7 月	i-Japan 战略
	2010 年 5 月	新信息通信技术战略
	2013 年 6 月	创建最尖端 IT 国家宣言
	2015 年 1 月	机器人新战略
英国	2009 年	《数字英国》计划
	2010 年 4 月	数字经济法案
	2013 年 6 月	英国信息经济战略 2013
	2015 年 2 月	英国 2015—2018 年数字经济战略
	2017 年 3 月	英国数字战略

续表

国家 / 地区	时间	数字经济战略
韩国	2010 年 7 月	IT 融合发展战略
	2013 年 6 月	政府 3.0 计划
	2014 年 6 月	实现创造经济，制造业创新 3.0 战略
澳大利亚	2004 年 7 月	信息时代的机遇和挑战：2004—2006 年澳大利亚走向信息经济的战略框架
	2011 年 4 月	国家云计算战略
	2011 年 5 月	国家数字经济战略
	2013 年 8 月	公共服务大数据战略
新加坡	1981 年	国家计算机计划
	1986 年	国家 IT 计划
	1992 年	IT2000 计划
	2000 年	Infocomm21 五年计划
	2003 年 3 月	全联新加坡计划
	2006 年	整合政府 2010，智慧国 2015
印度	2011 年 6 月	电子政府 2015（eGov2015）
	2014 年 6 月	智慧国 2025
	2015 年 7 月	数字印度
巴西	2016 年	国家科技创新战略（2016—2019 年）
俄罗斯	2017 年 7 月	俄联邦数字经济规划

第二节 全球数字经济治理的挑战

全球范围内互联网、大数据、云计算、人工智能等信息与通信技术（ICT）迅速迭代，数字经济正成为世界经济转型日益重要的驱动力，对实现包容性增长和可持续发展至关重要。根据联合国《2019年数字经济报告》，数字化交付服务出口额在2018年达到2.9万亿美元，相当于全球服务出口的50%，并仍将处于持续快速增长阶段。与此同时，全球数字经济治理领域的南北矛盾日益激化。日本在2019年G20大阪峰会上推动各方签署《大阪数字经济宣言》以正式启动“大阪轨道”，但印度、南非和印度尼西亚对数据自由流动等议题持保留态度并拒绝签字，中国则在签字的同时强调确保数据安全、加强数字互联互通、完善数据治理规则、提升数字经济包容性及未来维护发展中国家利益的立场。

全球治理本质上是以制度为基础的规则治理，集中体现为规则的制定和实施过程。当前全球数字经济增长及其治理主体、治理目标、治理规则正呈现出明显的分化趋势，“美式模板”和“欧盟类型”各有侧重，多边层面数字治理规则难以达成，中国等发展中国家面临制度性话语权缺失的集体困境。数字经济的蓬勃发展、治理规则的推陈出新及其与中国等发展中国家现有实践之间所存在的张力，客观上要求中国洞悉当前全球数字经济治理面临的挑战，探讨中国作为发展中大国在其中能够发挥的作用，进而提出参与全球数字经济治理的中国路径。

1. 数字资源禀赋差异导致全球经济增长新分化

人口红利等传统要素在数字经济发展初期作用明显，普及率和渗透率的提升会迅速释放数字经济潜力并带来相关产业的高速增长。但从长期看，电信基础设施、数字技术研发及相关配套政策等数字资源禀赋依赖政府投入，国家干预和产业扶持特征显著。截至2017年4月，联合国贸易和发展会议（UNCTAD）在全球范围内识别到的各国数字战略合计已逾百项。以集多项数字技术于一体的人工智能（AI）为例，埃森哲针对12个发达经济体的预测表明，相比2035年预期的基准生产力水平，各国使用AI产生的劳动生产率增长百分比在11%～37%。相对地，由于资本和技术方面的显著缺口，广大发展中经济体在推进数字经济时的劣势将被放大。

此外，数字资源禀赋成为新的国际投资区位影响因素，左右跨国企业全球布局及战略转型。跨国企业全球价值链数字化导致全球生产体系日益集聚，并呈现出海外低资产和低就业的“双低”现象，很可能在减缓全球范围内资本流动的同时，赋予发达经济体重聚外资的新优势。加之近年来美国等发达经济体逆全球化思潮兴起，国家保护主义凸显，大量海外资本被强制回流，或加重上述趋势。由此，数字资源禀赋差异可能引发“马太效应”，助推数字时代下全球经济增长的分化。

2. 数字战略竞争成为地缘政治经济变动的新诱因

一国的技术创新程度可被视作该国地缘政治、经济地位及其军事能力的标志，但技术进步又不可避免地存在跨国溢出现象，导致技术创新国在国际贸易投资或技术转移的过程中丧失对新技术的控制权。因此，一方面发展中经济体面临急剧变革的国际政治、经济环境及科技能力分布不均衡的问题；另一方面，发达经济体出于国家安全和既有利益考虑，也对技术合作制度和技术研发项目等倍加敏感并严格限制，促使国际局势日益紧张甚至出现国际冲突。在数字经济领域，以5G网络技术为代表的标准之争成为国际制度竞争的前沿，国家之间的关系及意识形态日益淡化，并且各自看重技术竞争与合作，“技术创新国”“技术商业化国”“技术使用国”被视为国际政治力量新的划分方式。

目前，数字技术所带来的政策挑战已冲破狭义的数字领域，延伸至更广泛的贸易投资政策领域，如“数字产品零关税”和“国家安全审查”议题。以后者为例，出于对国家安全或战略性行业内外国投资的担忧，美国、加拿大、德国、英国、澳大利亚等发达经济体纷纷扩大外资并购审查范围，尤其是对发起并购的外国国有企业或具有政府背景的实体展开更加严格的监管。比如，美国在2018年7月通过的《外国投资风险评估现代化法案》。近年来基于监管或政治原因被撤回的对美并购案就涉及若干数字行业的中国企业，比如，2017年美国政府以国家安全为由禁止中国私募股权企业峡谷桥资本公司对美国莱迪思半导体公司的并购。

3. 数字经济规则助力发达经济体构建制度垄断新优势

美欧等发达经济体在双边、区域和跨区域经贸协定中，强势引入具有约束力的新一代数字经济相关条款，全球数字经济治理呈现出明显的“中心—外围”格局及分化趋势，发达经济体从而获得制度垄断新优势。

首先，美国是新一代数字经济规则的引领者和塑造者，以“技术中性”和“互联网中性”作为基本理念。鉴于数据流动是美国商业利益不可或缺的保障，同时持续扩张的美国数字跨国巨头呼吁更加开放和自由的海外市场，美国在美国贸易代表办公室（USTR）下设数字贸易工作组（DTWG），从国别层面识别主要数字贸易壁垒并协调数字贸易谈判，同时由商务部启动“数字专员”项目，在中国、欧盟、日本、印度、东盟等领先数字经济体和新兴市场为美国企业提供政策和法律支持。尽管美国已退出“跨太平洋伙伴关系协定”（TPP），作为延续的“全面与进步跨太平洋伙伴关系协定”（CPTPP）仍然保留了“跨境数据自由流动”“数据存储非强制本地化”等美国力推的数字规则。不仅如此，澳大利亚、新西兰等全球主要经济体引入数字规则时也选择效仿“美式模板”。

其次，欧盟通常要求谈判方将数字规则设置为“欧盟类型”，强调技术的公共政策目标和互联网的主权属性。将“中间服务提供商责任”等规则纳入协定文本，并在与美谈判时对“跨境数据自由流动”和“数据存储非强制本地化”条款做出一定保留，体现了欧盟对数据传输过程中个人权益保护及数据监管自主权的看重。“欧盟类型”的推进虽较“美式模板”更为折中温和，但在维持对“视听例外”和“隐私保护”等传统议题高度关注的同时，欧盟《通用数据保护法案》（GDPR）在2018年正式生效，保护范围、实施标准和监管力度均前所未有。此外，欧盟仍致力于建设融合统一的欧盟数字经济市场，以实现从英国、德国、法国等成员国竞争力突出向欧盟整体竞争力提升的转型。全球数字经济治理分化趋势：以美国、欧盟和中国为例如表11-2所示。

表 11-2　全球数字经济治理分化趋势（以美国、欧盟和中国为例）

治理主体	美国	欧盟	中国
治理目标	跨境信息和数据自由化	数字融合和监管保护	数字竞争力和电商规范
治理规则	数字产品零关税；非歧视性待遇；电子验证和电子签章；线上消费者和个人资料保护；无纸化贸易；访问和使用互联网原则；跨境数据自由流动；（存储设施、源代码）禁止本地化要求等	电子验证和电子签章；线上消费者保护；中间服务提供商责任；视听例外等	电子交易免征关税、电子认证和数字证书、网络消费者保护、在线数据保护、无纸化贸易等
战略、政策、法律法规支撑	“数字政府战略”（2014）、《数字经济议程》（2015）、《网络安全国家行动计划》（2016）、《国家宽带研究议程》（2017）等	《欧洲数字议程》（2010）、“单一数字市场战略”（2015）、《电子政务行动计划》（2016—2020）、《一般数据保护法案》（2018）等	《中国制造2025》（2015）、《国务院关于积极推进“互联网+”行动的指导意见》（2015）、《数字商务法》（2018）等
治理影响	澳大利亚、新西兰等引入数字规则时效仿“美式模板”	协定谈判方需将数字商务规则设置为“欧盟类型”	众多发展中国家仍在适用WTO数字商务基础性规则
代表性协定	CPTPP（2018）、美加墨协定（2018）	欧盟—加拿大CETA（2017）、欧盟—日本EPA（2018）	中国—韩国FTA（2015）、中国—澳大利亚FTA（2015）

最后，众多发展中经济体仍在适用WTO数字商务基础性规则，与发达经济体实践冲突明显。截至2017年9月，WTO公布的自由贸易协定（FTAs）中涉及数字商务规则的协定共计77项，其中，南南FTAs为26项，南北FTAs为

47项，近一半协定中的数字经济相关条款缺乏约束性，并且不涉及数字贸易和数据传输等新一代数字规则核心议题。USTR报告显示，按照美式规则标准，G20全部发展中成员均不同程度地存在数字壁垒，如表11-3所示，涉及数字产品关税征收、歧视性待遇、跨境数据流动限制、本地化要求、数字部门外商投资限制、互联网服务受限中的一项或多项。这集中体现了发展中经济体的共同特征，即现阶段旨在通过数字领域有限开放、进口替代战略、出口税收减免、政府优先采购等举措强化本国数字制造竞争力，促进数字对外贸易并提升相关行业数字化水平。

表 11-3　基于美式规则标准的 G20 发展中成员国数字壁垒

数字壁垒类别	国别分布
数字产品关税征收（如 ICT、视听材料、电子产品）	印度、俄罗斯、巴西、印度尼西亚
歧视性待遇（如当地成分要求、政府优先采购）	中国、印度、俄罗斯、巴西、印度尼西亚、阿根廷、墨西哥、南非
跨境数据流动限制（如安全评估）	中国、印度、土耳其
本地化要求（如数据本地存储、公开源代码）	中国、印度、俄罗斯、巴西、印度尼西亚、土耳其
数字部门外商投资限制（如电信、云计算、视听服务）	中国、印度、俄罗斯、巴西、印度尼西亚、墨西哥、南非
互联网服务受限（如网络过滤、在线广告限制）	中国、印度、俄罗斯、巴西、印度尼西亚、土耳其

第三节　全球数字经济投资机遇

2020年公共卫生事件的爆发使得全球经济遭受了自1929年“大萧条”以来最大深度的经济衰退，全球各大经济体的经济增速均出现了剧烈下行的现象，但是，以“线上”为特征的数字经济却迎来了加速发展。美国在零售业实体店大规模倒闭的背景下，线上零售迎来了爆发式增长，同样的情形也在其他国家出现。对中国来说，公共卫生事件对经济造成了重大负面冲击，但线上经济表现一枝独秀，加快数字化建设以推动中国经济转型发展也受到了前所未有的关注。这与2003年SARS病毒导致的疫情推动数字商务的发展如出一辙。新冠肺炎病毒疫情冲击成为助推数字经济发展的加速器，全球范围内的数字经济投资也值得加速布局。

1. 数字经济的海外投资重点

根据各国数字经济发展趋势，我们认为在全球范围内布局数字经济产业投资，应该考虑以下几点：

由于美国对华战略转向，以及在数字经济上对华采取遏制策略，投资美国企业不仅面临美国政府的干扰，而且存在交易被取消甚至承担损失的可能，对这一点需要保持警惕。但是对于欧盟、日本、韩国的数字经济相关企业，我们可以进行投资，以达到共赢目标。

（1）对于欧盟，投资侧重领域有两个：一是加大对欧盟先进硬件设备与精密仪器工业的投资，弥补中国在精密工业机械领域技术积累方面的不足；二是通过与欧盟本地企业合作进行相关领域数字化发展的开发与运营，我们的先发经验可以给欧盟提供助力。

（2）对于日韩，我们的投资重点应当放在电子制造领域。在美方对中国芯片相关制造业“卡脖”的大背景下，日本、韩国的电子制造行业对我们的意义就显得更为重大，也是可以争取合作的对象。此外，由于中国、日本、韩国的经贸关系紧密，所以在产业数字化与数字经济的发展和规则制定上还可以进行投资与合作。

（3）对于发展中国家而言，大多数还处于数字经济的起步阶段，我们可以考虑将这部分发展中国家作为数字经济的重要市场进行开发，通过与当地政府和企业进行合作，培育当地数字经济相关产业，发展数字产业化与产业数字化，并加强当地的数字化治理能力，达成双赢。

2. “十四五”规划下中国数字经济的投资主线

在“十四五”规划下，数字化发展的重要性显著提升。规划明确提出了数字经济发展的量化指标：数字经济核心产业增加值GDP占比在2025年达到10%（目前为7.8%），据此测算，未来5年数字经济核心产业增加值规模将增加60%以上。此外，在“十四五”规划纲要第五篇中单独阐述了“加快数字化发展、建设数字中国”的相关内容，从打造数字经济新优势、加快数字社会建设步伐、提高数字政府建设水平、营造良好数字生态这4个方面，部署了未来5年数字经济领域的重点工作。

（1）数字经济方面，主要包括深化数字技术的创新研发和应用，并在此基础上推进数字产业化和产业数字化，数字产业化就是通过现代信息技术的市场化应用，推动数字产业形成和发展。目的是将数字化的知识和信息转化为生产要素，不断催生新产业、新业态、新模式，最终形成数字产业链和产业集群，对传统产业进行全链条的改造，发挥数字技术对经济发展的倍增效应，通过推动互联网、大数据、人工智能和实体经济深度融合，提高全要素生产率。赋能传统产业的转型，推动新产业新模式的产生，壮大经济发展的新引擎。

（2）数字社会方面，主要探索数字技术在社会交往和日常生活中的应用，促进社会运行方式的数字化，包括公共服务的数字化、智慧城市与数字乡村建设、打造各类新型数字生活场景。

（3）数字政府方面，致力将数字技术广泛应用于政府管理服务，推动政府治理流程再造和模式优化，不断提高决策科学性和服务效率，包括公共数据的开放，政务信息与政府服务的数字化等。

（4）数字生态方面，主要涉及数字经济领域的监管和规范，包括数据要素市场的规则，数字经济相关政策法规体系的搭建，网络安全保护机制的建设，以及参与制定全球化的数字与网络治理体系。

总体而言，数字经济领域的投资涵盖范围广阔，包含的细分领域也非常多。从“十四五”规划的产业政策布局当中，我们可以大致梳理出数字经济领域未来5年几条主要的投资主线。

（1）数字技术的创新应用。具体有3个重点领域的创新应用：一是高端芯片、操作系统、人工智能关键算法、传感器等关键领域，以及相关的基础理论、基础算法、装备材料等；二是通用处理器、云计算系统和软件核心技术一体化研发；三是量子计算、量子通信、神经芯片、DNA存储等前沿技术，并加强信息科学与生命科学、材料等基础学科的交叉创新。

（2）数字产业化发展。有4个具体布局的领域：一是人工智能、大数据、区块链、云计算、网络安全等新兴数字产业，以及相关的通信设备、核心电子元器件、关键软件等产业；二是5G的建设和应用，试点智能交通、智慧物流、智慧能源、智慧医疗等重点领域；三是第三方大数据服务产业，尤其是政府将在“十四五”期间推动部分公共数据向社会开放，鼓励第三方大数据服务产业深化对公共数据的挖掘利用；四是共享经济和平台经济。

（3）产业数字化转型。“上云用数赋智”，一业带百业，推动数据赋能全产业链协同转型。一是工业方面，主要是通过工业互联网和数字化转型促进中心的建设，推动工业各环节的数字化应用，尤其是个性定制、柔性制造等新模式。二是服务业方面，培育众包设计、智慧物流、新零售等新增长点。三是农业方面，发展智慧农业，推进农业生产经营和管理服务数字化改造。

（4）数字化基础设施建设。中国在5G通信、云计算领域已处于领跑地位，未来在5G商用领域全面发展之前，相关通信与数据存储、处理的基础设施将是投资的主要方向。除此之外，“十四五”规划重点强调了城乡的数字化基础设施建设，包括物联网感知设施、通信系统，以及市政公用设施、建筑等物联网应用和智能化改造等。与此同时，还需要搭建支持智慧城市和数字乡村发展的底层信息管理服务平台，即大数据中心。

（5）数据安全、网络安全服务。数据资源与网络体系的安全性，是发展数字经济的基本保障。具体来看，一是网络安全基础设施建设，二是网络安全关键技术研发，加快人工智能安全技术创新。

第十二章　数字技术拓展数字经济新空间

第一节　数字经济驱动行业转型升级

数字经济对不同产业的渗透存在差异性，消费领域率先发展。中国信息通信研究院的研究表明，2016年中国数字经济在服务业、制造业和农业增加值的占比分别为29.6%、17.0%和6.2%。但是，当前消费互联网加速向产业互联网延伸，数字经济正在由消费领域向制造领域扩展，制造业是经济发展的主体，未来数字经济最值得期待的是与制造业融合，破解中国制造转型升级中的“痛点”问题。

1. 数字经济破解创新链瓶颈

中国的制造业规模已经连续多年位居世界第一，也是全球最大的工业产品出口国，但是中国制造的附加值偏低，一定程度上存在着被全球价值链“低端锁定”的风险，关键瓶颈在于创新能力不高，突出表现为消费者与研发者信息分割、产业链与创新链对接不够等问题。传统制造业企业的研发流程是集中人才、财力开发一个新产品，然后在市场上进行推广，失败风险较高。同时，由于创新资源分散，在研发过程中难以整合业内研发资源，从而创新效率受到制约。

数字经济正在颠覆传统制造业的研发模式，借助数字化的开放式创新平台，消费者可以深度参与一个产品的研发设计，消费与研发之间的障碍被打破，数字经济使得大量的消费需求信息低成本、及时地呈现给企业研发设计部门，推动中国制造企业围绕庞大的消费群体开发新产品。企业可以尽快推出“最简可行产品”（Minimum Viable Product，MVP），通过在线消费者的体验评价、优化建议等逐步完善产品细节，快速推出2.0、3.0等系列升级版。这种快速迭代研发模式基于消费者的产品研发，把客户的需求信息和变化及时反馈到研发端，大大降低了产品的市场风险。同时，企业通过搭建数字化、网络化协同研发平台，可以打破企业、行业、地域等限制，集聚业内研发资源为同一个创新项目出谋划策，并且设计工具云端化为不同人员参与设计提供了一致标准和平台，可以有效推动产业链与创新链的紧密对接。

2. 数字经济提升制造链质量

一直以来，中国制造存在一个广为诟病的问题——质量不稳定。很多国内企业在技术改造和新建生产线时，往往优先选择国外品牌企业价格高昂的装备，主要原因是这些高端装备在生产线上表现稳定，能够确保产品质量。近几年，中国制造的产品质量明显提升，但在可靠性、连续性、稳定性等方面均存在一定差距，制造链质量是中国制造转型升级必须重视的一个核心问题。

数字经济为中国制造链的质量提升提供了新支撑，数字化生产、智能化制造可以有效提高生产过程和产品质量的稳定性。数字化工厂是基于数字平台的虚拟工厂和物理工厂无缝对接的工厂形态，虚拟工厂执行与物理工厂相同的制造过程，这种“数字双胞胎”技术能够及时发现制造过程中出现的问题，并对可能出现的问题进行预判，确保生产线正确运行和生产质量稳定。数字化工厂在解决标准化的同时，数字平台还可以通过对制造过程中产生的大量数据的分析和挖掘，对生产制造流程进行优化提升，设备可以通过自分析、自决策，矫正上一道工序中出现的问题，提高制造链运行效率和产品质量，改变了传统工业知识的沉淀方式。

3. 数字经济优化供应链效率

伴随着产业分工越来越复杂，制造业的供应链管理难度大大增加，大型制造企业同时协调成千上万个外协零部件，管理着庞大的供应链网络。尤其是中国作为一个大国经济体，依托资源分布和区位条件，产业链布局空间距离较大，部分产业链的整机制造、零组件和配件之间的协作半径甚至超过1000千米，增加了管理难度和管理成本，对及时、准确交付造成较大压力。作为全球最大的制造工厂，供应链效率至关重要，尤其是当前产品复杂度提升、迭代速度加快、生命周期缩短，对中国制造供应链效率提出了更高要求。

随着网络基础设施的逐步完善，数字化网络化供应链平台压缩了时空距离，为供应链效率优化提供了平台支撑。实际上，数字化、网络化平台在很多大型制造业企业里已经得到广泛应用，尤其是大数据技术、人工智能技术的逐步成熟和应用，有效地解决了供应链上连接、检索和交互的问题，实现了设计商、制造商、供应商、集成商等成员的有机联合，大大提升了供应链效率，节省了时间，降低了成本。高效率的数字化供应链平台还可以支撑材料、零部件等供应商提前介入下游企业的研发、中试等环节，形成协同发展格局。在实践中，一批第三方专业化供应链平台逐渐发展壮大，如阿里淘工厂、网易严选等，以共享工厂模式把供应链高效集中起来，优化了供应链效率，实现了产能共享，激活了闲置产能，助力中国制造的产能整合与供给侧结构性改革。

4. 数字经济拓展服务链空间

向"微笑曲线"两端高附加值环节延伸，尤其是向系统集成、综合服务等环节延伸，拓展中国制造的服务链空间，提高中国制造服务增值能力，培育一批综合解决方案提供商，是中国制造转型升级的关键路径。从全球范围看，制造业服务化趋势明显，发达国家制造业企业的服务性收入占比已经超过30%，有些企业如GE、IBM等已经超过70%，而目前中国仅为10%左右，发展服务型制造空间巨大。但是，中国制造中代工、组装等占比较大，在服务化领域的要素积累和人才储备严重不足，向服务化转型面临较大障碍。

数字经济无疑为制造业服务化提供了技术和平台支撑，通过互联网、物联网、大数据等技术，使得制造业企业在远程维护、在线监测、线上服务等领域拓展服务链更便捷、更高效。同时，数字化技术、互联网技术等可以推动制造业企业整合内外部资源，创新服务化模式，在个性化定制、系统集成服务、解决方案提供等方面培育新业态新模式。大规模的制造业服务化可以催生第三方网络化服务平台，为同类制造型企业提供专业化服务，聚集海量数据，加快制造业服务业模式创新，降低了中小型制造业企业服务化转型的成本。

第二节　驱动中国制造转型升级

数字经济为中国制造转型升级提供了新支撑，同时，由于数字经济是一种通用目的的技术和基础设施，也对中国制造业提出了更高要求，制造业呈现出"软件定义、数据驱动、平台支撑、服务增值、智能主导"的新特征。在数字经济驱动下，中国制造转型升级路径正在发生变化，以平台化、生态化、软件化、共享化、去核化等实现"换道超车"。

1. 平台化

数字经济驱动中国制造业企业向平台型企业转型升级。制造业企业生产组织方式平台化是大势所趋，海尔、三一重工、沈阳机床、红领等传统制造型企业，依托数字技术和互联网加快向平台经济转型。比如，海尔通过“企业平台化、员工创客化、用户个性化”，把企业打造成一个集聚信息、资源、数据的开放式平台，打通了内外部资源，打破了信息不对称的局面，推动了产业跨界融合，催生了一大批新产品新业态新模式，为企业转型发展提供了新动力和新支撑。制造业企业借助平台思维从生产者、交付者转变成了整合者、链接者。当前，企业竞争加快向平台竞争转变，通过打造平台经济为全行业提供服务，平台价值随着使用者的增加而呈现指数级增长，在产业竞争中占得先机与优势。近年来，沿海地区制造业企业加快培育平台经济，对全国乃至全球产业资源进行系统整合，把信息流、资金流、数据流等集聚到专业化平台上，进一步强化了产业优势。

2. 生态化

在数字化背景下，不同产业和区域的生态之间，开始产生越来越多的关联，它们可能将不再羁于行业、地域等因素带来的条块分割，而是紧密地交错起来，让跨界地带产生丰富的创新空间，从而形成一个“数字生态共同体”。制造业企业可以通过平台经济培育壮大生态系统，促进消费者、设计师、制造商、服务商等参与方集聚到同一生态圈中，形成联动优势。一旦形成生态链优势，就可以依托海量数据进行协同演进、自我强化，在激烈的市场竞争中彰显系统优势。未来企业之间的竞争将演化为生态圈与生态圈之间的竞争。

3. 软件化

数字经济时代，可以说软件定义一切。当前，工业技术软件化趋势加快，工业软件定义了研发、生产制造、运营、管理等流程，数字化设计、智能制造系统、工业互联网、人工智能、3D打印等技术日趋成熟，制造业的研发方式、制造模式、业务流程、盈利模式等正被重新定义。同时，工业软件云端化加速，基于工业互联网、面向特定应用场景的工业App也在持续涌现，尤其是数字工厂、智能制造的推广渗透，设备之间的端到端集成更加成熟，基本实现“无人工厂”，其中的核心就是工业软件。然而，目前中国工业软件发展还相对滞后，国外企业在中国高端工业软件、中低端工业软件的市场占有率分别高达80%和50%。

4. 共享化

在数字经济时代，制造业将是共享经济的主战场。中国拥有超大规模的设备，在传统产能过剩和产品升级加速双向挤压下，研发设计能力、生产制造能力、检验检测能力、物流配送能力等，都可以通过共享经济平台进行交易，推动闲置设备、闲置工厂重新投入使用。阿里淘工厂、航天云网等模式的成功运行，证明了共享经济在制造业领域存在广阔的发展空间。同时，面对个性化、小规模需求的快速增长，企业规模和产品批量小微化，单个企业投资大量设备占用资金，使用效率不高，共享工厂模式应运而生。当前，沈阳机床、明匠智能等智能制造方案提供商均谋划在优势产业集群、众创空间等布局共享工厂，为同类型企业提供加工制造服务，中小微企业可以通过在线平台传输数据完成订单、制造过程及交付、结算、物流等全流程，真正实现互联网制造（Made in Internet）。

5. 去核化

在数字经济时代，制造过程的各个参与方均被充分赋能。大数据、物联网、智能制造等技术也使得分散决策成为可能，并且效率更高。科层制、事业部制等传统管理模式难以适应数字经济时代新要求，倒逼制造业企业组织结构“去核化”（或称“去中心化”），每一个点都可以围绕客户需求对企业内外部资源进行重新组合，开辟新产品、新服务、新业态、新模式。例如，海尔近几年践行的“人单合一”模式，把员工转变为平台主、小微主、小微成员，同时创新薪酬体系加快了组织结构和管理模式的变革，激活了内部资源，激发了企业内部“大众创业、万众创新”的热潮，催生了一大批新业态、新模式，为企业转型发展注入了新活力。

第三节　下一代数字基础设施变革在即

信息产业的发展驱动了GDP与就业的增长：互联网行业每一个岗位消失就会创造出2.6个新岗位；中国信息消费每增加100亿元，将带动国民经济增长338亿元；从1995年到现在，占GDP 4%的IT产业，贡献了GDP增长的20%；在资本市场IT股票价值上升10%带动GDP增长0.45%；在13个全球领先的国家，2006—2011年互联网贡献了GDP增长的21%；宽带普及率每提高10%，平均带动生产总值增长约1.38%；从2G到3G移动宽带普及率每10%的替代将使人均国内生产总值增长0.15%，每增加一倍的移动数据使用将使人均国内生产总值环比增长0.5%；增加10%的移动设备普及率将提高生产率4.2%。信息经济成为第五波经济发展增长引擎如图12-1所示。

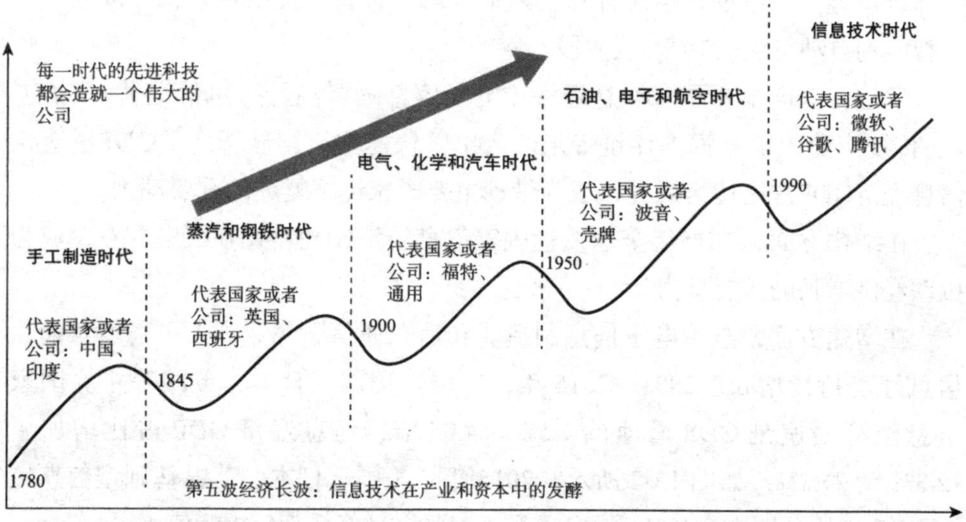

（资料来源：方正证券研究所）

图 12-1　信息经济成为第五波经济发展增长引擎

数字基础设施的普及带来了全球数据量的爆炸式增长。IDC预测，2025年将创建163ZB的数据（1ZB等于1万亿GB），相当于2016年产生的16.1ZB数据的10倍。全球数字基础设施也迎来了下一场"云—网—端"变革。

- 云：作为在线数据的存储、处理、分析的主要技术，历经近10年的发展，其成本、效率优势已经逐渐成为创新的后端技术基石。小企业、大企业、政府和金融行业纷纷拥抱云计算服务，"云"已经成为普惠科技的代名词。
- 网：作为数据传输的基础设施技术，网络通信技术的进步是用户端体验的关键。于2020年推向市场的5G网络不仅将进一步提升用户的网络体验，同时还将满足未来万物互联的应用需求，满足消费者对虚拟现实、超高清视频等更高的网络体验需求。
- 端：过去20年发展的"端"主要是手机、计算机及手机端的App，并带来了数据的爆炸式增长。未来物联网智能终端的多样性，以及工业设备的智能化，会为万物互联网奠定"物物在线"的基础，也会成为未来"数据核爆”最重要的因素。传感器技术、标签技术、控制器技术、嵌入式系统和物联网操作系统等技术及标准的统一将会成为发展的关键。低功耗内存和电源的物联网操作系统是重要方向，不同物联网设备之间的互联互通技术变得格外重要。同时，伴随着“端”的智能化水平的提升，边缘计算与云计算可能并行发展，边缘计算会赋能“端”设备更强的智慧，形成互联、智能到自动自主的3个发展阶段。

目前，全球主要国家信息经济（电子信息+软件服务+电信运营+广播电视+传统产业中信息资本存量带来的产出）快速增长，显著高于GDP增速，信息经济GDP占比持续提升，成为带动主要国家经济复苏的重要动力。

在结构方面，2015年全球发达国家信息经济GDP占比在50%左右，成为拉动经济增长的重要动力。

在增速方面，全球电子信息制造业和信息通信服务业进入平稳增长期，信息经济持续增长。2008—2015 年，中国、美国、日本、英国等主要国家信息经济增速是 GDP 增速的 1.57 ～ 4.05 倍，信息经济 GDP 占比增加了 12.3% ～ 21.2%，如图 12-2 所示。2015 年，美国、日本、英国基础型信息经济 GDP 占比分别为 8.48%、5.53% 和 6.30%，显著低于历史峰值水平。

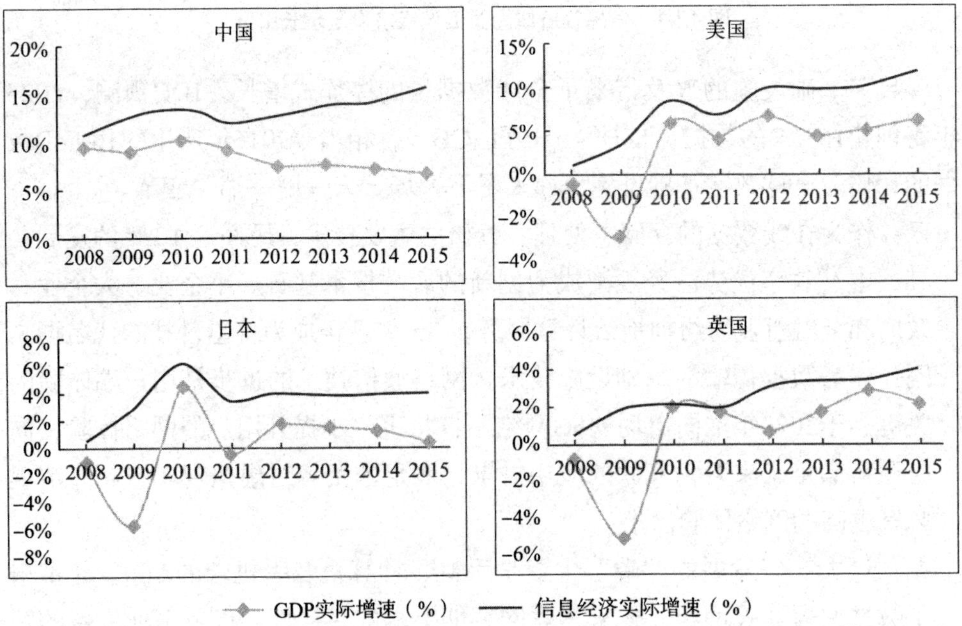

（资料来源：2016中国信息经济发展报告）

图 12-2　主要国家信息经济及 GDP 增速

中国与国际主要国家相比，信息经济产业规模或结构存在较大差距，未来成长潜力很大。

2015年，中国信息经济总量达18.63万亿，规模方面与美国相差3倍。从速度来看，自2002年以来，中国信息经济一直以高于GDP增速的速度快速成长，对GDP增长贡献率平均达31.4%，GDP占比从2008年的15%提升到27.5%，但仍低于全球主要发达国家25%左右。

全球经济衰退“倒逼”以互联网、物联网为代表的新一代信息技术快速成熟并投入产业化应用，信息化应用的快速发展带动了业务量的快速增长及经济效率的提升，从而正向拉动基础设施建设和升级演进。

由此可以看出，信息经济的快速发展离不开完备的、无处不在的信息基础设施支撑，两者呈相辅相成、螺旋式上升的关系。信息经济与信息网络基础设施关系如图12-3所示。

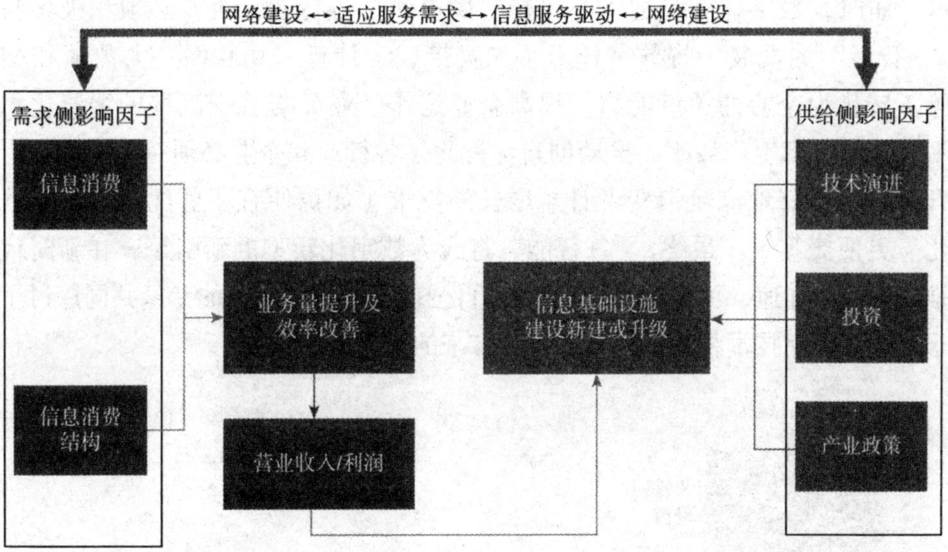

（资料来源：方正证券研究所）

图 12-3　信息经济与信息网络基础设施关系

信息基础设施是新时期我国经济社会发展的战略性公共基础设施，信息基础设施是推动中国信息经济转型升级的关键支撑。加快信息基础设施重大工程建设，对于促投资、稳增长、惠民生，以及发展新经济、培育经济发展新动能具有重要意义。

第十三章　数字经济赋能智慧中国

第一节　进入"+智能"时代

数字技术塑造了全球经济的发展格局，但数字技术的影响力才刚刚萌芽。在过去的10年中，互联网（尤其是移动互联网）推动了消费行为和体验的数字化转型。从购买渠道到付款流程，数字颠覆和跨行业影响已成为新常态。然而，我们目前看到的还只是数字化的开端。

未来10年，"+智能"将对数字经济的增长产生重大影响，如图13-1所示。届时，数字化转型的重心将转向供给侧，各行业、企业必须积极参与"+智能"的发展，将数字技术（如宽带、云计算、物联网、大数据和AI等）转化为企业的关键能力，提高企业运作、业务与管理流程的智能化水平，从而提高生产效率，推动创新。为此，各行业和企业必须对供给侧进行升级，以更好地满足消费者日益增长的需求（如更便宜、更优质、更个性化、更便捷等）。最终，"+智能"将成为数字化转型的新引擎，在新时代推动经济的加速、可持续增长。8位来自全球不同技术领域的专家共同探讨了未来10年数字技术将为各国、各行业带来的重大机遇。

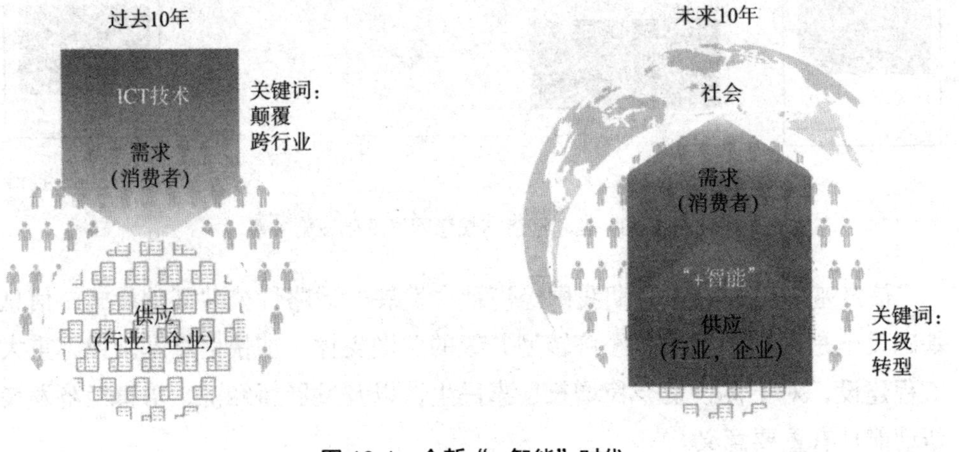

图 13-1　全新"+智能"时代

（1）数字投资增加。数据显示，近年来数字投资率呈上升趋势，如图13-2所示。数字技术总投资率大约从5年前开始提高，改变了长期以来的平稳增长趋势。发达经济体和发展中经济体的数字技术投资都在增加，表明数字技术不受国家和地理位置的限制。尽管数字化水平受周期性因素（如全球金融危机）和长期投资驱动因素（如城市化）的影响，但自2010年以来，发达经济体和发展中经济体的数字化水平呈明显上升走势。

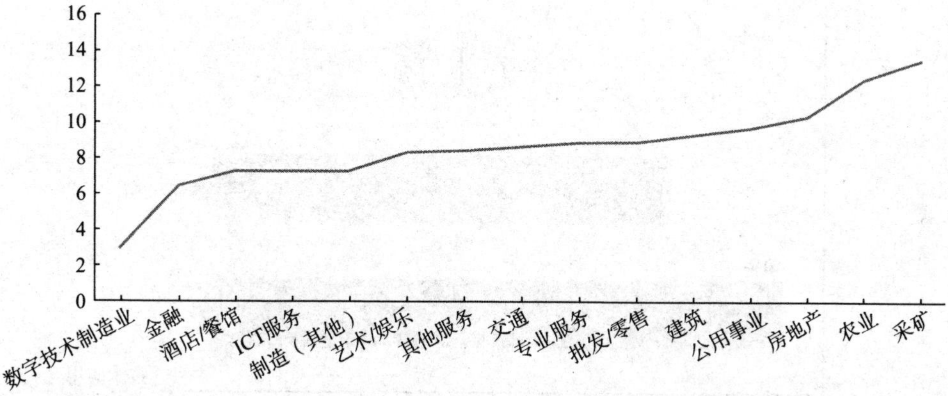

（资料来源：EUKLEMS、牛津经济研究院）

图 13-2　2000 年以来各行业数字投资的复合年增长率（%）

（2）传统行业主要依靠数据驱动，数字投资的增加表明更多传统行业对数字技术的投资日益增加。为了解这种趋势，我们将各行业分为两大类。第一类是传统的数据密集型行业，即以信息服务为主的电信和金融等行业。第二类是除上述行业外的其他所有行业。研究发现，在20世纪90年代和21世纪初，数据密集型行业是数字技术投资的先驱，也是最大的投资者。但近年来，非数据密集型行业的数字投资大幅增加。尽管各行业的数字投资普遍有所增长，但在过去5年中，由于新一代技术的突破，非数据密集型行业的数字技术投资增加速度最快。其中，采矿业、农业、公用事业和建筑业最为突出。

这一切都表明数字经济新时代即将到来。数字服务和数字技术制造业是数字经济的核心，但也只是整个经济中行业价值链和生态系统的一部分。随着数字技术的价格不断降低，数字技术的创新应用不断增加，数字化的规模也日渐扩大，创新几乎无处不在。“+智能”时代指日可待。

（3）数字技术价值持续增长，数字技术正从流程系统中单一的支撑性角色转变为决策系统中的战略性角色。数字技术的进步是企业提高质量和效率的关键因素。随着云、大数据、物联网和AI逐渐融入企业的核心流程和管理系统，企业正迈向“+智能”时代，数字化和智能化水平不断提高，如图13-3所示。

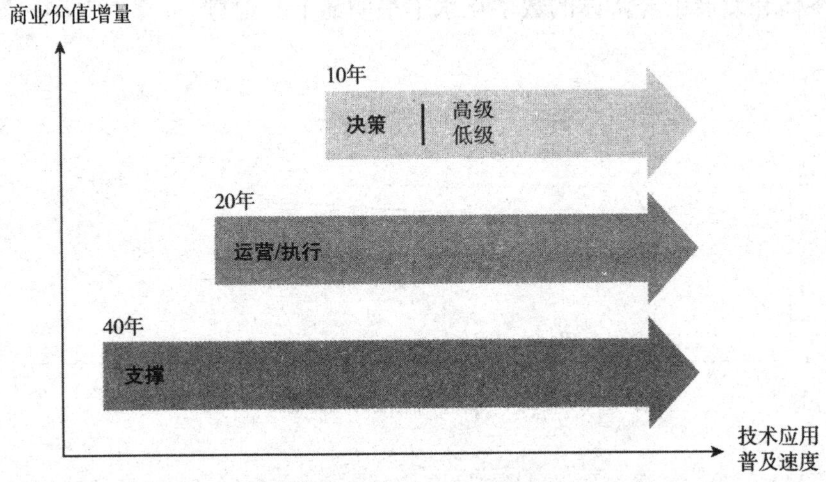

图 13-3 “+ 智能”驱动数字技术价值

无论是财务决策，还是品牌战略，通过更快、更准确的决策，企业都将获得更丰厚的回报。未来5～10年，数字技术将创造全新的价值。

第二节 数字经济赋能经济高质量发展

中国的数字经济规模从2012年的11.2万亿元增长到了2018年的31.3万亿元，GDP占比也从20.8%扩大到了34.8%，数字经济已成为中国经济高质量发展新的推动力。以数字经济为引领已经成为中国实现经济高质量发展的战略选择。数字经济引领经济高质量发展的路径体现在微观、中观、宏观、支持系统和基础条件5个方面。

1. 引领微观经济领域实现经济高质量发展

企业数字化转型要经过自动化、数据化和智能化 3 个阶段。从制造端、供应链到销售端实现数据化，通过这些数据判断消费需求，并提高产业链效率。

（1）推动企业组织结构和管理流程等内部管理进行数字化转型。利用数字技术推动企业组织形式转型为共享平台的新型组织，改变企业生产运营方式。

（2）对接客户个性化需求，实现企业业务线上扩展，通过互联网等信息技术建设网络化开放式个性化定制平台，企业通过平台对接用户需求，实时响应消费需求的个性化定制新模式。

（3）开展服务模式和商业模式创新。建设共性服务平台，为用户在线提供产品定制等服务。

（4）促进企业管理全方位的数字化转型。在发展理念方面，企业发展的价值观和战略导向要从过去产能驱动转变为数据驱动。在领导力转型方面，企业决策观念要从经验判断向“数据决策”“智慧决策”转变。在组织结构方面，成立新型的数字化机构，作为企业数字化转型的“推动者”，重构企业的业务组合、协同方式和管理层级。在企业技术能力方面，推进新一代信息技术的应用，加快企业数字基础设施建设，为数字化转型提供强力支撑。

2. 促进数字经济与实体经济的深度融合

我国在工业化中后期迎来了数字化浪潮，同时数字经济的特征，有利于促进数字经济与实体经济的深度融合，数字技术对实体经济进行了从业态结构到组织形态，再到商业模式的全方位改造。

（1）要构建数字化条件下的产业生态体系和新型制造模式。首先打破产业边界，促进产业融合，形成新经济增长点和产业发展模式，促进产业模式创新。其次加强数字化基础能力建设，促进数字产品价值链、企业供应链的创新应用。

（2）要深化数字技术的制造业应用。一方面，推进数字技术深度化嵌入制造业，加快重点制造领域装备数字化；另一方面，将人工智能、物联网、大数据等新技术与传统产业结合，开展工业互联网关键核心技术研发和产品研制，推进数字经济新兴前沿技术领域的发展。

（3）积极推进数字产业化和产业数字化。

3. 引领宏观经济领域的高质量发展

数字平台让参与者聚集进行在线互动。数字平台分为交易平台和创新平台。在数字经济时代，竞争的重心正从技术竞争、产品竞争、供应链竞争逐步演变为平台竞争，构建统一、共享的开放数字平台成了全球趋势，打造平台经济和新业态经济已经显得非常重要。一是打造工业互联网平台体系，支持建设跨行业、跨领域的工业互联网平台。支持平台加强内部合作，支持企业使用平台基础设施。二是发展专业化生产性服务平台，以及研发设计、批发零售等服务平台建设。聚焦信息消费、旅游消费、文化消费等新兴消费领域，培育生活需求的服务平台。发展创新创业互联网平台，助力形成创新创业新生态。三是建设协同研发设计平台。发展产业链上下游协同等研发设计新模式，推动企业内部加快工业网络、控制系统、管理软件和数据平台整合，实现各类平台的全流程信息共享。四是建立起统一、开放的大数据交流、互动、共享平台，整合丰富多元化的数据资源，使这些资源融进产业创新中，在网络平台企业与政府协作共同治理的过程中，建设创新、开放、智能、和谐的经济发展结构，提升资源整合的效应，为市场开发提供价值空间，形成高质量、良好生态的经济发展模式。

4. 引领数字经济高质量发展支持系统

数字经济引领经济高质量发展需要建立起一系列的支持系统，这些支持系统包括以下几个方面。

（1）加强数字基础设施支持体系建设：促进基础设施建设从物理基础设施建设向数字基础设施建设转型，加快传统基础设施网络化建设和数字化改造力度，不断推进新型基础设施建设，加快信息基础设施升级，为发展数字产业奠定基础；加快建设新一代数字基础设施，带动制造、电力、卫生、交通等基础设施改造；电网、水利、公路、铁路、港口等传统基础设施也正在逐步开展与互联网、大数据、人工智能等新一代信息技术的深度融合。

（2）加强数字经济人才培养体系建设：随着数字经济的发展，人才需求结构正在发生变化，目前中国人工智能领域本土培养的高层次人才稀缺，应加强数字人才培养；实施“新一代信息技术人才培养计划”，融通“教育链—人才链—创新链—产业链”，以加强新一代信息技术人才的培养；加强数字经济学科专业建设，加强产教融合，协同育人，要着力培养数字经济领域的急需人才，形成融合发展的数字经济人才队伍，建立适应数字经济特点的人才评价机制和利益分配机制。

（3）构建促进数字经济发展的制度和政策体系：出台和完善数字经济发展的产业政策措施，以数字技术和制造业深度融合为基础，加快制造业数字化转型。

（4）构建数字经济运行统计监测体系：构建与数字经济发展相适应的统计体系，推动统计数据采集的数字化和智能化；根据数字经济发展的新要求，加强数字经济发展方面的指标采集和数据统计；全面更新现有统计体系，优化统计方法，加强数字经济统计数据挖掘，强化数字经济新业态领域的统计数据分析，为数字经济发展和治理提供科学决策的依据。

5. 完善数字经济引领经济高质量发展的基础条件

中共中央政治局常务委员会于2020年3月4日召开会议，提出要加快5G网络、数据中心等新型基础设施建设进度，两个月内中央已经5次点名新型基础设施建设。工业经济时代，大量基础设施建立在以铁路、公路、机场等为代表的物理基础设施，以及以医疗、教育、金融、养老等为代表的服务基础设施建设上；数字经济时代，网络、数字经济、人工智能、光缆、移动通信等设备设施成为新型的基础设施，而且新型基础设施建设将成为数字经济引领经济高质量发展的基础设施建设的新发展方向。一方面新型基础设施建设可以形成新的经济增长点，对稳投资、稳增长实现经济高质量发展具有重大带动作用；另一方面新型基础设施建设可以为网络经济、数字经济、人工智能经济等新经济发展奠定基础，带动经济结构转型升级。因此，需要促进新型基础设施建设，完善数字经济引领经济高质量发展的基础条件。

（1）加快制定新型基础设施建设的战略规划：抓住推进新型基础设施建设的机遇，加快制定新型基础设施建设的战略规划；推进“数字强国”战略，做好新型基础设施建设的顶层设计，加紧制定新型基础设施建设的规划，把新型基础设施建设作为“十四五”基础设施建设的重点，加大公共卫生服务、应急物资保障领域投入，加快5G网络、数据中心等新型基础设施建设进度。

（2）加快大数据中心建设：加快建设航空、铁路、能源、低碳、生态等若干区域型大数据中心；探索基于云计算的基础设施信息化运行新机制，支持云计算与物联网、移动互联网、互联网金融等技术和服务的融合发展与创新应用，促进新型基础设施领域新业态、新模式发展。

（3）加快物联网运营体系建设：构建基于新一代信息技术的物联网平台，构建由数据采集、无线网络、运营支撑、业务应用等系统组成的物联网运营体系。

（4）积极创新新型基础设施投融资体制机制，吸引民间资本参与，按照市场化运作要求，加大新型基础设施投入，推动形成多元投入新型基础设施建设的投融资格局。

第三节 数字经济助力碳中和

在数字经济下，5G、AI等新型技术的崛起将赋能千行百业，我们不禁要思考：数字生活究竟离我们有多远？数字生活究竟如何实现碳中和？对个体而言，“智慧城市”将使我们切身感受到融合城市管理和数字技术，通过数据管理优化城市运行后为居民带来的便捷与高效。

“智慧城市”的概念由IBM于2008年首次提出，后在各国政府层面获得了广泛关注。我们认为，智慧城市并非一个严格的概念，而是将城市管理同数字化技术结合的一种思路。随着5G网络、云计算、物联网、人工智能等新一代信息技术逐步落地，科技生态环境日趋成熟，城市智能化、精细化管理得以实现，城镇化进程中的各种难题得以更好地解决。据MarketsandMarkets统计，2018年全球智慧城市市场规模为3080亿美元，2023年规模将提升至7172亿美元，复合年均增长率（CAGR）为18.4%。

智慧城市的应用场景有哪些？随着智慧城市建设的进一步深化，众多新型城市应用场景和管理模式应运而生，助力城市实现可持续发展。我们看到，智慧城市在环保、交通、工业、能源、城市治理等多个场景已经有丰富且具体的应用，例如环境监测、智能垃圾分类等智慧环保应用，车路协同、智慧停车、智能交通规划等智慧交通应用，黑灯工厂等智慧工业应用，大数据精准治理、无人化治理等城市治理应用。

智慧城市带来生活便捷与多样化的同时，也通过数字化手段实现各种生活场景的节能减排。智慧城市下的各种应用场景是如何通过科技赋能实现节能减排的？其最终能够实现多少二氧化碳减排量？基于这些思考，我们挑选车联网、智慧机场及智慧货运3个细分应用场景进行测算，通过对比引入科技带来的二氧化碳排放增量与科技赋能后各场景二氧化碳排放减少量，来计算实现的二氧化碳排放净减少量，以及单位电力消耗对应的二氧化碳减少量，从而判断科技赋能的“性价比”。智慧城市总体架构如图13-4所示。

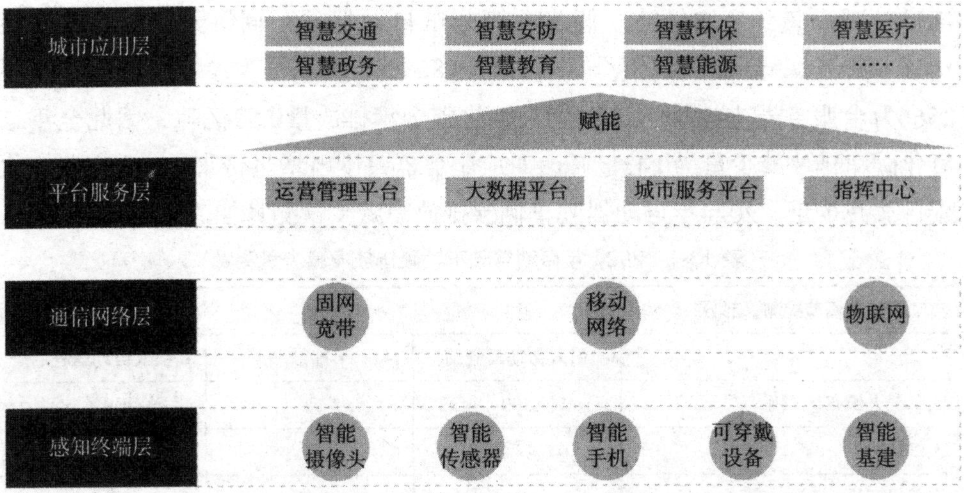

（资料来源：《5G赋能智慧城市白皮书》）

图 13-4　智慧城市总体架构

以车路协同基于传感探测、边缘计算、自动驾驶等技术为例，通过路测单元、车载终端获取和交互车路信息，对整体道路流量、交通事件、路况进行预判，实现车辆之间、车辆和基础设施之间的智能协同，达到加快路口通行速度、降低车辆燃油消耗、提高交通安全冗余度等目标。

（1）提效方面：智慧红绿灯可动态调制不同方向的红绿灯时间，以提高通行率；基于早晚交通流量变化，潮汐车道可动态调整早晚高峰通行方向；依托车载摄像头、超声波雷达等设备，无人驾驶车辆可分析周边环境及行车状况，进行制动、转向、变道、速度等控制，降低交通拥堵风险，从而提升交通系统的运行效率与安全性。

（2）降耗方面：基于即时定位与地图构建（SLAM）技术，汽车可以通过摄像头采集的机器视觉信息与激光雷达飞行时间法（ToF）的测距功能，定位并绘制出位置环境的地图，解决路线规划的不合理问题，降低碳足迹。此外，基于车对外界的信息交换（V2X）通信，车辆可编队行驶，从而减少阻力、共享信号灯信息规划刹车时间，从而降低能耗。

自动驾驶提效如何？根据密歇根大学的一项测算，相较于非自动驾驶车辆，搭载车间通信系统的自动驾驶车辆，通过地图线路优化及刹车制动优化，节能效率达到19%。同时，我们假设自动驾驶的出现会降低自有汽车量约1%。基于上述假设，我们预测截至2024年，C端自动驾驶二氧化碳年排放减少量约1.18亿吨。假设一辆测试自动驾驶车辆每天产生的数据量达10TB，以一台浪潮高端全闪存储HF18000G5服务器为参考，全年约需要2566万台服务器支撑算力，对应二氧化碳全年排放量0.82亿吨，因此全年二氧化碳净排放减少量为0.42亿吨，对应服务器每度电增量带来1.51千克二氧化碳排放减少量。2024年自动驾驶车辆碳排放净减少量测算如表13-1所示。

表 13-1　2024 年自动驾驶车辆碳排放净减少量测算

自动驾驶车辆节能测算部分：			
	引入自动驾驶前	节能效率	引入自动驾驶后
汽车千人保有量 / 辆	500	\	\
人口数 / 亿	14.2	\	\
汽车保有量 / 亿量	7.1	1%	7.0
年行驶里程 / 千米	5000	19%	4050
百公里油耗 / 升	7.5		7.5
年油耗 / 亿升	2662.50	–20%	2135.06
对应二氧化碳减排 / 亿吨	\	\	1.25
服务器能耗测算部分：			
产生数据量 /TB/ 车 / 天	\	\	10
全年数据量 / 亿 TB	\	\	25656
单服务器存储数据量 /TB	\	\	100000
需要的服务器数量 / 亿个	\	\	0.2566
单服务器功率 /kW	\	\	0.88
年耗电 / 亿 kW · h	\	\	824
对应二氧化碳减排 / 亿吨	\	\	0.82
结论：			
每年二氧化碳排放减少净额 / 亿吨	\	\	0.42
每度电减少二氧化碳排放量 / 千克	\	\	1.51

除此之外，深圳智慧机场通过精准预测和管理，能让每架飞机少跑1～2分钟，减少耗油10～20升。根据中国民航局公布的全年航班起降架次数据，我们预计全年合计起降1025万架次，每年可减少二氧化碳排放量约36.31万

吨。截至2021年2月18日，全国机场数量达241个，我们基于机场面积预测全国机场数据中心占地面积，进而推测所需数据中心及机柜数量，按照引入AI及数字化精准管理的机场带来3%数据存储增量的假设，进而得出数据中心耗电量增量相当于23.86万吨二氧化碳排放，最终可实现全年二氧化碳排放净减少12.44万吨。

第十四章　数字贸易阻力“双循环”加快构建

第一节　贸易方式与贸易对象的数字化

贸易方式的数字化是数字贸易的第一大特点，信息技术在贸易各环节的广泛应用催生出了新的模式和业态，有效改善了国际贸易中的信息不对称现象，极大地推进了跨境电子商务的发展。

（1）企业跨境贸易方式的数字化。信息技术对传统国际贸易最直接的影响就是信息传输方式的改变，外贸企业间信息传输效率和质量大幅提升。

①从信息获取角度看，网络搜索引擎、数字广告已经成为外贸企业获取国际市场信息的重要渠道。在传统模式下，企业新进入某一个国家的市场，或者与新的客户开展贸易需要提前进行市场调研，以便充分了解市场行情、政策波动、客户资信等信息，降低外贸风险。信息技术的发展使得企业能通过网络获取海外全方位的资讯，信息搜索成本大幅降低。

②从信息输出角度看，网络为企业提供了更廉价和更高效的市场宣传方式，外贸企业纷纷投放线上广告和开设虚拟网店，打造通往国际市场的跳板。物理时空的空间到场硬约束与固定时间规制硬约束被打破，买卖双方不再需要在规定时间、规定现实地点完成交易，国际贸易出现无限可能。截至2019年6月，阿里巴巴国际站在全球有超过2000万的活跃买家，有超过200万的支付买家，有14万的中国供应商。

（2）跨境电商综合服务的数字化。贸易方式数字化的关键在于资金流、货物流与信息流的有机结合。货物流是跨境电商发展的前提和基础。不同于国内物流，跨境物流距离远、时间长、成本高，还涉及目的国清关（办理出关手续）等相关问题，这中间的种种难题令众多卖家伤透了脑筋，各种花样繁复的物流方式也让卖家迷惑不解。随着跨境电商的发展，逐步出现了与之对应的物流模式。目前，国际快小包仍是主要的跨境电商零售（B2C）物流方式。据不完全统计，中国出口跨境电商70%的包裹是通过邮政系统投递的。邮政网络基本覆盖全球，物流渠道广泛，主要得益于万国邮政联盟和卡哈拉邮政组织（KPG）。资金流是跨境电商发展的重要支撑。跨境电子支付业务发生的外汇资金流动，必然涉及资金结售汇与收付汇。从支付业务的发展情况看，中国跨境电子支付的结算方式主要有网上支付（包括电子账户支付和国际信用卡支付，适合小额跨境零售）和银行汇款（适合大金额跨境交易）。

（3）跨境电商政务监管的数字化。为适应贸易方式的数字化，政府部门简政放权、优化外贸政府服务，为跨境电商发展提供了坚实基础。截至2018年底，中国累计建设335个跨境电商综合试验区。跨境电子商务综合试验区目前已构建“六体系两平台”：信息共享体系、金融服务体系、智能物流体系、电商诚信体系、统计监测体系和风险防控体系，以及“线上综合服务平台”和“线下综合园区平台”。其中，政府部门扮演重要角色，建立跨境电子商务新型监管制度，建立“线上综合服务平台”综合监管服务平台，建立跨境电子商务统计监测体系等，极大地推动了“关”“税”“汇”“检”“商”“物”“融”一体化，实现跨境电子商务自由化、便利化、规范化发展。

贸易对象的数字化是数字贸易的第二大特点。信息技术的发展，使得一些产品和服务开始以数字的形式存储、传输和交易，超越物理的束缚，可贸易程度大大提升。

服务业是现代产业体系的重要组成部分，对经济增长、稳定就业发挥着巨大作用。目前，全球经济总量中服务业增加值GDP占比超过60%，主要发达经济体在经历工业化阶段以后，普遍进入以服务业为主导的经济形态，美国、新加坡、荷兰、法国等发达国家服务业增加值GDP占比甚至超过了70%。服务业创造了超过2/3的经济产出，吸引了超过2/3的外国直接投资，为发展中国家提供了近2/3的就业机会，为发达国家提供了4/5的就业机会。服务业不仅通过直接消费产生效用，还以中间投入的形式参与生产制造过程，如研发设计、货物运输、仓储邮政、信息服务、金融服务、商务服务等生产性服务业，对于农业、工业高质量发展具有重要意义，促进了生产专业化，扩大了资本和知识密集型生产，提高了劳动与其他生产要素的生产率。

服务贸易在国际贸易中的占比偏低，与服务业在世界经济中所处的地位不匹配。据世界银行数据显示，服务贸易在全球跨境贸易中的占比约为1/5，远低于服务业在全球经济中的占比。服务业贸易水平低下与其行业属性有较大关系。一是服务业的贸易成本较高，许多服务要求生产和消费同时同地，一国服务业很难直接为外国消费者提供服务，也难以像农业、制造业那样简单地通过货物运输的方式对外销售产品。联合国贸易和发展会议（UNCTAD）的研究报告显示，在三大产业中，服务业的贸易成本是最高的，特别是零售业、建筑业等地理属性较为突出的产业。二是各国政策壁垒与监管差异，使外国公司进入国内市场更加困难。考虑到服务业对国民经济的潜在影响，大部分国家对关键领域的服务业开放持保留态度，对外国企业进行了一定的限制，以确保本国政治、经济和文化的安全。2016年世界银行服务贸易限制指数显示，各国对法律、运输、电信、零售等服务业的限制最大。

在数字经济时代，云、网、端发展正在改变服务业不可贸易、难贸易的局面。一是服务存储载体的演进，磁盘、光盘、移动硬盘等传统的数字化存储设备正在被虚拟的、线上的云存储所取代，推动存储成本的降低、存储方式的优化和存储服务的演进。二是服务传输渠道的改善，全球网络普及率、速率稳步提升，网络使用价格持续下降，形成了一个高效的数字化航道，数字化的产品和服务从云端通过网络快速流入千家万户。三是服务输入、输出设备的升级，从台式计算机、笔记本电脑到现在的智能手机、车载智能终端，硬件和终端设备快速升级迭代，为更优质、更丰富的数字产品服务提供了可能。由于数字产品和服务本身具有零边际成本的特性，可贸易程度的提升将进一步促进相关产业与贸易的发展。

第二节　全球贸易迎来数字服务浪潮

1. 数字服务贸易的规模占比

全球数字服务贸易稳步增长，在服务贸易中的主导地位逐步显现。在全球数字经济蓬勃发展的大背景下，基于数字技术开展的线上研发、设计、生产、交易等活动日益频繁，极大地促进了数字服务贸易的发展。

2019年，全球数字服务出口规模达31925.9亿美元，占服务出口的52.0%，占全部出口的12.9%，如图14-1所示。

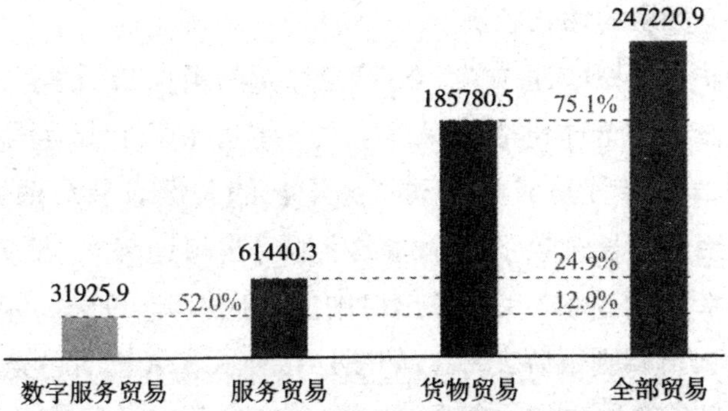

（资料来源：联合国贸易和发展会议、中国信息通信研究院）

图 14-1　2019 年全球数字服务贸易规模（出口）（亿元）

但是，全球数字服务贸易仍存在被严重低估的可能，忽略了“商业存在”模式的数据。根据WTO的《服务贸易总协定》（GATS）可知，服务贸易包括跨境交付、境外消费、商业存在、自然人流动4种提供模式。在服务贸易统计实践中，通常将跨境交付、境外消费、自然人流动3种模式合并统计和发布，即国际收支统计口径（BOP）下的服务贸易统计；商业存在模式则单独统计，即国外分支机构统计口径（FATS）下的服务贸易统计。如果将商业存在的数据纳入考虑的范围，数字服务贸易规模可能是现有数据的2～3倍。2017年，全球商业服务贸易中跨境交付、境外消费、商业存在、自然人流动的占比分别为27.7%、10.4%、59%、2.9%，商业存在占比接近6成，如图14-2所示。

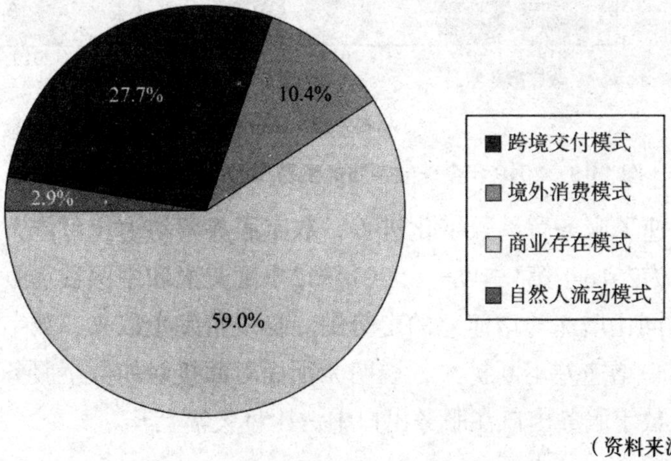

（资料来源：WTO预测）

图 14-2　全球商业服务贸易的提供模式构成

2. 数字服务贸易的增长状况

全球数字服务贸易增速领先，构筑全球贸易新增长引擎。自2008年金融危机爆发以来，经济全球化遭遇保护主义、单边主义上升等困境，全球贸易增长趋于平缓，数字贸易成为驱动贸易增长的关键。从短期增长看，2019年，在全球贸易负增长背景下，全球数字服务出口逆势实现3.7%的增长，对服务出口贡献率达98.3%，在服务出口中的占比上升0.9%；同期服务出口仅增长1.9%，货物出口则下降2.9%，如图14-3所示。从长期趋势看，数字服务贸易增速超过服务贸易和货物贸易，2010—2019年，数字服务贸易、服务贸易、货物贸易年平均增长率依次为6.1%、5.0%和2.5%；数字服务贸易在服务贸易中的核心地位得到确立和巩固。2010—2019年，数字服务贸易在服务贸易中的占比从47.3%上升至52.0%，于2015年首次超过5成；数字服务贸易驱动全球贸易向服务化方向发展。2010—2019年，服务贸易在全球贸易中的占比从21.0%上升至24.9%，提升3.9%。

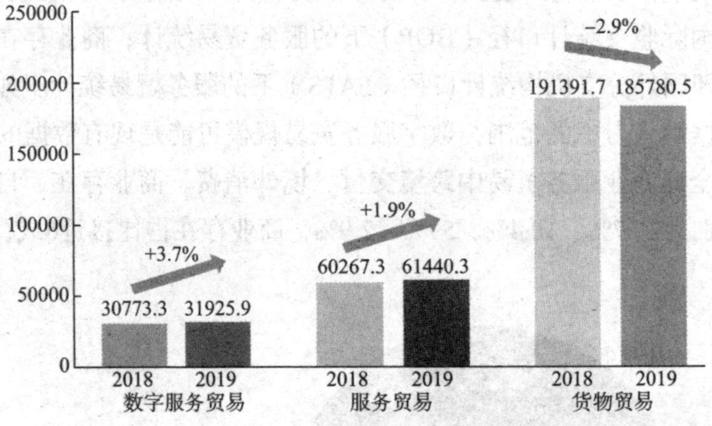

（资料来源：联合国贸易和发展会议、中国信息通信研究院）

图 14-3　2019 年全球数字服务贸易（出口）增长情况（%）

疫情加速了服务贸易数字化进程，数字服务贸易占比可能大幅提升。如图14-4所示为2016年第1季度—2020年第2季度美国和中国数字服务出口和其他服务出口同比增速与增速差的走势图。自疫情发生以来，数字服务出口和其他服务出口增速差不断扩大，说明无须面对面接触的数字服务贸易受疫情影响较小，数字服务出口在服务出口中占比将大幅上升。

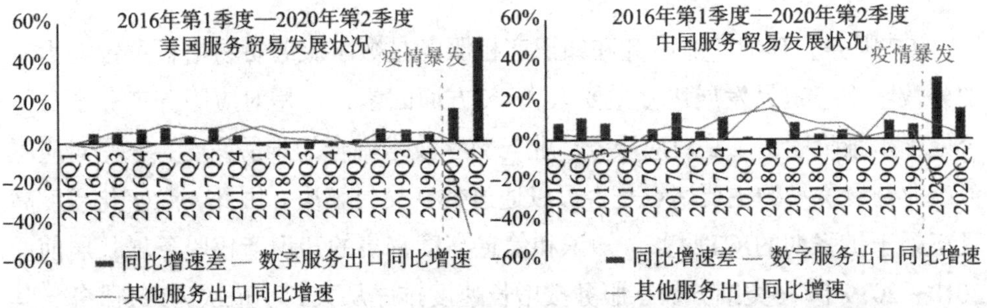

（资料来源：美国商务部、中国外管局、中国信息通信研究院）

图14-4　2016年第1季度—2020年第2季度美国与中国数字服务出口和其他服务出口同比增速

3. 数字服务贸易的结构特征

其他商业服务、ICT服务、金融服务在数字服务贸易中占据主导地位。根据联合国贸易和发展会议（UNCTAD）报告，在扩大国际收支服务分类（EBOPS）的12类细分服务贸易中，有6类涉及可数字交付的服务贸易，即数字服务贸易，分别是保险服务、金融服务、知识产权服务、ICT服务、其他商业服务和个人文娱服务。6类细分数字服务贸易的对应产业发展和国际化分工程度差异巨大，因此其在数字服务贸易中的占比也各不相同。2019年，6类细分数字服务按出口规模从大到小排序依次为其他商业服务、ICT服务、金融服务、知识产权服务、保险服务、个人文娱服务，出口规模分别为13998.5亿美元、6782.2亿美元、5204.4亿美元、4091.7亿美元、1370.3亿美元、821.9亿美元，在数字服务出口中的占比依次为43%、21%、16%、13%、4%、3%，如图14-5所示。

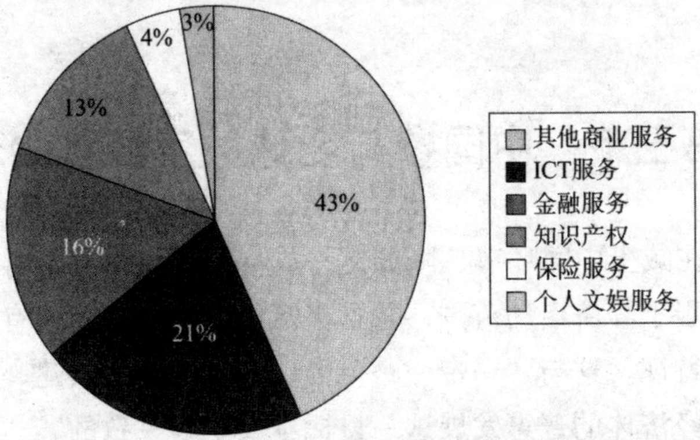

（资料来源：联合国贸易和发展会议、中国信息通信研究院）

图 14-5　全球细分数字服务贸易（出口）占比

ICT服务、其他商业服务和知识产权服务是数字服务贸易增长关键动力。细分数字服务贸易发展快慢主要取决于3方面因素，一是对应服务产业本身是否处于扩张阶段，二是对应服务产业与数字技术融合的难易程度，三是对应服务产业开展贸易的主要堵点是否可以通过数字交付解决。因此，数字化程度高且正处于扩张期的ICT服务、知识和信息高度密集的知识产权服务增长居前。2010—2019年，6类细分数字服务按增长速度排序从大到小依次为ICT服务、其他商业服务、知识产权服务、个人文娱服务、金融服务、保险服务，年平均增长率分别为8.7%、6.1%、5.8%、5.0%、4.2%、4.1%，如图14-6所示。它们对数字服务增长的贡献率分别为26.8%、43.5%、12.2%、2.2%、12.2%、3.1%。

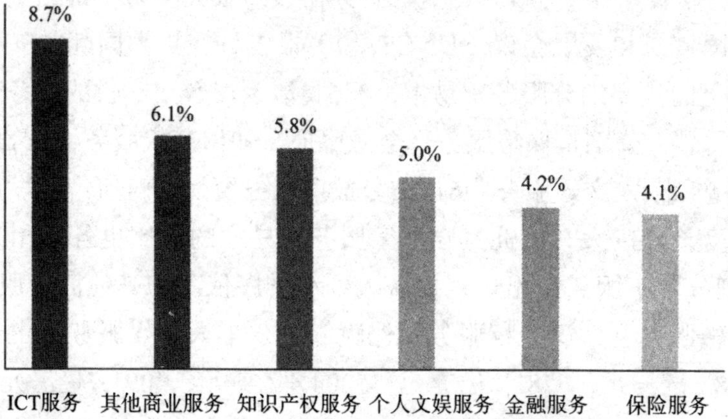

（资料来源：联合国贸易和发展会议、中国信息通信研究院）

图 14-6　2010—2019 年全球细分数字服务贸易（出口）增速

第三节　中国参与全球数字经济治理

数字经济在减少中间环节、降低交易成本、弱化信息不对称等方面具有显著优势，拓展了经济活动范围，并且丰富了各类业态，具有平等性、普惠性和共享性等特征。这与“一带一路”倡议的“共商、共建、共享”原则，以及实现参与经济体的普惠发展这一目标本质上是一致的。“一带一路”沿线多为发展中国家和新兴经济体，对完善国内和地区通信、互联网等信息基础设施，强化公众数字素养及相应技能培训，推进贸易投资领域数字商务合作与数字创新创业需求强烈。在此背景下，华为、阿里云等中国领先数字企业已投身到沿线数字经济大市场的建设当中。

同时，“一带一路”沿线部分国家发起《“一带一路”数字经济国际合作倡议》，希望在与WTO等国际组织规则保持一致的前提下，与中国共同推进国际标准化合作，并保持公开、透明、包容的数字经济政策制定方式。上述立场的延续是对目前推行单边主义，以及技术标准和专利垄断战略的美国等发达经济体的最佳反击。华为等中国企业已在5G等数字领域具有全产业链优势，中国理应在相关技术产品和服务的国际标准制定和应用方面拥有一席之地。而以“数字丝绸之路”等顶层设计和eWTP等业界倡议为代表的包容性理念对发展中经济体、中小微企业的重点关注，能够有效对冲发达经济体主导的数字经济规则体系下，弱势群体所面临的不公平秩序和不平等待遇，代之以各方平等参与的开放对话平台，推动形成数字经济领域的“利益共同体”和“命运共同体”，为完善相关规则提供理性支持和方向指引。

随着综合国力的迅速提升，中国官方发展援助（ODA）增速明显，在国际援助体系中发挥积极作用，有效推进了“南南合作”（发展中国家的经济技术合作），促进了受援国的社会经济发展和福利改善。如今，国际援助日益以“可持续发展目标”（SDGs）为导向，注重其作为国际公共政策的有效性，维护援助方和受援国之间的平等合作伙伴关系。在气候合作、环境保护、生态农业、卫生和教育等SDGs领域，对外援助的科学决策及效果评估越发依赖大数据、云计算、卫星通信等数字技术。并且，数字经济具有典型的“脱碳”倾向。比如石油、天然气和煤炭使用量的持续增长，以及由此带来的采掘业和运输业的发展等产生了大量碳排放，制造业的传统生产流程也带来了明显的粉尘及水体污染，不利于《巴黎协定》等气候和环境治理目标的实现及经济可持续发展。而数字技术作为一种新的绿色生产要素，有助于生产活动实现流程数据化控制及能效提升，消除自然资源消耗过剩、环境压力过大等弊端，并通过“数字产业化”和“产业数字化”推动数字技术和经济活动的深度融合，发挥“乘数效应”，为经济发展提供新动能。

以太平洋岛国地区为例，澳大利亚罗伊研究所太平洋援助地图显示，截至2019年年底，中国已对该地区援助16.2亿美元，共计265个项目，总体规模仅次于澳大利亚。作为全球移动互联网普及率最低的地区，数字技术及通信基础设施或可在太平洋岛国的转型发展中发挥关键作用，带来新的经济增长和福利创造。未来，中国可凭借自身在数字领域的优势，将对外援助重点向通信、远程教育、智能医疗、海洋环境监测和气候预警等SDGs领域拓展，同时通过技术援助等形式促进受援国数字能力建设，夯实“南南合作”的数字基础。

另外，自由贸易区建设已上升为国家战略，是中国对外开放新格局的重要组成部分，旨在形成立足周边、辐射“一带一路”、面向全球的高标准自由贸易协定（FTA）网络。近期目标包括加快现有FTA谈判进程，以及在条件具备的情况下逐步提升已有FTA的自由化水平。近日，区域全面经济伙伴关系协定（RCEP）和“中国—新西兰”FTA升级谈判已经达成，而“中日韩”FTA、“中国—挪威”FTA等区域和双边谈判，以及“中国—韩国”FTA和“中国—秘鲁”FTA等升级谈判正在进行，为中国引入数字经济新规则提供了契机。日本、澳大利亚、新西兰、新加坡等谈判方本身是已生效的全面与进步跨太平洋伙伴关系协定（CPTPP）成员国，在数字经济规则方面已达成一定标准，有助于减少中国与各方谈判时面临的竞争性要价现象。

中国当前实践与以美欧为代表的数字规则之间的差异主要包括两类：一是不适用某些规则，如“数据存储非强制本地化”和“跨境数据自由流动”。中国《国家安全法》明确提出维护“网络空间主权、安全和发展利益”，中国《网络安全法》规定关键信息基础设施的运营者在中国境内运营中收集和产生的个人信息和重要数据，原则上应当在境内存储，确需向境外提供的应进行安全评估。二是部分适用某些规则，如“数字产品免征关税”。中国在WTO通报文件中表达了对电子传输免征关税进行延期的意愿，在“中国—韩国”FTA和“中国—澳大利亚”FTA中亦采纳类似表述，但“数字传输”范围显著小于“数字产品”。类似地，在鼓励适用但不具强制性的规则方面，如“电子验证和电子签章”，中国采用的“数字证书”范围也较为狭窄。此外，在电信、云计算、电子支付等领域，中国对外资准入进行审查，并对准予进入的外资做出股权占比等限制。

对前述中国数字经济发展和规则构建异质性的充分认识，是开启改革行动的基础。在维护国家安全和坚持对外开放的前提下，中国可对现有数字实践及其治理效果进行评估，并探究不同规则和标准引入与适用的可能性。同时，中国在签署协定时仍然有必要保留其作为发展中国家的属性，确保享有例外保留、过渡期（减让表）、经济需求测试等权利。此外，在诸多层面，中国还可联合印度等具有类似特征和共识的有影响力的全球数字经济参与者，共同推出符合发展中国家利益诉求的数字经济理念及规则体系。而“美式模板”和“欧盟类型”在“跨境数据自由流动”和“数据存储非强制本地化”等条款方面的分歧，也为各方参与并推出不同的规则和标准增加了博弈空间。

第十五章　数字创新重塑金融基础设施

2020年夏，数字金融世界正展开一个崭新的局面，国际舆论一致认为，去中心化金融（DeFi）给金融机构带来了一系列监管挑战，银行、资管、金融行业都已经站在了数字化改革的十字路口，向哪个方向迈出第一步尤为关键。

第一节　去中心化数字金融日新月异

英国是全球最早认可数字通证，并且相关政策最积极，也是相关律法最完备的国家。在区块链金融和数字资产的规范性方面，早在2014年，英国监管部门"自上而下"推动发起开放银行（Open Bank）业务，之后欧盟等国家和地区纷纷推行开放银行模式，并且相关监管政策逐渐落地，开放银行成为世界银行业发展的新趋势，系统性的开放银行理念逐步走到金融创新前台，在欧美地区被认为是继金融科技（Fintech）之后下一波颠覆银行业的浪潮，备受关注。而英国最早提出开放银行业务符合当地的政策法规，拥有数字资产发行与流转的最佳环境。

开放银行也就是人们俗称的数字银行，是搭建全球数字化应用生态体系的核心环节。英国开放银行接受英伦银行、金融监管机构FCA、市场和技术监督机构CMA三方的联合监管，开展全球化的数字化金融业务，支持搭建合规的数字资产发行、数字资产交易所和数字资产结算平台。

在开放银行体系中，数字资产和通证的发行，将严格按监管标准，规定通证的属性、分类和流通级别，并具有完备的流程和规定。

同时，由开放银行合法授权的数字资产交易所作为新的交易媒介，可以搭建国际数字交易结算系统，推出通用稳定型的数字资产，发挥其等同于货币的交易功能及恒定值互换功能，以数字资产额度代替现金作为交易媒介进入流通领域，货币值可用于交易所由商品等价交换或替代等价现金结算，也能与央行数字人民币进行等价兑换或兑现。实现跨越“点对点”简单交易模式，升级为“点对多”“多对多”的多边贸易。2014—2021年中国银行IT解决方案市场规模如图15-1所示。

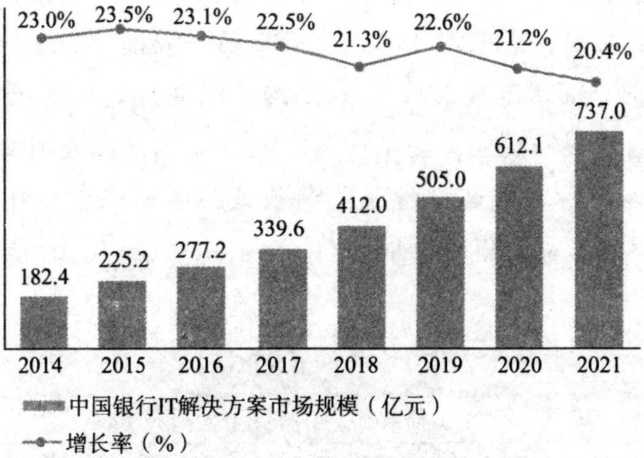

（资料来源：IDC）

图 15-1 2014—2021 年中国银行 IT 解决方案市场规模

数字资产将依托“数字资产安全电子账本+移动电商技术+现货期货价格指数”，记录从事平台交易的会员之间进行交易往来的记账凭证和支付手段，快速撮合商企多方交易、易货，实现交易所“线上平台+线下场景”共融的商企供需交易生态。

数字资产应用于易货交易业务，可以帮助全球70%左右大中小微能源及大宗商品企业闲置和库存资源价值化转换，以“拿产品当钱花”的商业模式，快速突破中小微企业库存积压与现金短缺两难的怪圈。

数字资产应用于常规交易业务，可以帮助全球大中小微企业将现金转换为数字资产，体现“现金+App+数字资产”的综合优势，企业通过配置兑换一定额度的数字资产，便于业务撮合结算，从而提高交易速度和资金安全系数，同时也可应用于其他相关领域。

在传统金融体系中，IT系统往往由各业务部门依据业务线进行对口建设。目前每个机构中有百套乃至千套系统，形成了当前纵横交错的矩阵式IT系统现状。随着前端金融从销售型向服务型转变，各种高并发、大数据量、需要强一致性且横向扩展能力的业务场景越来越多，各机构越来越需要在安全可控的前提下提供更加个性化的产品，以寻找差异化经营的可行模式。同时，在强监管与统一风控的形势下，对IT设施的服务能力和运营能力要求也越来越高。金融机构在数字化转型中，数字中台成了实现全渠道、全链路业务敏捷能力的主要方案。

金融机构有庞大的用户和数据，业务拓展于各产业的上、中、下游。只有在实际金融场景中，实现内部部门连接和与终端客户的连接，才能更快地应对政策、规则、需求的变化。金融机构从以业务为中心向以人为中心转变，打造场景金融服务模式，甚至激发出新的需求，创造出新的商业模式。目前，相较业务中台，数据中台在金融领域的运用更多。开放银行“强—厚—薄”中台架构体系如图15-2所示。

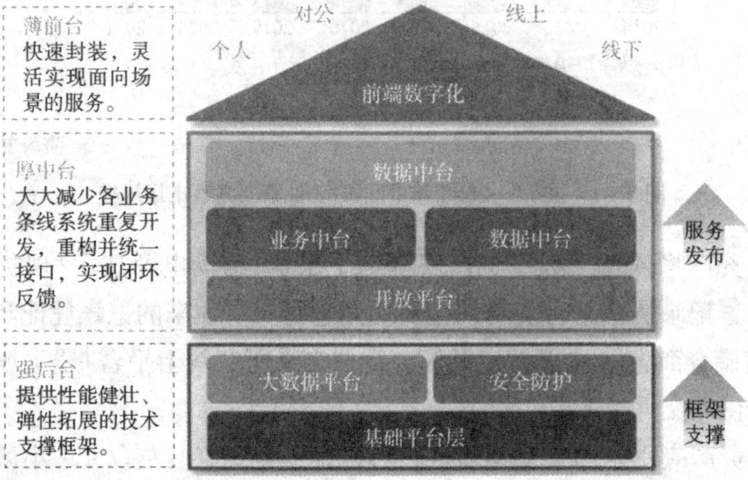

（资料来源：艾瑞咨询研究院）

图 15-2　开放银行“强—厚—薄”中台架构体系

开放银行的英国金融行为监管局（FCA）具备完备的相关政策，开设开放银行业务企业要遵循严格的法律要求。包括提交商业计划书、股东背景调查、主要股东及管理人员详细的组织结构图、公司及业务持续安排、八大风险范围管理方案、会计师和审计师等。

开放银行的市场和技术监管机构CMA也有相应的技术要求与规范，包括苹果应用程序商店（App Store）和安卓官方在线应用程序商店（Google Play）、加密货币及法币结算、法币账户、推出数字货币卡、成立数字资产

VC或对冲基金、连接投资渠道及基金和商家、App钱包升级开放银行牌照级别、实行线上线下的对接及结算、发行实用代币、与持牌机构合作、推出印有自己Logo的数字货币卡等。

第二节　数字银行引领未来数字金融

数字银行代表着未来的银行，是融合数字产品、数字货币、数字资产交易等新型业态下的全体系银行形式，从产品设计到银行文化，将从根本上实现商业银行由物理性银行到数字银行的转型升级。

过去10年，中国消费互联网的高速发展离不开以支付宝、微信支付等为代表的第三方ToC支付机构多元化场景应用的普及。相比之下，产业互联网中往往涉及大量企业间的实时交易、跨境贸易结算投融资等超越空间、更高量级的金融服务，当前以非银行机构为主的第三方移动支付能力则显得捉襟见肘。

1. 数字银行的盈利模式、组织架构和竞争优势

（1）政策敏感性强。目前，全球数字银行多呈现区域性运行特征，并且对于区域银行牌照发行政策敏感。欧洲区域的数字银行政策环境培育出一批颇具规模的数字化银行，但它们在走向其他市场如美国、亚洲时，均高度依赖当地政府的政策制度，或者需要对自身业务模式进行调整。

（2）定位清晰，架构简单。数字银行多处于创业阶段，具有金融科技公司的基因，多采用事业部制，组织结构相对扁平化，运营效率较高。同时，初创基因决定了企业只能从细分业务入手，逐步建立竞争优势，因而数字银行多从金融需求更短期和注重时效、更容易接受新服务的年轻消费者开始，并选择更加频繁、门槛更低的金融场景。

（3）具备科技基因，数字化程度高。数字银行的前、中、后台业务均受到科技发展的高度影响。大数据分析、人工智能等多种技术被运用到更为定制化的业务推荐与消费习惯管理中。相对传统银行而言，数字银行更容易在现有产品的基础上进行业务创新，提供增值服务。

同时，作为数字银行，其风控措施既包括针对自身业务不良贷款率的措施，也包括对客户存款风险、手机App使用风险的措施。针对不良贷款率等问题，银行可基于用户消费信用数据，对信贷风险进行评估，及时追踪贷款状态。而人脸识别、声控识别等技术，也被广泛应用于手机安全保护。

（4）成本较低，具备费用优势。数字银行的成本收入远低于传统银行，因此可以提供利率更高的存款产品和费率更低的账户服务。此外，大多数字银行会和其他金融科技公司合作，快速添加新服务，降低成本，达到收支平衡。更低的运营成本也使得数字银行可以在营销方面能有更多投入，从而积累客户量。

（5）优化数据治理，拥抱开放银行的发展。数据是银行业的根基，可用于识别客户、账户、余额、交易、风险、资产、负债、收益等。数字银行可以有效提升数据的准确性、一致性、安全性、可获取性及持续更新能力，借用大数据领域的先进技术，提高对数据的存储、分析和获取能力，以应对未来行业可能出现的开放形态。在应对开放银行的趋势中，优化的数据结构与互联网的直接融合，将促进数字银行输出优势金融服务。

2. 数字信用全方位助推数字银行的发展

数字银行不仅发挥了传统银行的信用中介功能，还将以数字信用关注的市场信用和信息中介功能为主，朝综合化方向发展。银行信用是一种债权债务关系，商业银行凭借长期积累的信用优势、信息优势和资产转换能力，承担着信用中介、支付中介、风险管理和货币创造等金融中介功能。其中，银行信用中介最能反映其经营活动特征，是最基本、最核心的职能。这是因为银行经营具有规模经济效益，显著降低了资金融通的交易成本，缓解了信息不对称及其带来的逆向选择和道德风险问题，大幅提升了交易的可能性。但是，以互联网为基础设施的新经济确立后，数字技术削弱了银行信用中介职能赖以生存的基础，拥有丰富账户数据的网络平台已经在一些领域替代了这一职能。银行的存款资金被大量分流，支付中介和融资中介职能受到冲击和挑战，而这些冲击的实质是有信信息和有信数据的冲击。在这个过程中，银行信用的中介职能逐步弱化，而数字信用的中介职能逐步强化。商业银行要巩固和发展中介功能，需要从银行信用中介向数字信用中介升级。最终的理想状态是，数字银行提供交易撮合和风险管理等信息服务，不再需要资本来充当风险缓冲，从而使基于银行信用中介的利差收入下降，基于数字信用中介的服务收入在主营业务收入中占绝对主导地位。

数字银行中的以市场信用为主的数字信用功能主要体现在，为客户提供个人数据资产和债权类资产交易，为交易双方提供交易价格信息。

（1）个人数据资产交易。如前所述，在新经济的资产结构中，数据资产将超越权益性资产。当前，个人数据产权不清，谁采集谁拥有，数据管理分散、混乱，数据开放、流通困难。个人数据资产与货币资产都是个人财产，当法律明确个人数据的所有权归属个人后，数字银行便能解决交易规则和定价等问题，通过建立个人大数据资产管理与运营系统，提供数据确权、汇聚、管理、交易与增值服务。

（2）债权类资产交易。在中国金融改革的过程中，公司和企业债券、地方政府债券等将发挥直接融资工具的作用，直接向企业和居民销售。数字银行的发展方向则是进行债券的发行销售、信息披露、市场询价和债券交易等。同时，在银行间市场和证券交易所市场以外的场外债权资本市场，大量信用评级在2A以下的企业有融资需求，数字银行将承担这类非标准债权资产及其证券化工具（含理财业务）的发行、交易和流转，成为多层级资本市场体系的重要环节。

（3）提供价格信息。这是一项重要的金融功能，展现了数字信用的交易中介职能。数字银行提供资金价格和资产价格，并为交易双方提供最优的基于完全竞争的竞价机制。这种价格形成机制解决了传统市场上存在的信息不对称和成本约束问题，丰富和完善了传统金融的“价格信息提供”功能。

3. 数字银行的主要特征

（1）用户和数据为王，金融产品选择权交给客户。数字银行不再是传统的金融机构，而是面向用户的金融服务提供商。用户信息采集和数据分析是金融产品设计的出发点，银行是一个企业，不可避免地需要追求利润最大化，数据采集和数据挖掘分析可以帮助银行了解客户行为和金融需求，是金融产品设计的基础。通过对银行客户日常金融行为的数据采集，分析用户行为，发现金融需求，实施有效风险管理，建立全新的风险评估方式，有助于金融产品的快速设计，定向推广，降低产品成本，有效控制风险，短时间赚取最大利润。

（2）数字银行将提供一个灵活的产品配置模式，让用户可以基于不同的发展阶段、风险偏好、短期金融需求、长期金融需求等选择银行产品，主动配置金融资产。金融产品的选择权归属用户后，将会大大增加客户的黏稠度，让用户参与银行产品设计，为银行提供更多有价值的数据，形成良性循环，帮助银行提供具有竞争力的产品。

（3）智能网点成为主流。智能网点不仅运营成本低，还可以有效地提升客户体验，提高使用效率，同时可用于数据采集。更为重要的一点是智能网点强调监管创新，通过技术使远程开户成为可能，利用实时互动视频技术，基于统一的征信平台，将网上开户变为现实。智能网点将会依据有价值的数据提供各类银行产品和产品创新。

（4）统一征信平台出现，打造动态的数字信用标签。数字银行将建立起一个覆盖全面的数字信用平台，每个人都有一个数字信用标签，有利于快速满足个体的金融需求，同时也可以加快资金流动。让每个个体包括企业都有一个信用评分，帮助银行快速识别风险，及时提供金融服务。这个信用分数应该是动态的，不断依据个人的金融行为进行更新，至少覆盖银行借贷记录，互联网金融企业借贷记录，小贷公司、担保机构、典当行等涉及个人金融信用的领域，同时将网上消费行为、线下消费行为、社交行为等其他因素作为参考。所有企业都可以依据个体拥有的数字信用标签（信用分数），提供便捷的消费金融服务。

4. 5G是数字银行快速发展的保障

用户可以随时随地使用智能手机，可以用来收集个人的社会生活轨迹，它将成为个人商业活动和社会活动行为的唯一载体。基于各种应用，人们用智能手机进行社交活动、聚会安排、商品采购、移动办公、移动方案展示、信息采集、阅读、娱乐、理财、金融需求处理等。智能手机将成为人们生活的一个智能助手，包括图书馆、教育机构、医疗助手、金融工具等，因此5G网络将成为未来所有产业重点关注的领域。数字银行时代，5G网络将是银行未来竞争的平台和渠道。

数字化银行的发展依赖于金融科技，以及其他金融基础设施的强大支撑。在国家明确5G投资战略的基础上，数字化银行的发展具备了更多的客观条件。这种机遇一方面需要传统银行紧紧抓住，加快内部架构和组织改造，将核心系统和业务操作、分析平台、大数据中心等一系列科技硬要素纳入数字化领域，借力5G谋求自身发展的便利；另一方面需要数字银行部门加大金融基础设施改造工程，大型商业银行的金融科技子公司、金融科技部门的整合等具有引领作用，而中小银行则依托金融科技公司、第三方合作平台等的支持，获得数字化改造的技术资源。拥有5G的配套服务后，数字化银行的技术变革和创新将出现更多颠覆性成果。

到2025年，中国5G网络建设投资累计将达到1.2万亿元，将带动产业链上下游及各行业应用投资超过5万亿元。因此，在“新基建”大规模启动后，数字化银行的金融基础设施将更加完善，足以支撑商业银行数字化改造，而且能够享受到更低成本的便利条件。在新冠肺炎疫情发生后，经济形势面临巨大挑战，中央决定启动“新基建”投资，涉及数字银行基础设施的包括5G基站建设、大数据中心、人工智能、工业互联网等领域，为未来数字经济发展提供基础信息技术或网络。随着“新基建”项目投入实际应用，数字化银行应抓住时机，加快内部转型升级，适应技术变革的标准和要求。

5. 数字银行构建以有信数据为核心的业务模型

以有信数据为核心生产要素。“数据驱动”不是一句时髦的口号，而是要在数字银行运营的全过程中，始终将有信数据作为核心生产要素，并紧紧围绕这一核心要素重塑业务流程。

银行系统每天都在产生大量数据，从某种意义来说，银行也是数据中心。这些数据通常会被划分为两类：用户特征数据，如性别、年龄、所在城市等，以及用户行为数据，如浏览数据、存款数据、贷款数据、其他产品购买使用数据等。

数据之所以重要，更多地体现在通过数据之间的关联，可以帮助产品设计者还原一个个场景，从而找出尚未被满足的需求点，并由此设计出适合的产品，创造新的增长点。“场景”是很多互联网公司在进行产品设计时非常重要的抓手。对于在互联网上运营的产品来说，场景是产品的一部分，不能脱离场景谈产品。

互联网行业对场景的一个比较贴切的定义是：场景就是能够触发用户情绪的时间+空间。在这里，情绪又是场景的核心组成，离开了用户情绪，场景就不能再称为场景，而只是一个单纯的时间与空间。

对于数字银行来说，用户无论是购买一个产品，还是放弃一个产品，都是有具体场景的。这些生动的场景，在银行的系统里都被标记成了一个个行为数据，而后台的工作人员很难凭借这些行为数据来还原场景，做到真正地了解用户，因为这里缺失了关键的行为、情绪数据。

过去，用户的情绪数据不太被银行重视，同时也是难以获取和利用的。一是因为这些场景大多发生在分散的银行网点；二是用户在与网点互动过程中产生的情绪，只有当时为他办理业务的工作人员能感知，没有被系统记录，难以追溯。也就是说，情绪数据分散且无系统存储，即使用户事后拨打客服电话表达情绪，通常也难以把此时的情绪数据与用户在网点留下的行为数据关联起来并利用。

而在数字银行运营的过程中，一切场景都发生在线上，包括用户的购买、咨询、投诉、放弃等，所有行为轨迹及与之相关联的情绪，都在系统里留下了数据，使得收集、处理用户的情绪数据，并将之与用户的特征数据、行为数据关联利用成为可能。

第三节　数字技术推进普惠金融

普惠金融的规模化发展在很大程度上得益于数字科技的应用，数字普惠金融运用数字化手段，使普惠金融突破了时间和空间的限制，提升了普惠金融的触达能力，降低了运营成本，成为普惠金融发展的重要助推器。

（1）数字科技能够有效降低获客成本。数字科技大幅降低了金融机构的获客成本，是普惠金融的一大助力，主要得益于大数据、云计算、移动支付及人脸识别等技术的应用。

①金融机构搜索客户信息的成本降低。金融机构可通过大数据收集个人或企业在社交媒体上的动态、电商平台上的交易记录及用户自主上传的相关信用信息，减少信息不对称，降低搜索成本。

②农民等重点人群的金融服务的可达性提高。运用移动App、人脸识别等远程技术，金融机构可以将单据审核、账款受理、债权转让、授信审批、放款等业务流程完全“线上化”，降低了获取边缘客户的成本，为贫穷落后地区的个人、企业提供金融服务，解决了传统实体金融机构覆盖率低的问题，打开长尾市场，扩大金融市场容量，助推普惠金融。

③金融机构的宣传成本降低。由于移动支付应用、社交应用等的普及，客户对金融产品的了解提高，尤其是年轻人对互联网的接受程度和对金融服务的参与度较高，一些操作简单、风险较低的金融产品如余额增值服务和活期资金管理服务产品等广受年轻人青睐。数字技术为之前由于金融需求较低而无法了解到金融产品相关知识的群体提供了普及渠道，使得金融机构的获

客能力大大提高。

（2）数字科技能够显著提高单户收益率。数字科技能够降低普惠金融业务成本，显著提高金融机构的单户收益率，主要原因是大数据技术的信息收集能力带来了信贷审批效率的提高、风险识别成本的降低和风控能力的提升。

①信贷审批的效率提高、成本减少。针对小客户或贫穷落后地区的客户，传统金融机构在信息收集评估、纸质协议签署、贷后管理等方面投入的成本巨大，互联网技术的应用使该类客户可以通过计算机、手机自行在网上办理业务，信贷审批效率大大提高。由此节约了传统金融机构设置网点的人力、物力成本，同时降低了客户的金融服务费用，增加了客户的资金回报率，使金融服务供给方和客户群体达到双赢。

②风险识别成本大幅降低。以大数据为代表的信息技术可从多个维度对总体进行分析、整合，收集风险发生的方式、规律等信息，通过数据、信息整合，运用机器学习与神经网络技术自动判断是否存在风险。例如，综合分析客户的生活习惯、交易记录、违约记录等方面的信息，以进行客户授信。

③风险处理能力得到提升。对于已识别的风险，可以利用互联网平台上的数据建模对风险进行量化，并对风险进行24小时实时监测，使用大数据预测客户违约的可能性，从而为后期的催收业务提供便利。还可以设计出与量化风险相匹配的产品。例如，通过资产证券化来将房屋抵押贷款打包卖给其他投资者，以此来分散、转移机构所面临的风险。因此，数字科技的普及帮助解决了传统金融机构在低净值客户身上单户收益率不高的问题。

（3）数字科技能够助推客户精准营销。数字科技使得金融机构能够精细捕捉客户的个体差异，将传统的市场的客户群体实现精致细分，帮助金融机构实现客户精准营销。

①金融机构可收集的数据维度更加全面、时效性更强，主要得益于大数据技术。例如，通过客户的电商平台交易记录、社交媒体上动态，以及网页浏览记录等信息，对其行为数据进行全面、及时、准确的捕捉。

②金融机构决策的时滞性借助大数据技术得以大幅减少。现代数据更新速度快，但大数据算法一般可以在秒级时间内给出结果，分析结果可随着输入数据的变化迅速更新，这使得金融机构能够第一时间捕捉到客户需求的变化，从而更加准确、及时地进行决策。

③金融机构可基于人工智能技术提供批量、快速的个性化服务，对细分客户实现精准营销。金融机构在进行市场细分的同时，可以将其与营销活动相关联，针对不同种类客户群体的真实需求为其提供个性化服务，对每一类客户群体实施最有效的营销方案。

因此，通过更为全面的数据收集、更为及时的决策分析，金融机构可为客户群体贴上更加细致、准确的标签，把客户群体分解成同质性更高的细分类别，与此同时关联营销活动，实现精准营销。

（4）数字科技能够加速新产品研发。以移动互联、大数据、云计算、人工智能技术为核心的现代科技，不仅有利于原有金融服务范围的拓展，其强大的信息收集能力对新型金融产品的开发也大有裨益。基于人工智能技术，客户的需求将被进一步细分，除了精准营销个性化服务，金融产品也可以转向个性化、定制化。比如，互联网消费产品“白条”，给年轻用户提供了第一笔信用和分期消费的可能。在普惠金融发展上，数字科技不仅能促进金融服务平等化、便利化，也能使金融产品更加多样化、个性化，满足各类人群的金融服务需求。

第四部分

新蓝图：数字世界的来临

第十六章　创新驱动，数字小康

第一节　数字消费者成全球化3.0的主力

在工业经济时代，如果一国拥有数量庞大的年轻劳动力，以及较低的劳动力成本，就具备了劳动力红利，它是一国竞争力，特别是制造业竞争力的重要指标。而对于数字经济，数字消费者的数量及成熟度，则成了核心竞争力。

在数字经济中，市场将高度饱和，企业不得不从大规模生产转向生产高度定制化的产品，消费者将参与到产品的设计和开发环节中来，生产者和消费者的界限将会逐渐模糊，从而发生从消费者到产销者的转变。而消费者数字化则是这一转变的前提。

数字消费者是数据产生的源泉。随着信息技术的发展，消费者足迹的数字镜像将越来越完整。数字消费者产生的数据是数字经济最重要的生产要素，数字技术及商业模式的创新都架构在消费者数据的基础之上，数据的数量和活性直接影响数字经济的发展程度，如图16-1所示。

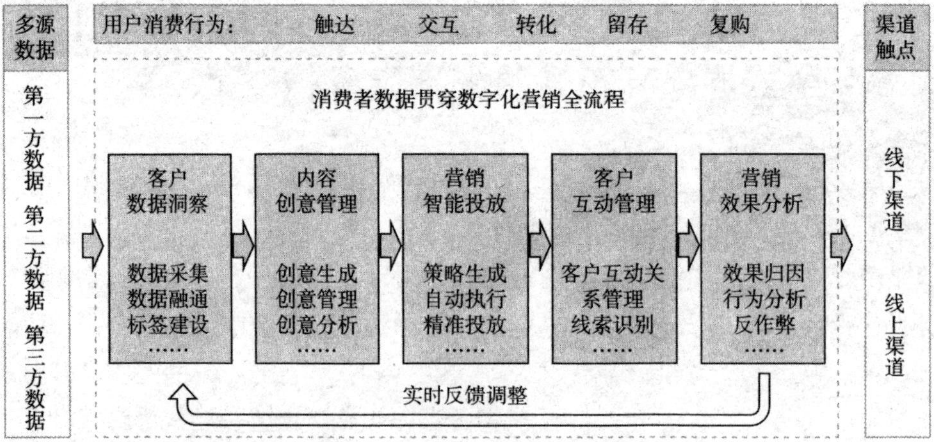

（资料来源：中移智库《数字化营销现状与趋势》）

图16-1　消费者数据是数字化营销的基础

（1）网络是数字消费者力量的放大器。梅特卡夫法则指出，网络价值以用户数量的平方的速度增长。如果从网民人口数量的角度考量，世界将呈现出全新的格局。虽然发展中国家互联网普及率较低，但是其网民人口的数量已经比肩发达国家。展望未来，发展中国家的潜力十分巨大。

（2）个体力量的崛起是数字经济的独特景观。弗里德曼在《世界是平的》中指出："如果说全球化1.0版本的主要动力是国家，全球化2.0的主要动力是公司，那么全球化3.0的独特动力就是个人在全球范围内的合作与竞争……全世界的人们马上开始觉醒，意识到他们拥有了前所未有的力量，可以作为个体走向全球，他们要与这个地球上其他的个人进行竞争，同时有更多的机会与之进行合作。"

第二节　消费者数字化蕴含重大机遇

消费习惯和人口结构是影响消费者数字化发展的重要因素。虽然发达国家数字基础设施较为完善，移动终端的普及率较高，其原有商业基础设施较完善，但是数字化的新渠道和解决方案对于消费者体验提升有限，数字应用的发展速度反而落后于一些发展中国家。发展中国家的另一个优势在于人口年龄结构较轻，消费习惯较容易改变，随着其进入主力消费年龄，数字化生活自然而然可以迅速普及。

美国在数字消费者分指数中排名全球第五，而中国排名全球第一。中国数字消费者无论是传统的社交、电商应用，还是新兴的移动支付应用，中国均位居全球前列。在美国，电子商务用户渗透率达到50%用了14年，而中国仅用了9年。2010年左右，网络视频、移动支付、实时通信和移动出行的快速发展，中国用了5年左右达到了50%的用户渗透率，而美国至今仍未达到这一水平。在数字基础设施分指数排名60名之后的巴西和墨西哥，数字消费者分指数位列第14和第19。

数字消费者可以作为发展中国家推进商业体系、信用体系的抓手。以电商为例，买家与卖家是远隔千里的陌生人，电商平台提供的交易、支付、物流体系撮合交易发生与商品交付，整个链条进行数字化记录，是隐性的履约约束。随着数字交易的不断累积，信用数据的不断完善，数字商业活动不断拓展，数字消费者参与率也不断提高。以印度为例，截至2017年2月，印度仅有2910万张信用卡，而印度最大的移动支付公司Paytm用户数已超过两亿。

当前，主流电商平台加速布局，推动“数据赋能制造”新常态。电商渠道高度集中（7月TOP3电商用户数占互联网总用户数的89%），成为海量用户数据的蓄水池。自2018年起，拼多多的崛起带动了基于精准推荐的流量分发机制的普及，电商平台对用户洞察重视程度提升。同时，大数据、云计算等能力的成熟推动平台数据处理、信息整合能力提升。自2019年以来，各大电商加速布局C2M，阿里超级工厂计划、春雷计划、京东反向定制五步法、拼多多新品牌计划等，均提出赋能制造业，借助平台大数据助力供应链智能升级。消费数据赋能层层演进，最终实现产业生态数字化如图16-2所示。

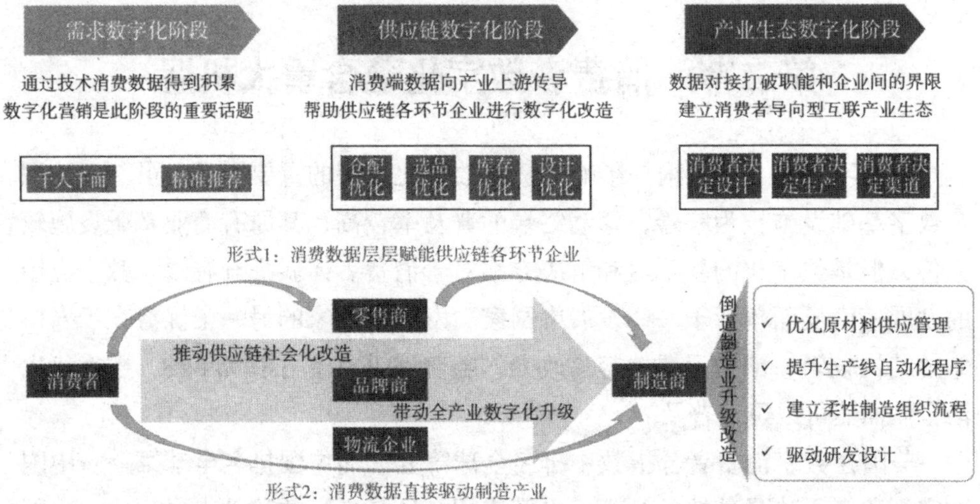

（资料来源：易观）

图 16-2　消费数据赋能层层演进，最终实现产业生态数字化

从供给侧角度来看，国内工业企业利润空间被挤压，亟待数字化转型。近年来，国内工业增速持续放缓，规模以上工业企业增加值的增速由2007年的18.5%降低至2018年的6.2%。2019年1—8月，全国规模以上的工业企业利润总额为40163.5亿元，同比下降1.7%。从利润率角度来看，规模以上工业企业税前利润率持续下降，从2001年的18.4%降低至15.0%。

据国家工业信息安全发展中心的研究结果可知，在传统经济框架下，工业企业受到生产成本攀升、产品与服务质量管控差、交付能力不足、创新能力不足等因素的制约，导致利润空间被挤压。国内工业产业链亟待数字化转型，以提升生产、物流、交易等环节的效率。数字化由消费端向产业端延伸如图16-3所示。

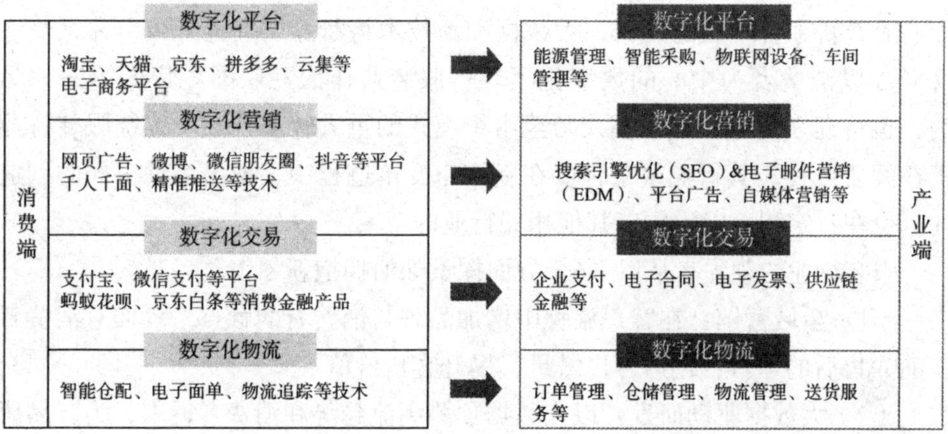

（资料来源：2019年产业互联网发展报告）

图 16-3　数字化由消费端向产业端延伸

从需求侧角度来看，消费端数字化的深入发展，带动产业端数字转型。随着消费互联网进入成熟阶段，以及持续的消费升级，需求侧的发展正在不断地推动产业供给侧的改革，促进了产业互联网的发展。一方面，产业互联网连接产业上下游资源，打通信息，形成产业大数据，从而指导供需匹配；通过对传统产业链进行整合优化，尽可能减少不增值环节，建立新模式下的产业价值网络连接。另一方面，以共享经济模式汇聚产业服务资源，对产业链上下游企业进行技术、金融等赋能，带动产业链整体转型升级。

第三节　“新零售”挖掘数字红利

2017年，新零售已经成为中国数字经济发展的风向标，其核心理念是线上、线下和物流的结合，数据驱动的人、货、场的重构。新零售的核心是基于从以商品为核心到以内容为核心的消费洞察重构，触发企业内部的组织、职能重构。具体来说，“人”从原先的单纯消费者，向消费者及合作生产者的角色转变；“货”从原来商品的概念，向全方位的消费过程及体验转变；

“场”从原先的线上、线下零售终端，向泛零售、更加场景化转变。

在新零售的范畴里，消费需求、消费场景和商品产出都演变得更加分散化。商品产出不再是从B端到C端的大规模生产，而是去中心化后的以消费者为主导，更加定制化，从而契合日新月异的个性化需求。

随着新零售时代的到来，大数据和新技术将赋能供应链升级，并且最终将形成以消费者为中心的数字化闭环。服装业作为互联网零售的第一大品类，也将迎来商业、运营模式乃至组织模式的重大转型升级。传统服装行业正在经历巨变，其行业复杂程度在新零售变革过程中呈现出多种多样的创造性，也在一定程度上引领着其他相关行业的变革。

服装行业的领先者从以下6个方面探索如何拥抱新零售。

（1）全域营销：在客户旅程中增加品牌与消费者的触点，延伸对消费者售前、售后的运营，创造客户增量，提升客户价值。

（2）大数据驱动研发：以大数据预测潮流趋势和消费者诉求，为产品研发创新注入新的活力。

（3）共创供应链：构建供应链网络，通过实时而完整的数据流提升供应链效率，进一步实现敏捷化与柔性化。

（4）全渠道融合：以消费者为中心打造全渠道闭环，加速渠道间供应链整合，以实现无缝式的跨渠道体验。

（5）智慧门店：实体店面的智慧化升级，一方面可以提升消费者的体验，从而促进销售；另一方面可以利用新技术降低运营成本。

（6）品牌大数据：数据资产涉及客户体验到供应链的全场景和全链路，对数据进行整合、分析、应用和增值，可以赋能运营和决策。例如，拉夏贝尔通过完善品牌线上、线下的融合，与天猫展开了深度合作，以此打造新零售体系。全球数字消费者分指数排名（1～48）如表16-1所示。

表16-1　全球数字消费者分指数排名（1～48）

排名	国家 / 地区名称	指数	排名	国家 / 地区名称	指数
1	中国	0.816	8	瑞典	0.730
2	韩国	0.795	9	荷兰	0.698
3	英国	0.781	10	新西兰	0.680
4	新加坡	0.779	11	澳大利亚	0.665
5	美国	0.769	12	芬兰	0.663
6	丹麦	0.762	13	加拿大	0.654

续表

排名	国家 / 地区名称	指数	排名	国家 / 地区名称	指数
7	挪威	0.751	14	巴西	0.649
15	比利时	0.644	32	马来西亚	0.433
16	德国	0.643	33	俄罗斯	0.425
17	瑞士	0.639	34	菲律宾	0.408
18	奥地利	0.632	35	越南	0.398
19	墨西哥	0.629	36	冰岛	0.384
20	日本	0.605	37	马耳他	0.380
21	法国	0.599	38	塞浦路斯	0.357
22	阿根廷	0.596	39	乌拉圭	0.338
23	秘鲁	0.584	40	文莱	0.324
24	印度尼西亚	0.578	41	智利	0.324
25	西班牙	0.574	42	爱尔兰	0.318
26	土耳其	0.543	43	葡萄牙	0.317
27	意大利	0.541	44	匈牙利	0.308
28	波兰	0.533	45	格鲁吉亚	0.307
29	印度	0.518	46	卢森堡	0.305
30	南非	0.506	47	哥斯达黎加	0.300
31	泰国	0.474	48	阿联酋	0.300

中国的核心零售渠道之一即电子商务，约77名受访者将其视为最喜爱的休闲活动。以天猫为代表的中国电商平台正成为新零售商业的基础设施，为品牌商提供了打开数字消费者金矿的钥匙。品牌商在注重满足消费者显性需求的同时，也将通过对由大数据驱动的行为进行分析等各类更加有效的方法发现消费者的隐性需求，伴随着各类应运而生的新式消费场景，让消费者得到良好体验的同时，购买到心仪的商品。

第十七章　智慧城市，数字生活

第一节　数字技术全面渗透日常生活

随着数字技术的发展，人们日常生活的方方面面都已浸润在科技产品之中。透过一块屏幕，弹指便可操控衣、食、住、行等各项需求，几乎可以做到万事皆可靠手机来解决，可谓“生活在线上”。现代人的生存，由此变得方便、轻松、快捷、简单。

在消费高度数字化的同时，技术也为个体的闲暇生活和娱乐方式带来了更多选择。正如著名人类学家丹尼尔·米勒所说的，虚拟世界和现实世界本就是两个对等的空间，不应该厚此薄彼。穿梭在线上、线下的人们，不是在学习如何使用技术，而是在学习如何在这两个空间更好地生活。

这种对数字技术的全新认知，正在改变着人们的观念，并推动着当代社会的变革，但同时也带来了前所未有的挑战和新的问题。本节将结合腾讯应用宝消费类、娱乐类产品数据，从个体生活消费和娱乐方式这两大方面，来解构当代人们的数字生活，探索数字技术到底是如何改变了当今人类的生存方式。

电子商务的繁荣带动了人们消费领域走向全面和深入的数字化。据网信办发布的《数字中国建设发展报告（2018）》统计，2018年中国电子商务交易额为31.65万亿元，网络零售额超9万亿元，网络支付用户规模达6亿人次，同比去年增长量可观。

在繁荣的线上消费中，综合购物平台虽然出现已久，但在大众的心中热度依然不减。据2018年全年度应用宝消费类App热度统计，拼多多、手机淘宝、京东、唯品会等几个老牌电商平台依然稳居头部；一些定位在垂直品类、二手商品、优惠及会员制的差异化平台也进入了前20的行列；除了网购平台，自O2O出现以来，垂直领域生活服务兴起，典型的App如滴滴出行、58同城、美团外卖、携程旅行、贝壳找房等，覆盖了人们的餐饮、住宿、出行、旅游、生活服务等日常领域，如今已占据消费类 App 前 20 的半壁江山。

在互联网电商平台遍地开花的背后，是在线支付、物流行业、云计算等支撑服务的崛起。2017年，全国快递服务累计完成400.6亿件，同比增长28%；银行业金融机构和非银行支付机构分别处理电子支付业务1525.8亿笔和2867.47亿笔。移动支付成了在线支付的主要增长点，以微信支付和支付宝为代表。2018年6月，微信支付月活跃账户已超过8亿。根据《2017智慧生活指数报告》的调查可知，在食、购、娱、行、游的消费中，移动支付成了人们的不二首选。2018—2019年消费类App人均下载量如图17-1所示。

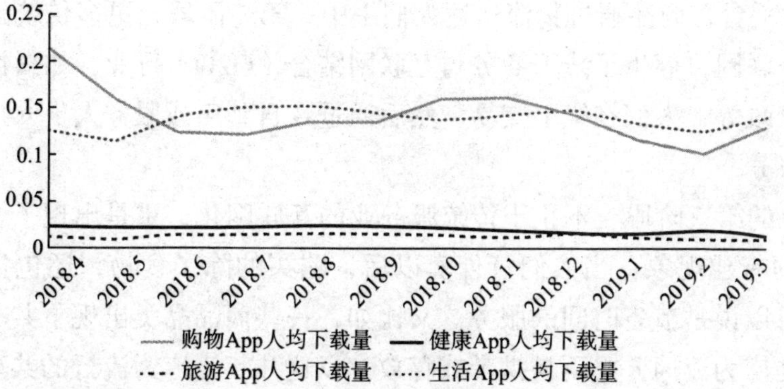

图 17-1　2018—2019 年消费类 App 人均下载量（次 / 人）

在网络购物出现以前，人们的消费局限在一个有限的物理范围，由于信息的流通范围小，许多潜在的交易无法发生；互联网把全球的消费品与需求汇集到了一起，对个人而言，最直观的变化即选择范围变广。如今，人们可以用手机购买一份5千米外的午餐或购买一些水果，然后边吃边安排下个月的新西兰旅行。

由于商品供给充足，如何做出好的购物选择变成了新的困扰。想要了解全品类的无数商品并不现实。大型电商平台中针对商户、产品的评论、评分成了消费者做决策的参考；独立点评平台（如大众点评的餐饮评论、豆瓣的电影图书、什么值得买的各类消费品）也应运而生；众测成了一种新的玩法，第三方或商家通过免费提供新品试用的机会，换取试用者的测评。

由于导购评论成了购物中的刚需，新晋平台逐渐探索出一种“评论分享社区+电商平台”的模式（如小红书App），或者类似“购物+验真”的模式（如毒App），让评论与购物形成闭环。据2019年第一季度应用宝App

热度统计数据，小红书App下载量跃升至消费大类第6位，毒App进入了购物子类别的第19位。

正如同信息过载的本质是缺乏好的过滤机制，在消费品过剩的时代，无论点评、荐购、众测、验真，本质上都在解决“如何选择”的问题。调用专业人士或其他用户的智慧，可以构建起一套有效的选择标准。那些致力于帮助消费者做选择的工具，也会获得更多青睐。

此外，互联网进入消费领域之初，人们在网上购买传统商品，典型的范例即亚马逊、京东等商户对客户（B2C）平台或淘宝这类客户对客户（C2C）平台，商品通过物流送达人们手中；第二阶段，更多传统的服务领域拥抱互联网，催生了线下商务与互联网结合（O2O）行业，如餐饮团购、打车、家政等，人们在线上交易，然后通过亲自到店或服务人员入户，在线下完成服务。

如今的第三阶段，不止于传统服务业的互联网化，更是出现了“商品变服务”的有趣现象：当人们订外卖以后，购买的除了食物，还包括送餐服务，也可以说是节省时间的服务。又比如，一些商品品类出现了共享经济，它们往往广为流通并且不易携带或存放。以这几年来广为流行的共享单车为首，再到共享充电宝、共享雨伞、共享图书等。曾经人们购买商品本身，如今可由平台购买商品，人们只购买商品的使用时间，实际也是在购买共享平台提供的服务。

由于大量的商品和需求被网络记载，随着大数据、人工智能技术的发展，销售环节变得更加智能。在线上商店中，智能推荐技术被广泛采用。个人的检索和购买记录，将会成为帮助机器理解人们未来需求的原材料；在线下，智慧零售开始重塑粗放的零售业。腾讯等综合互联网企业，运用大数据、机器学习等新技术，从商店选址、选品、物流、会员管理等方面提供解决方案，帮助传统零售业进行升级，使之更为个性化并降低成本。

第二节　数字技术重构传统关系网络

人是天生的社会性动物。从出生开始，人们就会期盼和寻求与他人和社会的关联，试图建立多种关系，令自己拥有安全感和归属感。无论是从前还是如今，人们对关系的需求从未改变。

社会学家费孝通先生曾在《乡土中国》中谈到中国人的传统关系网。他指出，血缘和地缘是中国传统社群的原始状态。血缘是靠生育来维持的，其特点是稳定；地缘则依托地理上的临接，人们圈地为盟，共同生活，拥有“故土”和“乡亲”。但无论是血缘还是地缘，都存在稳定性、确定性和鲜明的层次感。传统的人际关系像是投石入水的涟漪，一圈圈扩展，愈近愈密，愈远愈疏，形成差序格局。

然而，步入现代社会，随着数字技术的出现，人们对血缘、地缘的依赖性受到了极大的冲击。数字技术具有跨越物理空间的特性，很大程度上弥补了传统社交所不及的方面。人们的交往不再拘泥于血缘、地缘，而是以个人为原点，如射线般放射而出，将全世界的人们相连。如今的人际关系更像一张四通八达的蛛网，从一个点出发，便可寻得通往任何人的路径。

在这个全新的时代，人与人的联系毫无疑问增加了，从血浓于水的亲人，到素未谋面的陌生人，只要发送申请，下一秒便可以“好友”相称。微信好友从50个增加到500个甚至更多，不知不觉间，人们已然进入了一个“人人皆网友”的时代。“网友”一词无法再专用于那些通过网络相识而素未谋面的陌生人，其背后可能是亲人、恋人、朋友、工作伙伴，所有人们关心或愿意结识的人。

这种对人与人联系方式的改造，也进一步影响了人们的组织方式、人与人的互动模式乃至人际关系的内核。当下，人们的社群关系、亲密关系等都受到了不同层面的影响。本节将依托腾讯应用宝社交类产品的数据，俯瞰当下人们的社交状况，并在此之上，洞察新兴的社交方式，探讨人际关系的种种变迁。

目前，社交圈层化引发了“+社交”的变化，数字技术对现代社交的影响，首先是带来了QQ、微信这类大型网络社交工具，它们在很大程度上是人们线下社会关系在线上的映射，有较强的真实性和完备性。在综合类社交平台已经高度渗透并趋于稳定的今天，线上社交开始向圈层化的方向发展。

据应用宝2018年全年度社交类App热度统计，QQ、微信类少量综合社交平台依然稳居头部。除此之外，大多为主打特定身份、特定爱好的垂直社交平台。其中，表现较为突出的有陌生社交（如陌陌、Soul）、游戏社区（如王者营地、刺激战场手游助手）、老年群体的社交（如美篇、老柚）。

可见，当下人们在网络中的聚集方式与传统在线下社区中的聚集方式大不相同。传统社交的分群，大多是基于地缘、亲缘和业缘的。线上社交解放了时空，更多地释放了人们的内在交往意愿。趣缘，也就是人们因兴趣相同而进行交往，结成好友，成了新的人群流动准则。同时，圈层化还进一步拓展到特定身份、有交往需求的人群，如老年群体、性少数群体、女性、职场人等。

身份和兴趣的社交态势也说明更大的社交浪潮也许会兴起于纯粹的社交App之外。小红书也许是最典型的例子，通过“女性/时尚+社交”的累积，逐渐培育出自有电商平台，实现了社区与商业的闭环。Keep的“运动+社交”、即刻的“兴趣+社交”也属于相关范例。但“+社交”并不一定是永远通行的，关键在于怎样的身份、怎样的兴趣。在不同的圈子中，人们的诉求往往不同。有时，一个兴趣能导向潜在的交往意愿，而有时人们只是想依赖意见领袖，寻求更多的决策参考而已。

人们基于不同的兴趣与身份，比如，作为一个职场人，作为女性，又或者作为一个电影爱好者，可以在多个平台流转。对个体而言，人们对社交拥有了更多的自主权，再小众的人群也能更快速地找到有归属感的社区；基于不同的平台，人们能实施不同的自我展露和交往策略，体验不同的乐趣。在社会层面，社交的圈层化孕育了多元丰富的亚文化，但圈层之间的互动是否充足，是否有可能带来人群的冲突与分化，也是当下社交产品需要密切思考的。

数字技术的超时空性，打破了人际关系对血缘、地缘的依赖，让人们有可能到达世界上的任何地方，人与人的联系毫无疑问地增多了。在这种条件下，人际交往越发遵从个体需求，当下的人们越来越多地通过兴趣、身份等方式重新聚集起来。

但同时，人际互动的方式也在悄然地因为技术而改变。人们的交往正趋于“中介化”。技术媒介成了一个人与另一个人交流沟通的中介。中介的存在，补偿了许多无法线下交流的场景，也更加方便、快捷，成本更低；而另一方面，也或多或少地替代了面对面交流的场景。

更重要的是，这种依托数字技术的沟通，会对交流沟通的效果甚至人际关系的性质带来更为深远的影响。在面对面的沟通中，人们传递的不只是语言文字，还有语气、面部表情、肢体动作、注意力、心情状态等非语言信息。至少到目前为止，文字、语音、视频等形态，都无法完全保有面对面沟通中的全部信息量。这种信息量的折损，在潜移默化地降低着沟通效率，并且更难为人们所知。

如果工具化的沟通尚且容易弥补，那么情感性的交流会更具挑战。例如，在家庭聚餐中，孩子挑起一个话头，父母却在频繁地回复工作的消息；恋人在旅行过程中，拍照与发社交网络占据了两人相处的相当一部分时间；今天在网上认识了一个志趣相投的好友相谈甚欢，但明天你可能被淹没在无数的新消息提醒中，而你也忘记了他的微信名是什么。

前文已详细阐释了亲密关系可能受到技术怎样的影响。其实，从更广的视角来看，如今建立关系的机会比从前多得多，可能性也更大，出于避免损失的本能，人们习惯于在不同的关系链之间流转，关系的流动性也比从前大。对大多数人而言，关系的数量和质量总是处在此消彼长的状态。人们曾经花大量时间投入在少量的深度关系之中，在数字时代下，人际关系的层次感开始被拉平和削弱，人们比从前更难充分投入那些少量而宝贵的关系之中。

这些思考和问题，是对技术与人共同的挑战。未来，人们能否再度通过新技术的伟大创举，去解决当下深度关系受到的挑战呢？VR、AR及其他前沿技术会继续释放它们的想象力。但是，社交作为一种高度自主和需要投入的活动，其实亟须人的主观努力。人们应始终保有、发展自己的高质量关系，但最原始、真实的面对面交往不可或缺。技术只是载体，有效的沟通、深度的陪伴才是最终目的。无须高估技术的作用，但也不要低估人们与生俱来的爱的能力。只要善用技术，它将会成为高质量关系的铺路石。

第三节 数字技术重塑个人发展路经

自我实现是人类的终极需求。在满足了基本的生存、娱乐需求，与他人建立联系获得安全、归属感之后，人们往往会寻求更长远的发展。实现自我的路径千人千条，但通往这条实现道路的方法却大致相似：人们通过获取信息、接受教育来认识世界，积累知识技能，最终能够创造价值和实现自我。

人类获取信息的方式，从口耳相传，到印刷媒体，再到广播电视。虽然人们能获取的信息数量越来越多，但生产信息的始终是少数人，信息始终是以一种“一对多”的方式在传播的。互联网2.0的变革，将信息的生产和传播权赋予了每个普通人，信息来源突然变得多样化，信息数量也成量级地膨胀。用丰裕或过剩来形容当下的信息环境也不为过。此时，对每个人来说，对于应该关心什么话题？看到什么信息？如何理解世界？答案可能会变得完全不同。

传统的教育和学习过程是标准化的，教育资源相对稀缺，教育后的择业也呈现出明确的选择范畴和稳固的形态。如今，知识和教育资源在数字技术的重构下，变得越发平民化，新科技行业催生着全新的工作形态、工作方式，信息媒体也为人们提供了一个开放的自我展示平台。

1. 个人发展的想象空间越发宽广

“一屏一世界”，通过一块电子屏，每个人看到的世界千差万别，每个人能成为的自我也完全不同。但是，在这个信息、机会越发丰盛、开放的背后，又有重重挑战。人们在寻求科技化解决方案的过程中，也加深了对于人类自身发展诉求的理解。本节将结合腾讯应用宝新闻资讯类、教育类产品的数据，去呈现新技术如何改造了当下的信息环境和教育机会，以及对人类的长远发展造成了何种影响。

大数据技术旨在解决“信息过载”的问题，它能够将海量信息进行快速处理与计算，基于用户个人的社会身份、兴趣爱好和其他行为信息，从中匹配出合适的内容。从媒体角度看，它在很大程度上解决了信息的个性化问题；从个人层面看，也使个人在所关注的领域中，提升了获知信息的广度和深度。但是，目前的个性化推荐模式有着一个显而易见的负面效应：用户选择了自己感兴趣的领域，源源不断地接收到相关信息，并进一步以此方式循环，久而久之，一个人获知的信息主题越发呈现出“窄化”的趋势。

“信息茧房”下的用户，可能对世界认知产生偏差。并且，当“茧房”问题落到观点层面上时，持有某一观点的人，总是接收到相同而非对立观点的信息，使得意见相近的声音得以不断积累，而存在分歧的意见被屏蔽在外面。在这种环境下，就可能发生极端认知和盲目自信。最终人们对持相反观点的人容易缺乏理解。

近几年来，个性化推荐的潜在影响和算法的价值观问题一直在互联网行业引发争论。到底应该运用什么机制来完成信息的筛选与把关？让算法继续进化是十分重要的，但算法的缺陷能否在短期内实现长足进步也是一个值得深思的问题，并且应该正视算法中潜在的裹挟着人价值观的问题。在算法之外，如何结合利用传统新闻的“把关人”作用也很值得思考。如维基百科是另一种完全不同的内容加工思路，大量用户在众包机制下共同协作，修正和产出高质量的信息。好的解决方案往往不是非黑即白的，要善用算法与“把关人”的力量，同时等待与培育大众的信息素养，共同帮助智能技术变成有利于人们的好工具。

2. 知识平民化，未来教育尚在酝酿中

知识是需要较高的能力进行筛选、分类、整合后内化吸收的信息，是人从认知世界到发展自我的重要一环。通过接受外部教育和自主学习，人们得以获取各类知识：多数人早期的生活总是伴随着大量的正式教育，从小学、初高中到大学；基础教育结束后，无论是否继续接受正式的高等教育，人们在工作和生活中都会面临各种挑战，因此会萌生更新知识技能的需求。总而言之，学习知识可谓是终身的需求，并且在不同的人身上与不同阶段具有差异化。

好的知识总是掌握在一部分人手里。前互联网时代，由于人力所限，知识和教育的复制成本很高。在正式教育中的表现就是学校分为了三六九等，不同阶层和不同地域的人，所能接受到的教育质量差异很大。互联网带来的首要影响，就在于通过教学内容的大量复制和教育辅助工具的开发，再到如今可定制化的远程一对一教学，在一定程度上“拉平”了这种差距，让发达城市的教育资源得以向中小城市和乡村地区传播，促进了基础教育资源的公平分配。

中国互联网络信息中心（CNNIC）数据显示，截至2018年6月，中国在线教育用户规模达1.72亿，较2017年末增加1668万人，增长率为10.7%。据2018年全年度应用宝教育类App热度统计，K12与学前教育两类服务于未成年人的教育产品占据了绝大多数（前20中的15席）。K12教育App更多地定位在作业辅导，或者阅读、英语、安全等垂直领域的发展，更多的是作为基础教育课堂的补充和辅助，也从侧面反映出这部分的教育尚不充足。

在标准化的基础教育之后，互联网App在继续学习方面也有广泛涉猎。在榜单上有突出表现的是语言（如英语流利说、百词斩）和驾考（如驾考宝典、驾校一点通）两类专业培训产品。除此之外，定位为开放大学课程资源的中国大学MOOC、网易公开课，以及综合课程平台，如腾讯课堂、网易云课堂等位次还并不靠前。不过值得指出的是，除了这些独立的教育产品，知识付费已广泛出现在各类信息产品、社区产品之中，如微信公众号、知乎、喜马拉雅等平台。

由于不如基础教育的刚性，以及人们继续学习需求的多样化，这一领域的头部聚集度还不高。但它反映出技术对教育的另一个改变：任何领域的知识、经验与技能，都能封装成一种可流通的产品。这样看来，越来越多的人能够参与到知识的贡献和教育提供者的行列中去。并且，随着未来社会变动的加剧，以及人们对生存、关系的基本需求得到满足，人们对知识的渴求会更加强烈，也更加多元化，在线教育就会有进一步发展。

3. 新科技对就业的多种影响

人们通过就业运用所学知识发挥自己的专业能力，也在很大程度上以此创造和表达自己的价值。从这个层面看，数字技术对人的自我实现也颇有影响。

（1）数字技术发挥了其与生俱来的连接作用，通过如领英、智联等垂直化求职、兼职平台的搭建，帮助人们有效地匹配到足够且适合自己的工作机会。实际上，科技行业自身也创造了许多前所未见、充满想象力的职业，例如自媒体撰稿人、电子竞技选手等。

（2）现在的人们更容易找到志同道合的人与社群。社交网络使得有相同理想和相同爱好的人聚少成多，使得再小众、再难的志趣也有可能实现。作为公益爱好者，通过网络组织成公益小队，实现了以一己之力让世界变得更美好的心愿。比如，遗产艺术家、滑板少年、老年摩托车爱好者等，都开始借助网络找到同伴，彼此支撑和进步，进而影响更多人，将小火光囤积成一把烈火，映照出多样的世界。

（3）其实数字技术作为一种新兴的信息媒体，为当代人提供了一个前所未有的自我展示平台。在博客、公众号、短视频、Vlog中，人们充分表达自我、展示才华技艺，赢得了属于自己的观众和点赞。虽然最终只有一部分人真正能成为网络红人、明星，获得更多的发展机会和资源，但不可否认，这条路径已经打开，并且在努力表达与追寻之中，让许多人都在某种程度上实现了自我。

在这样的大环境下，诸如“网络作家”“电竞选手”“美妆博主”这些非传统的职业，过去可能被身边的人认为是不务正业，但在这个渐渐走向开放的数字时代，也开始被重新看到、认知和尊重。人们开始重新思考传统意义上的工作与成功，尊重多样与平凡，让当下社会的自我实现拥有了更多元化的意义。

第十八章　科技赋能，数字政府

第一节　信息化 3.0 与数字政府

2017年6月14日，在第九届中国云计算大会上，北京理工大学党委常委、副校长，中国科学院院士，中国电子学会云计算专家委员会副主任委员，中国大数据专家委员会副主任委员梅宏发表了《信息化3.0：软件定义的时代》的主题演讲。梅宏认为，中国的信息化可以划分为以下几个发展阶段。

（1）信息化1.0是以单机应用为主要特征的数字化阶段。信息化1.0发生在20世纪90年代之前，以PC进入家庭得到广泛应用为标志，技术平台为个人计算机，应用模式主要为单机处理、数据库和中心局域网模式，通过客户进入服务器模式点击应用部门级信息系统。

（2）信息化2.0进入了以联网应用为特征的网络化阶段。20世纪90年代中期，技术平台开始从单机局域网拓展到广域网和互联网，应用模式打破了部门和组织的固有边界，强调网络上信息化的共享、系统化的协同，整体进入网络化应用。点击应用包含联网式的集中电子政务、ERP、电子商务等。尤其是后期互联网应用的深入和普及，开始产生连接人、机、物的深度互联网，这也是信息化2.0后期一种重要的应用热点。

（3）信息化3.0是以数据深度挖掘和融合应用为特征的智慧化阶段。21世纪10年代中期以来，以大数据广泛兴起为代表，智慧化时代接踵而来。技术平台发展为互联网及其延伸所形成的人、机、物融合环境（云+端），应用模式演变为云感知的软件服务化应用+云计算和端计算的融合。梅宏表示，在信息化3.0的环境下，软件呈现出一系列新的特性和新的形态，即互联网化和网络化。企业不仅基于网络进行开发，软件也运行在网络之上，并通过网络分发出去并提供服务。同时，开发模式也形成了一种基于互用、知识驱动的、向上的、无序到有序的螺旋式增长模式，以及社区化的组织模式。中国学者称之为网构软件，这种软件具有实体的自主性，对于实体之间协同出现的涌现性、自发性、在线的演化能力，在互联网环境下还有可信性的要求。信息化三阶段示意图如图18-1所示。

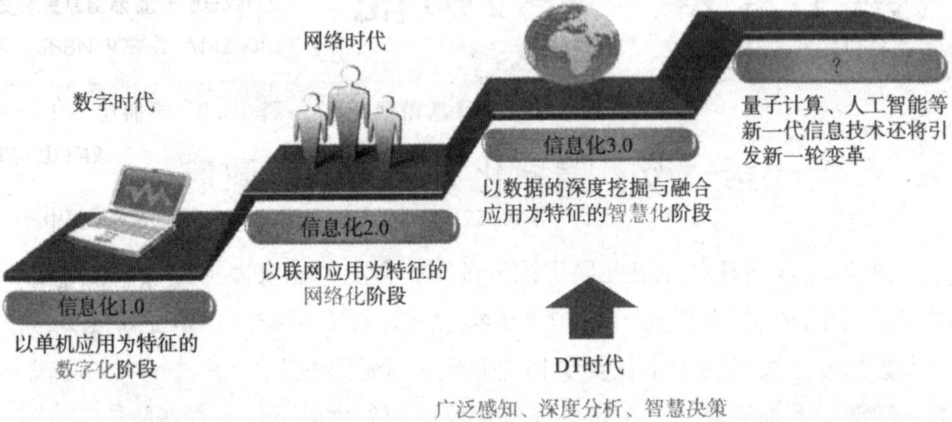

（资料来源：《2018互联网+政务服务全面解读》）

图 18-1　信息化三阶段示意图

（4）数字政府是进入信息化3.0的电子政务。信息技术发展到了支持高效能系统集成的阶段，新兴技术的出现加快了演化的发生，提出智能化、智慧化要求是电子政务发展到一定程度以后高级阶段的必然需求，是大数据时代电子政务发展的新方向。数字政务并非是一种全新的政务形式。随着全球物联网、云计算、新一代移动宽带网络、系统集成技术等新一轮信息技术的迅速发展和深入应用，信息化发展正酝酿着重大变革和新的突破，电子政务向更高阶段的数字政府智慧化的发展亦成为必然趋势。

第二节　数字政府的战略愿景和目标

数字中国是中国信息化发展的新阶段。数字政府是数字中国体系的有机组成部分，是打造营商环境新优势、实现经济高质量发展、推动数字中国建设的重要抓手，也是贯彻落实网络强国、数字中国、智慧社会的重要领域。从现实情况来看，数字政府的研究和实践都处于初级阶段。William等通过访谈70多个国家的1200多名政府官员发现，全球绝大多数国家都处于数字化转型的萌芽期或发展期。从国内看，广东、广西、山东、湖北、浙江等地正在积极探索数字政府建设，但仅有少数学者基于浙江、广东的实践对数字政府进行了研究。东京早稻田大学数字政府研究所与国际首席信息官学会联合发布的国际数字政府排名数据显示，2018年中国排名第32位。

数字政府融合多种技术，对政府治理理念、治理方式、治理流程进行优化重构，客观上提升了政府治理的技术水准。在传统的政府治理活动中，大多由一个部门开展社会公共事务治理，这种方式信息透明度不高，容易滋生暗箱操作、权钱交易等腐败现象。通过数据赋能，由数据驱动决策，而不再是由数据辅助决策，是数字政府相对传统政府的质的飞跃。数字政府的治理是依托大数据开展的精准治理，离不开政府大数据的有效运用，需要对政府系统的数据共享、数据采集、数据标准、数据安全等底层技术进行整合和集成。通过数字政府建设，提高政府组织的数据运用能力，打通政府、社会、市场等不同主体之间的治理数据，优化社会治理资源的网络化配置，发挥多元主体协同共治的功能优势，协调多种资源协同创造社会治理新篇章。

不同社会形态国际竞争优势的决定因素不同。在农业社会和工业社会时期，土地、黄金、石油等实物资源是衡量和判断国家竞争力的主要指标。在信息社会，信息获取得快慢，信息掌握得多寡，信息应用能力得强弱，成为国家软实力和竞争力的重要标志。理论证明，政府信息化水平对国家竞争优势具有积极影响。政府作为社会发展的领头羊，在这场没有硝烟的战争中必须破除万难，大力推进数字政府建设，以推动国家整体信息能力的提升，带动社会经济的全面发展。推动政府数字化转型，不仅仅是政府主动适应时代发展趋势的内在要求，更是世界各国重塑国际竞争优势，抢占国际竞争制高点的战略选择。对于这一历史性战略机遇，中国政府必须及早谋划，有所作为。

从国际上看，面向可持续发展的公共部门数字化转型，可以有效地确保公共部门的一体化和协调性。当前，美国、英国、澳大利亚、丹麦、爱沙尼亚等国家启动了数字政府建设。英国通过打造“数字政府即平台”战略，在内阁办公室专设数字服务小组提供通用共享平台，积极吸纳企业和第三方平台等社会力量作为政府数字服务的延伸和扩展；在数字政府建设中引入监测评估，实现了数字化转型整体跃升的目标，数字政府建设一直处于全球领先水平。丹麦是实施数字政府战略成效尤为突出的国家，自实施《2016—2020数字战略》以来，数字政府建设水平快速提升，由2016年的全球第九跃升为全球第一。此外，爱沙尼亚通过区块链等新一代信息技术，积极重构数字时代的政府运行形态，而澳大利亚则开始了对数字化转型的反思与复盘。虽然不同国家在推进数字政府建设的理念、模式与路径上有差异，但推动政府数字化转型，实现政府高效、协同、可持续发展，已经成为世界各国的共同选择。

从国内看，数字政府建设起步相对较晚，但定位高、改革力度大。目前，广东、广西、山东、湖北、浙江等地多措并举探索数字政府建设，以释放数字经济潜能，激活数字社会活力，从而反哺社会经济实现全面发展。2018年，浙江省政府印发《浙江省数字化转型标准化建设方案（2018—2020年）的通知》，可以说浙江省是中国最早发布数字政府相关文件的地方政府，比最早发布数字政府战略的澳大利亚晚了7年。浙江省数字政府建设的目标不仅是推动政府自身的革新发展，更是以“最多跑一次”政务改革项目实现政府数字化转型。同时，希望通过数字政府建设引领数字经济、数字社会的发展，促使数字政府建设成为经济社会发展的关键驱动因素。广东省除了将数字政府建设作为重塑广东经济发展优势的着力点和突破口，还从体制机制入手，破除数字政府改革障碍，将负责电子政务建设的主力军“政府信息中心”全部撤销，与互联网公司合作组建属地混合所有制公司，彻底改变了以往政府信息化实施主体由政府下属事业单位组成的发展格局，成为国内数字政府建设改革力度最大的地区。

第三节　数字政府带来的新趋势

从数字政府的演化过程，以及对中国数字政府相关政策进行梳理可以看出，目前中国数字政府正处于从单向应用阶段向协同共享阶段乃至深化应用阶段过渡的过程。

基于中国数字政府建设的目标，以及当下数字政务所处的发展阶段和建设现状，可以推测数字政务现阶段发展主要有集约化、协同共享、政务大数据、精准管理和政府监督5个新趋势。

（1）集约化：通过系统集约化建设可以打破政府系统横纵向尤其是横向的交流壁垒，为政务信息的协同共享打下坚实的技术和平台基础。自2017年以来，为了从全局和根本上解决长期存在的政务信息化建设各自为政、条块分割、烟囱林立、信息孤岛等问题，国务院公布《政务信息系统整合共享实施方案》等文件，深入贯彻“五个统一”总体原则，有效推进政务信息系统集约化建设，切实避免各自为政、自成体系、重复投资、重复建设等问题，利用大数据、云计算等新兴技术，打通政府系统垂直与纵向的互通互联，加快推进政务信息系统整合共享。

（2）协同共享：政务信息的协同共享有利于打破政府部门之间的信息孤岛，还有利于各部门进行更好的决策，以及国务院进行更好的顶层设计，提高政务效率和政府服务水平。自2016年以来，国务院颁布了《政务信息资源共享管理暂行办法》等文件，从顶层设计层面强调各级、各部门政务信息之间的协同共享，提出要及时、准确、全面编制政务信息目录资源，对政务信息资源进行分类共享，将可共享、应共享的政务信息上传到政务系统上供各方下载等要求，切实推进政务信息资源协同共享。数字政府分建方式示意图如图18-2所示。

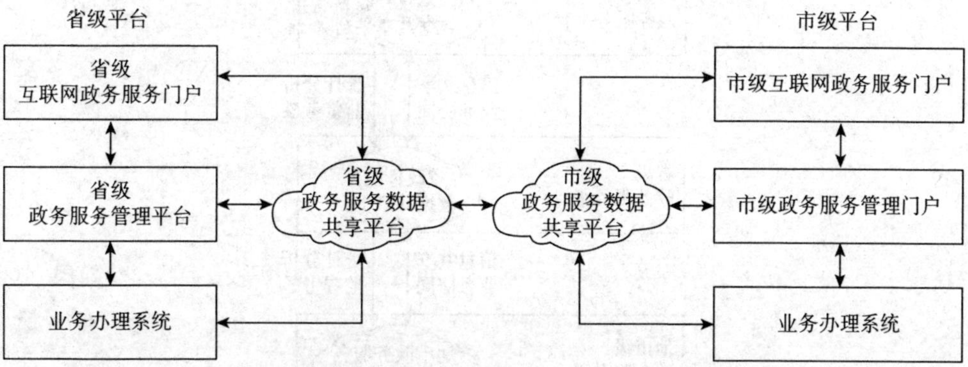

图 18-2　数字政府分建方式示意图

（3）政务大数据：利用政务大数据可以让政府的治理与决策更加精细化、科学化，可以促进公共服务能力与水平的全面提升，也可以引发民生大数据开发应用的新高潮。政务大数据指政府所拥有和管理的数据，具体包含自然信息、城市建设、城市健康管理统计监察和服务与民生消费类数据。从广义角度来看，政务大数据还是政府因开展工作产生的及因管理服务需求而采集的外部大数据，是政府自有和面向政府的大数据。政务大数据在国内外都有很多的应用案例和实践，但目前因为政务数据的采集和开放、跨领域应用还面临着许多问题，政务大数据的应用还处于起步阶段。

（4）精准管理：在大数据背景下，服务型政府可以根据居民的具体情况提供精准服务、精准管理。例如，系统可以根据用户画像和政务服务应用的属性特征，自动感知当前用户需要的、正在办的和已办理的所有事项与服务，从而进行主动精准的推荐；根据之前收集到的企业数据、法人数据、个人数据，可以给每一个用户建立用户画像，相当于给每一个用户打上标记，这些数据将为未来做主动感知和主动推送服务提供参考。大数据等新技术的应用使精准管理成为可能，精准管理使数字政府向服务型政府更进一步。2004年，我党首次提出了“服务型政府”的概念，并在《中共中央关于完善社会主义市场经济体制若干问题的决定》中强调增强政府服务职能，首要的是深化行政审批制度改革，政府职能从“全能型”转向“服务型”，政府决策建设突出规范化，增强透明度和公众参与度。数字政府总体层级体系如图18-3所示。

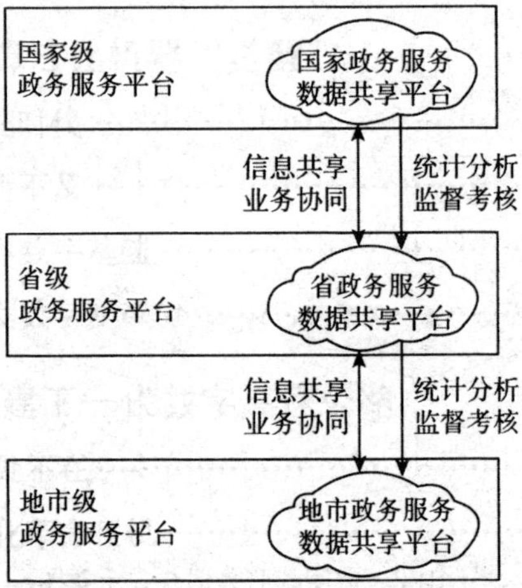

图 18-3　数字政府总体层级体系图

（5）政府监管：政府通过大数据可以实现对内部、对市场的有效监管，同时政务大数据的公开可以方便人民对政府自身进行有效的监督。

例如，政府监管市场往往由于信息不完备存在一些困难，利用大数据可以很好地提高政府监管能力。在北京，企业与监管部门合作，利用互联网和金融行业数据搜寻非法集资、违法违规交易线索。在上海，公共信用信息服务平台归集包括法人和自然人监管、执法、审批、资质等1200多个信息事项、3亿多条数据，供有关部门监管和信息主体查询。

第十九章　转型升级，数字企业

第一节　企业数字化转型的背景

企业的数字化转型不仅包括产业数字化，而且包括数字产业化。传统企业与现代网络技术进行数字化融合，向数字化转型，比如零售行业、制造行业、服务行业利用大数据、人工智能、云计算等网络技术对原本行业的生产、消费、交换、分配等流程进行结构优化。同时，企业的数字化转型也包括数字化企业与具体产业相融合，进行数字化转型，对于进行互联网技术基础研究的数字化企业，其获得基础研究的科技创新成果，需要能够转化为生产要素，能够应用到具体的相关行业。数字产业化和产业数字化共同构成企业的数字化转型，进行“数字”基础研究的企业，在形成一定的产业化之后，可以更好地为传统企业进行转型，更好地促进产业数字化。

目前，企业的数字化转型从主要面向消费端（ToC）逐渐转变为面向生产端、产业端（ToB）。不管是零售行业、餐饮行业、教育行业还是支付行业的数字化，都是主要面向消费者端的数字化，也已经相对成熟和完善；而面向商业或者工业的数字化转型逐渐开始发展，目前还处于起步阶段，需要传统企业和政府相关部门大力推进。

中国在2015年就提出了促进“互联网+”行动、建设“数字中国”等发展战略，国家发展和改革委员会于2019年发布了《国家数字经济创新发展实验区实施方案》，在雄安新区、浙江、广东、福建、重庆、四川等地区启动国际数字经济创新发展实验区创建工作。同时，各省市也陆续出台了促进数字经济发展的相关举措，制定数字经济发展的工作目标和发展举措，积极鼓励数字经济发展，为企业数字化转型提供必要的政策和资金支持，鼓励传统企业的数字化转型。另外，近几年互联网技术也有了很大的发展，主要以大数据、云计算、区块链和5G网络为主。因此，政府部门出台的政策和相关措施，以及互联网基础设施的快速发展，为企业进行数字化转型提供了一定的动力，特别是对于进行数字化创新能力和创新资金缺乏的中小企业来说，新基础设施建设的发展，是其进行数字化转型的重要抓手和重要机遇。

同时，企业进行数字化转型，通过将各个环节与数字技术相结合，可以有效地减少成本、提高效率。在传统制造业数字化转型方面，主要以海尔集团的“海尔智家”和中国航天科工的“航天云网”为代表。海尔智家依托COSMOPlat平台，为用户按照其需求定制的其“智慧家庭”，从传统标准化的家用电器，转变为根据不同的用户需求量身定做“专属”产品。而航天云网以“互联网+智能制造”为发展方向。在财务管理方面，用友、金蝶等工业互联网平台开发的如好会计、精斗云等软件产品，可以很好地提升企业的财务管理效率。另外，因疫情而不能在办公室工作的情况，远程办公软件也使大多数企业或者个人生活受益，如钉钉、腾讯微信等。这些远程办公软件不仅可以完成远程即时通信的功能，还具备签到、考勤、流程审批等功能，大大减少了企业在疫情期间造成的一些成本损失，同时还大大提升了工作效率。

第二节　促进工业柔性生产

在过去一个世纪，制造业经历了从大规模生产、精益生产、柔性生产等多个阶段。虽然机器人等自动化设备的出现在一定程度上缓解了人工的压力，但随着市场多样化、个性化的牵引，以及商业竞争的加剧，以人工管理和调整生产流程的方式已不足以应对迅速变化的市场。为了更好地迎合消费者的需求，处理各式各样的状况，制造业需要对生产流程进行更精细的控制。

智能制造融合了5G、云计算和AI等技术，通过更加灵活高效的生产系统，能够将高质量的产品快速推向市场。5G网络能够帮助制造工厂实现多维度、细粒度的数据采集。一般来说，人力仅能做到以分钟频率进行采集，而机器采集的频率则可以达到秒级甚至毫秒级。这些数据需要在协作机器人间不断交换分析，以同步和协作自动化流程（同步实时协作机器人要求小于1毫秒的网络延迟），并在云端之间进行传输，这就需要依靠5G网络的低延迟特性来实现。而负责总体控制的云计算平台通过承载AI应用，能够根据精准的数据，在大规模的生产中识别各种各样的状况，进而调整生产，达到人力不能完成的柔性。例如，三联虹普在合成纤维的制造过程中通过5G网络实现了精细化采集和信息传输，并借助AI对生产控制系统进行智能化调整。中国移动、海尔、华为则依靠5G和云计算在空调工厂中实现了机器设备故障的远程诊断、远程排除、远程代码修改、远程维修指导等操作。既节省了维护成本，又实现了专家的技能复制，解决了技术专家紧缺的难题。智能制造模型构造与应用如图19-1所示。

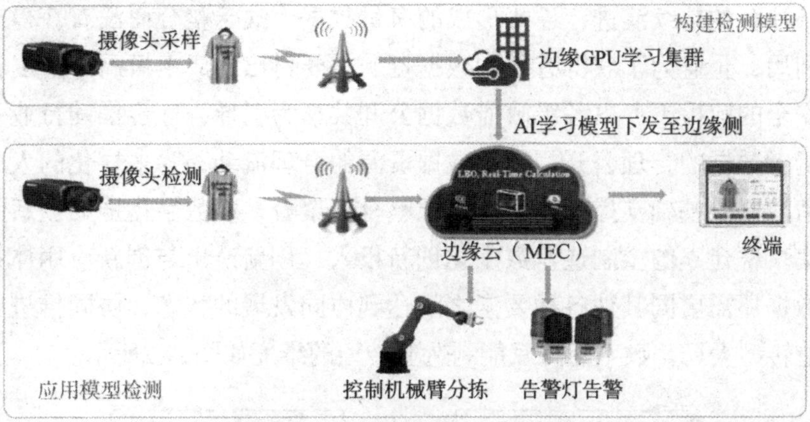

图 19-1　智能制造模型构造与应用

第三节　数字经济赋能制造业转型

数字经济赋能制造业转型包含“投入—产出—企业—产业”4个维度，分别为“从要素驱动到数据驱动，从产品导向到用户体验，从产业关联到企业群落，从竞争合作到互利共生”的转变，构成制造业新模式、新业态和新理念的重要支撑。

在制造业演变的历史长河中，最为重要的生产要素无非是资本和劳动。在此基础之上，资本逐步拓展成为机器设备、厂房、原材料等。而劳动力不仅包含熟练的产业工人，还包含富有管理技能的管理人员、富有创造力的企业家。建立在经典的生产模式之中，通过“流水线”将分工效率发挥到极致，以大规模生产降低制造业的固定成本，同步实现制造业物美和价廉两个维度的诉求。数据并没有成为制造业发展的要素，数字化也一直成为辅助原材料采购，以及制造业产品销售的渠道而被加以利用，成为辅助制造业发展的一项便利因素，并没有深度参与制造过程与制造环节。

数字经济赋能制造业转型的第一个维度体现在从要素驱动向数据驱动的转变。随着数字化的深度发展，数据正在充分渗透到制造的各个环节，成为变革制造理念的关键变量，推动制造业企业生产投入实现了从要素驱动到数据驱动的转变。数据资源同劳动、资本、能源一样，已经成为必需的资源，并且成为赋能型企业构建的重要基础，提升制造业企业生产效率的关键。随着经济社会的持续演进，逐步形成的海量数据因缺乏整合而没有获得充分挖掘与利用，企业为了获得有效的数据资源需要付出的成本极高。所以在充分保障安全的前提下，以各级政府数据公开共享为引导，逐步推动行业、企业与消费者数据的合理公开，推动数据资源的合理流动，为多样化的人工智能应用情境提供基础支撑。从创新资源整合集聚看，以数字化推动创新元素的充分集聚，建立健全制造业数字化创新投入、创新产出与创新应用体系的同时，数据还需要同其他各种要素之间达到协同发展的状态，协同推进服务于制造业转型大局。数字经济赋能制造业转型的维度如图19-2所示。

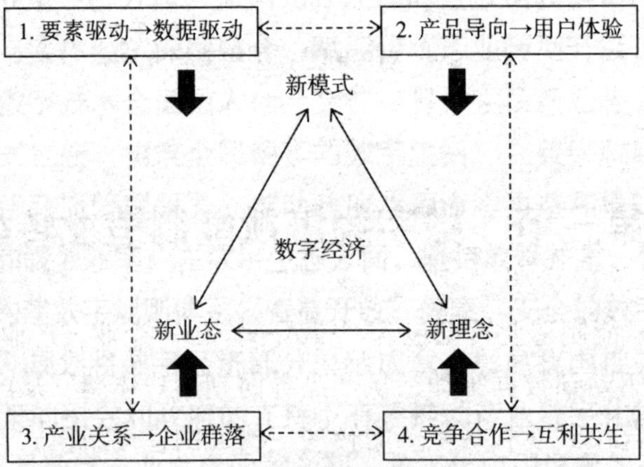

图 19-2　数字经济赋能制造业转型的维度

在传统制造业的发展理念之中，产品导向极为重要。这是因为在追求规模经济与追求差异化产品的两者之间，规模经济成为企业考虑的首要因素。在汽车制造业利用福特制大幅度降低汽车生产成本时，顾客对产品的个性化需求交给了制造的最终环节——喷漆。

因此，数字经济赋能制造业转型的第二个维度体现在从产品导向向用户体验的转变。制造业的发展逐步破除以生产过程和最终产品为核心，转而以满足用户需求和用户体验为原动力。所以，判断制造业转型的程度如何、升级后的效果好坏，最重要的是能够让消费者在使用产品或享受服务的过程中得到满足。“用户体验”是在不骚扰、不产生厌烦情绪的基础上满足用户需求，并令其在消费过程中感受到高兴、愉悦甚至惊喜。成功的用户体验应该是产品设计更契合用户需求，通过信息与数据的黏合，考虑产品构造、功能质量和用户情感，实现从增加供给数量到提高供给质量的转变。

当然，基于制造业接续转换的实际要求，制造业既要考虑到消费者的个性化需求，又要兼顾规模生产的成本优势。另外，拥有庞大的人口规模与用户基数，推动制造业“适度规模定制”将成为制造业转型的未来方向。因此需要以消费者需求的多维数据为支撑，将通过多维数据进行跨层次整合，利用多变用户共生依赖和互补创新，实现提升用户价值的目标。

第二十章　场景革命，加“数”前行

第一节　数字时代的中国

中国作为全球数字科技大国，未来拥有巨大的潜力。数字化的伟力正在颠覆现状，重构价值链，并催生出大量充满活力的中国数字企业，从而不断地增强中国经济的国际竞争力。

中国现已成为全球数字经济的领头羊，零售电商交易额占比达到世界总量的42%，移动支付业务额高达美国的11倍，并且孕育了全球1/3的“独角兽”公司。

中国经济处于飞速发展变化之中，成功的企业可趁势获取最大化的收益，而落后者将被彻底淘汰，中国企业拥抱数字化的需求因此也格外迫切。企业不妨考虑以下7种方法：采取更加大胆的战略；借力中国庞大的数字生态系统；利用中国的海量数据资源，通过分析数据实现企业价值最大化；打造敏捷型组织；实现数字化运营；密切关注国家政策和监管规定。

中国现已成为全球公认的数字化大国。作为数字技术的主要投资国，以及应用此类技术的先行者，中国正在改写全球数字化的格局，并为远在海外的创业公司提供支持和启迪。

不过，未来还有更多变化值得期待。随着中国的数字化进程逐步推进，各个行业的价值链都将迎来收入和利润池的彻底变革。虽然这种创造性颠覆将发生在世界的每一个角落，但由于中国的传统行业效率低下，新技术和业务的商业化潜力巨大，这一变化在中国将显得尤为迅猛和激烈。

中国既是数字创新企业的乐土，也是全球数字前沿技术的投资大国。以传统方法衡量，目前中国的数字化发展水平仅属全球中游。但这些方法不足以反映中国数字经济的发展成果，中国的发展前景远比大多数关注者认为的更加宽广。以数字商务为例，10年前中国的零售电商交易额不到全球总额的1%，如今占比已超过40%。据估算，现已超过法国、德国、日本、英国、美国的总和。中国互联网用户群体中的移动支付普及率也从2013年的25%跃升至2016年的68%。2016年，中国与个人消费相关的移动支付交易额高达7900亿美元，相当于美国的11倍。全世界262家“独角兽”中有1/3是中国企业，总共占据了全球“独角兽”企业总估值的43%。

中国的风投行业对数字化领域越发关注。从整体上看，中国风投行业发展迅猛，投资总额从2011—2013年的120亿美元，跃升至2014—2016年的770亿美元，在全球风险投资总值的占比也相应地从6%提升到了19%。大部分风投资本流向了大数据、人工智能和金融科技等数字企业。中国对某些关键数字技术的风投规模位居世界前三，投资范围包括虚拟现实、自动驾驶汽车、3D打印、机器人、无人机和人工智能等方面。

中国市场体量庞大，拥有大量网民且较为年轻，为数字商业模式迅速商用创造了条件。2016年，中国的互联网用户达到7.31亿，超过了欧盟和美国网民的总和。中国拥有6.95亿的移动互联网用户（占互联网用户总数的95%），而欧盟仅有3.43亿（79%）、美国仅有2.62亿（91%）。在中国，几乎每5位互联网用户中就有1位仅靠手机上网，而美国这一数字仅有5%。移动端销售额约占中国电商销售总额的70%，在美国仅为30%；中国的移动支付用户占比约为68%，而美国仅为15%。

中国三大互联网巨头BAT（百度、阿里巴巴和腾讯）建立了丰富的数字化生态圈，并且如今正在不断拓展延伸其边界。三家企业不断淘汰低效、零散、劣质的线下市场，奠定了国内数字产业的强势地位。它们凭借各自的主打产品与服务强势崛起，随后逐步向多元化发展。如阿里巴巴的支付宝、腾讯的微信等“超级App”为消费者提供了教育、健康、信息服务、娱乐、数字商务、社交互动等领域的一站式购物。此外，这三家企业也是中国数字生态系统的重要塑造者，2016年共同占据了中国风投市场高达42%的份额。中国领先的初创企业有1/5由BAT或前BAT员工创立。另外，还有30%的企业获得过BAT的投资。平安、华为等一些传统大型企业也在着意打造自己的生态系统，从核心业务出发向外扩张。

中国政府对数字化企业和机构的态度是“先试水、后监管”，正在积极推动数字化发展。中国政府对数字化产业的监管在初期往往较为宽松，这虽然使得消费者权益保护力度可能稍显薄弱，但却给了创新企业足够的试水空间。例如，支付宝于2005年推出了线上转账功能，但监管部门在2011年之后才开始设置转账额度上限。如今中国政府作为数字产业的投资者、开发者和消费者，正在积极地打造世界一流的配套基础设施，支持数字化发展。

在三大因素的共同作用下，中国数字经济的全球影响力与日俱增。在过去5年中，中国的数字服务贸易连续保持了年均100亿美元～150亿美元的顺差。2014—2016年，中国对外风险投资总额达到380亿美元，占中国以外全球风险资本的14%；而2011—2013年占比仅为4%，总额仅为60亿美元。过去两年间，中国三大互联网巨头共达成35笔跨国交易，而美国的三大互联网巨头仅达成了20笔。中国也在对外输出数字化驱动型商业模式，并为国外合作伙伴提供技术支持。

中国的行业数字化水平相比发达经济体仍有差距，但正在迎头赶上，中国已成为消费驱动型数字经济的全球领导者。下一轮数字化转型浪潮很可能来自各行各业数字技术的进一步普及，从而重构行业价值链，提高生产力。

从整体看，中国各个行业的数字化水平相比美国仍有较大差距，但这一差距正在飞速缩小。2013年，美国的数字化水平是中国的4.9倍，到2016年已缩小到3.7倍。

"中国行业数字化指数"揭示出中国存在着5类数字化水平相近的产业集群。在中国，信息和通信技术（ICT）、媒体和金融等行业的数字化程度最高，这一点和其他国家情况相似。以信息和通信技术产业为例，中国的互联网公司正在大力投资建设数字化基础设施。下面简单比较一下，就能看出投资规模有多么惊人：几家技术巨头对服务器的需求就已相当于巴西或韩国全国的总需求。为了服务全球客户，中国的半导体企业已经实现了设施和流程的自动化与数字化。此外，中国数字化水平最低的一些行业多属于较为碎片化的本土化产业，例如，房地产、农业、本地服务业和建筑行业，这一点也与其他经济体相似。但即便在这些落后行业里，数字化解决方案也在逐渐普及。以房地产行业为例，安居客和房天下等数字化企业已经能够提供实时房屋租售信息；地产巨头万科的移动App则提供了物业维护等各种服务。规模小而碎片化的本地服务企业（酒店、家政管理公司等）即使不在数字化资产方面过多投入，也都能通过数字平台获益。

预计到2030年，三大数字化推动力或可转变（与创造）10%～45%的行业总收入。随着中国的数字化进程逐步推进，各行各业的价值链都将迎来收入和利润池的彻底变革，这无疑将会带来某些颠覆，优胜者几乎可以"赢家通吃"。

第二节　数字化有信消费流通场景

2018年是传统经济与数字经济的分水岭，传统商品经济开始向数字商品经济全面过渡，有信消费券正是数字经济时代的产物。有信消费大数据应用场景是包括数字商品锚定、消费应用场景、数字资产交易、数字资产银行结算、数字资产行权商城在内的“五位一体”的数字资产生态体系中最重要的环节。

有信消费券通过券兑换、店推店，将搭建全球最大的有信数字资产消费大数据应用场景，包括从线上商城，到线下市、县、乡、村渠道商，以及衣、食、住、行等各行各业实体店的全渠道应用，目标是拥有超过数千万强关系的有信消费会员，以及数百万活跃有信实体店，形成线上/线下全渠道的有信共享流量。未来有信消费券将通过数字安全云平台+全球以物易物平台+国际数字资产交易平台+数字股权投资平台+5G数字应用推广平台，全面走向世界。

有信消费券就是在产品消费过程中将商品剩余价值分配给消费参与者的有信数字资产，消费者通过参与消费各环节获得分配的有信数字资产，使消费与交易的过程成为积累财富的过程。简单地说，有信消费券就是有信的易物券、优惠券、折扣券、兑换券、抵扣券、代金券、金卡、银卡、钻石卡和VIP卡等。

1. 有信消费券是全渠道、蓝海、店推店的跨界收益

在传统市场的红海中，可供企业使用的资金是杯水车薪的，企业靠经销、广告、打价格战抢占市场的商业竞争模式已经难以为继。而在数字市场的有信消费大数据应用场景的蓝海中，可供企业锚定的商品却是源源不断的。企业只要掌握了有信消费券工具，就等于拥有了市、县、乡、村的全渠道，拥有了数千万的有信实体店，拥有了数亿精准的有信消费者和消费流量。这些由熟练掌握有信消费券工具的企业和消费者构建的有信数字资产消费大数据应用场景，就是一支训练有素、步调一致、有使命、有灵魂、有血性的战斗队伍。无论是生产企业、服务企业还是商贸企业，只要依托这样的队伍驰骋商海，将不再有难卖的产品，不再有难招揽的顾客，不再有难做的生意，不再有难清的债务，终将无往不胜，赢得市场。

在有信消费大数据应用场景中，各行各业的实体店只要通过有信消费券兑换促销，进行店推店的推广，就能实现跨界互联，打造异业联盟，获得跨界收益。跨界互联解决了现代商业中广告营销成本高、商家促销效率低、厂家产能过剩、库存积压等问题。

2. 有信消费券是消费者的数字钱包

对实体店和消费者来说，有信消费券的使用非常简单，表现形式与支付宝和微信支付一样，通过扫描二维码进行支付来完成消费。所不同的是支付宝和微信支付属于手机现金钱包，好用不好挣；而有信消费券是手机数字钱包，好用又好挣。因为可供消费的是用数字锚定的商品，把数字化商品作为消费抵扣券，可供锚定的商品包括资源、资产、产品、服务和订单等，存量巨大，取之不尽。

有信消费券通过消费得券、用券再消费。顺应大众消费者钱有限、总想存；券无限、总想用的消费心态。创新了去中心化+智能合约的券模式，让企业可以用库存产品或闲置服务获取有信消费券，并用有信消费券作为营销工具，以期颠覆传统商业营销模式，打破目前垄断性的电商，其应用场景前途无量。

3. 有信消费券是万维对接的平台

以有信消费券电子结算为基础构建的交易环境，可全面对接包括农业产业链、文化产业链、慢游乐学颐养的养老产业链、CKF国民强身及青少年安防教育产业链、国家卫健委主抓的全国合理膳食健康产业链、服务物产/物流/物业的两三冷链产业链、索夫卡新能源车产业链、跨境电商数字供应链、中大信社会信用大数据中心产业链等。有信消费券将坚持开放原则，万维对接各种有价值平台。它是赚钱的好工具，是以物易物和清债的好帮手。销售赚钱、消费赚钱、周期赚钱、推荐赚钱、对冲赚钱、清债赚钱、交易赚钱、跨界赚钱、持有赚钱、对接赚钱、渠道赚钱、易物赚钱、时间赚钱，哪方面强，就在哪方面努力。

有信消费券基于区块链去中心化、公开、透明、恒量、可追溯等特性，为以物易物应用创新开辟了新天地，迎合了以物易物市场的巨大增长（全国产品每年销毁的库存达30万亿）的发展趋势，激发了数千万家中小型企业在日常活动中进行易物贸易的发展潜力。

债务危机是全球经济最严重的危机。债务关系错综复杂，但每一个人都知道自己的债权、债务关系。有信消费券可以是人人都认同的清债券，彼此进行清算、债务对冲，解决彼此没钱的尴尬。用有信消费券清债，让债务缠身的企业有了方向，有了希望。

4. 有信消费券是营销的好工具，更是科技创新

所有生产厂、渠道商、代理商、实体店、合伙人、消费者都将通过使用有信消费券创新工具形成共识，最终实现共享、共赢。这个工具是电商的创新、营销的创新及商业模式的创新，把传统商品经济中难以把控的广告费、渠道费、代理费，转化为数字商品经济中的精准广告数据服务、精准客户数据服务和精准订单数据服务，全面助力企业去库存，实现供给与需求的平衡发展。

有信消费券全面应用新技术，通过集成消费大数据、人工智能（AI）技术、区块链智能合约和云计算技术，构建了全新的数字化消费驱动工具引擎，是对互联网现有商户对商户（B2B）、商户对客户（B2C）、客户对客户（C2C）、客户对商户（C2B）商业模式的全面升级和完善，实现了科技创新。

5. 有信消费券是数字经济的红利，也是数字经济的新生态

有信消费券可以作为一种锚定了商品或服务的数字资产。随着数字经济的飞速发展，伴随着有信消费大数据应用场景体量的迅速扩张，有信消费券数字钱包也将会长大、会释放、能消费、能清债、能交易、能结算、能行权。

有信消费券创新了实战经营方式，实现了“展订产供销融”的全方位融合。传统的经营只是围绕“产供销”，新方式增加了“展订融”。其中，“展”是VR虚拟场景化的产品和服务展示，让消费者身临其境；“订”则是消费需求真实化和精准化的市场订单；“融”是结合市场订单的供应链金融和消费金融。实战经营中强调“有信消费券=工具”，有信消费券是以兑换券为媒介进行以物易物的服务平台，兑换券相当于折扣券、优惠券，不能直接兑换现金，仅起到找差补零的作用；是厂家清理库存自行负责物流配送和售后服务的直供平台；是消费者满足自然刚需的购买平台；还是为地面实体店接入网络系统进行物物交换，实现全跨界收益的结算工具。

第三节　全球数字化易货B2B2C服务平台

1. 易货模式蕴含了万亿级蓝海商机

中国改革开放前30年，人民艰苦奋斗，为国家崛起奠定了基础；改革开放后40年，国家开始全面腾飞，拥有了完备的工业体系和强大的生产能力，目前中国已经是世界第一大货物贸易国。然而，国外许多国家，尤其是“一带一路”沿线国家，有迫切的消费需求，有各种庞大的资源，但没有美元，无法开展正常的国际贸易。如何打破美国一手主导世界货币权，一手掌控大宗商品定价权，而严重阻碍全球国际贸易发展的局面？完全可以利用数字化新技术，通过商品通证化，建立全球化的易货贸易服务体系，另辟产能换资源的蹊径，扩大对外贸易。用数字化国际易货体系服务国内经济，服务“一带一路”，更方便打赢中美贸易战，突破国际金融瓶颈，释放中国的巨大产能，换回世界各种资源。

2018年，中国外贸进出口总额约30万亿元，同时国内积压库存也是30万亿元。如果能搭建好全球数字化易货贸易B2B2C服务平台，一方面可以通过提高国内商品的流动性，带动去库存，另一方面可以绕开美元结算，大幅增加国际贸易额。

欧美发达国家现代易货已经发展得非常成熟，交易十分活跃。随着数字互联时代生产力的提升，生产力的发展必将导致商品增加与部分滞销，易货便是解决诸多问题的关键方法，可以实现助推国与国之间的优势资源互补，如石油换粮食、煤炭换天然气等大型易货业务开展，还可以帮助B2B之间减少现金采购，通过易货交易，盘活库存和过剩。

（1）从成交额来看，在美国，专业的易货公司用他们的方法交易的价值估计一年达上百亿美元。据美国财政部声称，易货贸易额已占到世界贸易额的27%～30%，易货在现代世界的经济中已占据重要的位置。

（2）从国际组织来看，随着现代易货的发展，易货业的国际组织已成立。当前世界最有影响力的易货组织有两个，一个是国际互换贸易协会，另一个是全美易货交易协会。

（3）从企业来看，世界500强企业中的80%已建立了易货部，仅在美国，就有47万家公司从事易货，每年易货销售额达120亿美元。现在在纽约股票交易所上市的65%的公司都在使用易货方式减少剩余库存，提高销售额，并使生产设施足额开工。

（4）从市场经济来看，目前在市场经济发达的国家，实际上并存着两种不同的交易方式，即常规交易（或称货币经济）和易货经济，易货经济已成为货币经济重要的、有益的补充交易形式。

易货模式面临30万亿元容量投资前景广阔。中国有8000万中小企业，有3000万中小企业适合开展换货贸易，30万亿元的市场容量，10万亿元库存待消化，国内货物交换需求旺盛，正以每年200%的速度迅猛增长。

易货模式面临3000万客户群急需正规平台的问题。中国货物交换贸易正处于起步阶段，其他平台风控体系不完善，品类无把控，核心技术无法建立，偏向线下区域局部化，无法增加长尾收益。

易货模式前景无限利好。全球去中心化电子记账本，即将为国际级商品流通提速增效，促进世界贸易的繁荣，并且正规标准化的行业大平台的建立，将契合国家供给侧改革流通国内产能。

2. 通过数字化创新，设立有信易货贸易服务平台

创新易货贸易服务平台，机遇难得。国内易货市场规模巨大，每年过期扔掉的库存有30万亿元以上，面临着庞大的过剩产能、巨额的不良资产和海量的债务等难题。目前，国内易货市场基本处于空白状态。有信消费券可以说是领先的已具备在易货市场垄断能力的“独角兽”。

当前经济不景气，现金匮乏，大量企业关门倒闭，企业和个人负债奇高，用20%以上的资金推动商品周转的传统经济红海经营模式已经难以为继，这将是通过区块链数字化技术，大力发展易货的天赐良机。

（1）利用有信消费券的优势，通过科技创新、商业创新设立易货贸易平台，构建全国各市县易货贸易服务渠道体系，并配合各地政府产业园区、经济开发区的支持性政策，协助中小企业解决去产能、去库存、清债务等问题，促进全国中小企业的健康发展。

（2）建设有信消费券易货服务体系。做好易货服务，需要建设好从数字资产交易所，线上易货商城，线下市、县、乡村渠道和各行各业实体店，配套物流仓储，到中心城市易物展示和培训馆的全系统。此外，还必须有开展易货服务让人无法模仿和难以超越的“独门功夫”——有信易货创新拥有的三大核心。一是拥有实用原理，用有信消费券进行以物易物和清债，注重相互之间“各算各的账，算得来就行”的实用原则，从而让交易更能达到自然完美的状态。二是能够低成本推动，有信消费券用店推店的方式整合了渠道，实现了异业跨界，创造了用5%以下的资金加速商品周转（6次/年）的数字经济的蓝海经营模式。三是拥有规模基础：市、县、乡村渠道+100万店+5000万会员已经打好了易货服务的基础，并且拥有完整的技术团队，自主开发了底层区块链、交易平台、商城等应用。

（3）全国推广有信线下易物馆。设立线下易物馆，集办公、商品展示、培训于一体，建好全国易物馆的展示样板。重点落实相关经营法规和税收政策的管理规定和批文，规范易物的操作流程。年目标是完成200亿元易货。在全国661个主要城市中，第一阶段选取100个城市，首先做好模板，然后简单复制，年目标是完成两万亿元易货。同时，在全国市、县、乡村渠道中，结合线上商城和线下实体店，把有条件的线下实体店培训成区域易物节点。

（4）发展有信易货新零售、新运力服务。物流的现状及问题是成本高，不适合低附加值的商品（如饮用水、饮料、大米等），需要建立全新的物流生态，解决大宗商品物流城市内的“最后一千米”的难题。发展有信消费券线下市、县、乡村渠道和实体店参与新零售、新运力，让实体店完成多角色，既当快递员，又当物流员和销售员，参与新零售、新运力的利润分成来增加收入，从而稳定平台的发展。深入村的渠道，结合新零售、新运力，结合支农宝可以更好地服务三农、支持扶贫。

3. 对接国际资源，搭建全球数字化有信易货B2B2C服务平台

现代易货在发达国家的发展表明它有存在和发展的客观基础，有着广阔的发展空间，我们正面临着一个巨大的商机。数字化易货交易顺应时代经济趋势，将参照全球成熟易货交易市场规则，对古老的“以货易货”方式进行革命性变革，致力于打造全球合规商企的易货生态体验圈，在交易所线上平台增添数字化易货业务。

互联网的发展日新月异，老三巨头BAT（百度、阿里、腾讯）垄断了搜索引擎、电商、社交3个领域，新三巨头TMD（今日头条、美团、滴滴）垄断了自媒体、外卖、网约车，但新锐的抖音和拼多多的爆发气势磅礴。

商界传奇人物牟其中（南德集团前董事长），一个曾同时享有中国“首富”和“首骗”两大名号的争议人物，成功运作了常人不可思议的飞机易货。他说：“别人都认为我是在投机，其实他们只看到了表面，我是一直在找烧到99℃总是烧不开的项目，而我要做的就是加1℃。”他的“加1℃”指什么？指的是市场。再好的项目、再多的投资只能是99℃，没有市场，永远烧不开，就是不成功，必须加上市场这1℃，达到100℃才能成功。有信消费券的渠道、跨界和大数据蓝海就是市场，有信消费券的区块链去中心化、恒量和智能合约的数字化新技术，一定会助推数字易货贸易服务平台从国内走向国际。

在数字化易货领域这片拥有巨大市场容量的未开垦的土地上，必定会诞生新的行业垄断者。有信消费券的金刚工具已经形成聚集众力、众智加1℃的完备体系，已经具备垄断易货市场的能力，只要有舍我其谁的必胜信念，假以时日，“独角兽”有信消费券必将全面爆发成为垄断易货领域的霸主，一个超越BAT、TMD的庞然大物有信消费券也将应运而生。

全球数字化易货B2B2C服务平台，将通过先进的线上平台前端（用户界面）+后端（区块链技术）应用场景，建立数字信用易货的标准体系，打破时间与空间上的两大要求，为全球大、中、小型企业搭建健康可依赖的数字信用易货环境，实现工商品或服务的等价交换、实时物物交换，以及全球供需匹配，丰富交易所的交易模式，让交易变得更容易。

通过有信消费券，全面把握数字化金融发展趋势，力争迅速占领国际市场。有信消费券的店推店实质就是数字易货B2B2C，配仓宝的核心优势在于B2C。目前由于B2B规模不足，制约了B2C的发展，但市、县、乡村渠道+数百万店+数千万会员已经打好了易货大爆发的基础。下一步，要全力推进国内易货B2B和国际易货B2B，但需要配套好相关交易和结算等政策。寻求国家政策支持，是易货B2B2C平台成为年交易量超数万亿的互联网巨无霸国际平台的关键。因此，有信消费券进一步地推进工作已深入开展。

（1）有信消费券可以全面对接国际合规的数字银行，拥有国际数字资产发行及交易的合规性。此外，更多需要国内落地的易货政策、法律法规、信用体系、数字交易、数字结算、支付许可等也在推进中。

（2）有信消费券可以对数字化易货进行不断的延伸，打通国际易货、大企业B2B（大宗易货）、中小企业B2B、终端B2C所有环节，实现流通闭环。从消费品易货，升级到生产资料易货，再升级到大宗商品易货，实现全品类的易货，让数字化易货生态体系与传统国际贸易接轨，先尝试、后规范，力求早发展、早突破。通过数字化易货商品通证化，建立庞大的易货商品基础；通过易货交易电商化，整合好国内可供易货的出口产品和国外可供易货的资源，用电商方式方便交易；通过易货的不断实践，逐步完善易货数字化票据、信用、担保等的金融服务。

（3）加速上线国内、国际易货资源。在国内，通过发行数字化商品通证，对接国内质检总局100家国家级出口示范区的出口企业和名优产品；通过有信消费券的渠道，对接地方产业园区的企业。组织各行业的1000家企业和门类齐全的一万种出口商品，上线国际数字资产交易所和易货商城。在国外，通过驻外机构和海外企业，对接各种国内需要的资源，上线易货商城。

（4）完善易货数字化金融服务，提供国际第三方支付和国内第三方支付的对接。在保证风控的条件下，提供数字化商品通证的易货信用服务和易货担保服务；结合实际的进出口管理流程，利用区块链智能合约技术，提供易货数字化票据。

（5）在国际易货的所有环节，包括产品质量检验、报关、仓储、保险等方面提供无缝隙的数字化服务。布局全球数字银行，迅速跟进这个全新业态。此外，在数字化商品通证的发展初期，更多地做好与传统的基金、信托、担保、保险、银行等金融机构的对接。

第四节　构筑数字经济的“四梁八柱”

发展数字经济，工程宏大，意义深远，要着力于构建“四梁八柱”，扭住轴心，以点带面，统筹推进。“四梁”具有目的性、导向性，通过构建“四梁”，实现数字经济发展的最终目标，“八柱”则是“四梁”发挥支点作用的方法与手段。构建“四梁八柱”，就是强化顶层、打通关节、疏通堵点、激活全盘，促进数字经济加快成长。

1. 统筹构建“四个体系”，实现数字经济全面发展

（1）构建数字经济创新体系。塑造全面创新格局，发挥数字化引领创新先导作用，推进技术、产业、管理全面创新。激发创新主体活力，构建各类主体广泛参与，线上、线下结合的开放创新网络。优化创新体制，打造国家科技基础设施和创新资源开放共享平台，优化数字经济创新成果保护、转化和分配机制。

（2）构建数字经济产业体系。构建以新一代信息产业为先导产业，以深入应用数字技术的农业、工业和服务业为融合产业，以相关产业公共服务平台为支撑产业的数字经济产业体系。加强商业模式、生产模式、服务模式和管理模式等的创新，构建开放生产组织体系，形成网络化、集群化协同分工格局，培育成熟的数字经济产业生态体系。

（3）构建数字经济市场体系。完善要素市场体系，加快构建数据交易市场，健全数字技术交易市场，强化资本市场对数字经济发展的支撑。大力拓展国际市场，充分利用两个市场、两种资源来推动数字经济走出去，树立国际优势。加快形成包容有序的市场秩序，清除市场壁垒，支持新业态、新模式的创新发展，维护线上、线下公平竞争的环境。

（4）构建数字经济治理体系。发挥治理体系的改革牵引作用，正确处理政府和市场关系，建构整体、协同、系统的数字经济治理格局；着力解决“治理主体是谁”的问题，构建多元化、立体化的治理主体；着力解决“治理主体间关系”的问题，构建边界清晰、分工协作、平衡互动的治理结构；着力解决“用什么方法治理”的问题，构建运用大数据、云计算等数字技术的治理方法；着力解决“保障治理有效运转”的问题，构建政策、法律、监管三位一体的治理制度。

2. 着力部署“八个方面”，促使政策措施落地生根

（1）夯实综合基础设施。加快建设泛在的先进信息基础设施，深入实施宽带中国战略，深入开展网络提速降费行动，优化升级宽带网络；有序改造智能绿色的城市基础设施，推动公用设施、电网、水网、交通运输网等智能化改造，提高绿色效能，提升基础设施使用效率。

（2）有效利用数据资源。推动数据资源开发利用，突破大数据关键技术，充分挖掘数据资源，形成面向行业的数据解决方案；促进数据资源交易流转，推动数据开放共享，制定数据交易相关法律法规和交易流通的一般规则，规范交易行为；加强数据标准体系建设，强化制度设计，建立并完善涵盖各个环节的数据标准体系。

（3）加强技术创新力度。构建现代数字技术体系，构筑人工智能等前沿颠覆性技术比较优势，攻克“核高基”等关键薄弱环节，加强“大云物移”等技术创新；推动技术融合创新突破，促进数字技术与垂直行业技术深度融合，着力突破机器人、智能制造、能源互联网等交叉领域，带动群体性重大技术变革。

（4）培育壮大新兴产业。发展壮大新一代信息产业；加强新技术、新标准、新体系的产业应用。比如，以构建工业互联网平台产业生态为核心，推进关键技术产品及解决方案的设计应用；推动新模式、新业态的产业应用，推动分享经济发展，打破企业边界，促进技术、设备和服务共享等。

（5）改造提升传统产业。探索数字化综合解决方案，打造数字化服务平台，深入推进工业数字化转型；完善信息服务配套体系，实现农业生产流程智能化升级，提高农村经营网络化水平，建立农业全产业链信息服务体系；提升服务业数字化供给能力，通过建立技术服务、供应链金融、大数据分析等综合服务平台，提升服务业水平和效率。

（6）扩大升级有效需求。释放信息消费潜力，带动信息消费结构升级，提高信息消费覆盖范围；扩大有效投资，充分发挥政府投资的杠杆作用，重点加强对基础性、前瞻性和颠覆性技术创新和应用的投资，优化投资结构；拓展全球合作，加快企业走出去的步伐，提升数字经济的国际话语权。

（7）优化公平竞争机制。放宽市场准入标准，破除行业壁垒和地方限制，健全市场退出机制；严厉打击互联网不正当竞争和网络违法犯罪行为，切实加强互联网反垄断执法，强化互联网交易监管；加快劳动用工制度改进，加强劳动者权益的保护，保障依托互联网平台的灵活就业者平等劳动的权利。

（8）创新政府治理模式。加快法规政策动态调整，推动数字经济法律“立改废释”，优先解决旧制度与新业态之间的矛盾；探索构建包容创新的审慎监管制度，推进多元化治理体系建设，积极构建新型协同监管机制，强化数字治理手段建设；积极提高政府服务能力和水平，优化对数字经济领域市场主体的审批服务，建立健全创业创新政务服务体系。

结 语

每当新技术的浪潮席卷而来，个体的生活形态就会发生一次全新的变革，人类社会关系、发展也会产生绵延深远的影响。这一轮数字技术尤其如此：传统的消费领域被全面数字化，促使商品和服务大量流通，选择也更加丰富和个性化。对于娱乐活动，无论是丰富程度还是在现代生活中的地位，都越发成了一种“基本生存所需”；传统社会关系被迁移上网，人际沟通之间有了技术作为中介，变得无所不达；人群的聚集方式从血缘、地缘转向兴趣、身份，而人际关系的质量似乎开始变得不够充分；信息、知识、教育等领域被迅速开放，面对增多的机会，究竟如何选择以实现发展，成了新考验。

当前，新一轮科技革命和产业变革席卷全球，人类社会已经全面进入数字经济时代。党中央、国务院高度重视数字经济的发展，将数字经济发展提升至国家战略的高度。党的十九届五中全会指出，要加快数字化发展。在党和国家政策的引导下，各级地方政府纷纷将大力发展数字经济作为推动经济高质量发展的重要举措，区域数字经济发展百花齐放。

数字经济的蓬勃发展，给经济社会带来了颠覆性影响。无论是从生产组织形式，还是从生产要素等方面来看，数字经济都是一种与农业经济、工业经济截然不同的经济形态。尤其是数字经济的数据化、智能化、平台化、生态化等特征，深度重塑了经济社会的形态，引发了数字经济治理的根本性变革。

我们发现，“连通性、开放性、智能化”是这一轮数字技术的几个核心属性，它也推动了数字社会的各个领域向着“流动性、多样性、个性化”的方向发展。任何变革都是“一体两面”的：从商品服务到社会关系的连通，数字技术架设了基础设施，实现了“量”的飞跃，但尚未解决“质”的提升；从消费娱乐到认知发展的开放，数字技术提供了选择权，但尚不足以引导人们做出更好的选择。

在数字生活的俯瞰和缩影里，包含了数字技术的革新力量和副效应。对于新科技从业者而言，全面地理解技术产生的社会影响，是帮助产品长远发展的必要一环，并且正是这些问题的背后蕴藏了未来变革的潜在方向。“知识付费”即一种回应信息过载的解决方案；Moment、iOS屏幕使用时间，为当下的手机依赖问题提供了一种视角；应用宝通过亲子守护、长辈关怀等功能的设计，尝试去缓解数字技术对家中子女、老人等亲子关系的冲击。

数字技术创新日新月异，数字化、网络化、智能化深入发展，在推动经济社会发展、促进国家治理体系和治理能力现代化，以及满足人们日益增长的美好生活需要方面发挥着越来越重要的作用。

未来几十年，是数字化改造提升旧动能、培育壮大新动能的发展关键期，是全面繁荣数字经济的战略机遇期。发展契机转瞬即逝，谁能抓住机遇，谁就能赢得发展先机。我国应准确把握发展大势，明确历史方位和发展方向，加强统筹谋划，借鉴国际经验，发挥大国的大市场优势，保持战略定力，增强发展动力，深化改革，努力开拓数字经济发展新局面。

对于数字时代的人们而言，理解这种与日常生活越发密切的新科技，是驾驭它的起点。信息素养、技术素养是这个时代最宝贵的技能之一。其实，每一个技术引发的挑战背后，都会回到对人性选择的追问。

当今世界正经历百年未有之大变局。当前，新冠肺炎病毒全球大流行使这个大变局加速变化，保护主义、单边主义上升，世界经济低迷，全球产业链、供应链因非经济因素而面临冲击，国际经济、科技、文化、安全、政治等格局都在发生深刻变化，世界进入动荡变革期。

面对更加不稳定、不确定的世界经济复杂局面，数字经济展现出顽强的韧性，特别是在这次新冠肺炎病毒全球大流行期间，远程医疗、在线教育、共享平台、协同办公、跨境电商等服务得到广泛应用，对促进各国经济稳定、推动国际抗疫合作发挥了重要作用。发展数字经济是各国推动经济尽快复苏的关键举措，已成为世界经济增长潜力所在。

历次科技革命的经验证实，大国崛起的关键在于把握重大科技革命带来的“另辟蹊径”的窗口机遇，在影响全球进程的技术和产业中占据制高点，从而成为世界经济发展的领军者。当今世界正处在数字经济与工业经济交汇更迭的过渡时期，跨越发展的新路径正在形成，而新的产业和经济格局尚未定型，世界各国均面临重大战略机遇期。

本书作为一次不够成熟的尝试，以一种不尽完备的视角，希望能够给大家带来启发。愿“科技向善”能成为一个尺度，让这艘由新科技推动的人类巨轮稳步向前。

参考文献

[1] 刘政权，刘明晶. 数字化货币. 深圳：海天出版社，2019.
[2] 袁国宝，谢利明. 网红经济：移动互联网时代的千亿红利市场. 北京：企业管理出版社，2016.
[3] 凯文·凯利（美）. 新经济，新规则. 北京：电子工业出版社，2014.
[4] 李斌，伍戈. 信用创造、货币供求与经济结构. 北京：中国金融出版社，2014.
[5] 李彦宏. 智能革命. 北京：中信出版社，2017.
[6] 廉薇，边慧苏，向辉，曹鹏程. 蚂蚁金服：从支付宝到新金融生态圈. 北京：中国人民大学出版社，2017.
[7] 中国人民银行金融研究所. 新金融时代. 北京：中信出版社，2015.
[8] 伍聪. 第四次金融浪潮：互联网金融与中国国运. 北京：中国经济出版社，2017.
[9] 罗伯特·金奇尔（美），马尼·佩伊万（美）. 订阅：数字时代的商业变现路径. 北京：中信出版社，2018.
[10] 予龙. 疯狂的信用. 北京：东方出版社，2012.
[11] 项建标，蔡华，柳荣军. 互联网思维：到底是什么. 北京：电子工业出版社，2014.
[12] 涂子沛. 数文明：大数据如何重塑人类文明、商业形态和个人世界. 北京：中信出版社，2018.
[13] 江青. 数字中国：大数据与政府管理决策. 北京：中国人民大学出版社，2018.
[14] 郭勤贵. 互联网金融商业模式与架构. 北京：机械工业出版社，2014.
[15] 马化腾. 互联网经济三部曲：数字经济、分享经济、互联网. 北京：中信出版社，2019.
[16] 薛刊. 经济发展转型与互联网金融思考. 北京：北京理工大学出版社，2017.
[17] 吴军. 浪潮之巅. 北京：人民邮电出版社，2019.
[18] 马化腾. 数字经济：中国创新增长新动能. 北京：中信出版社，2017.
[19] 中国信通院. 中国数字经济就业发展研究报告. 2020，7.
[20] 世界经济论坛，腾讯研究院. 重塑中小城市的未来：数字化转型的框架与路径. 2020.
[21] 赛迪白皮书. 长三角城市数字经济发展水平评估评价白皮书（2021年）. 2021.
[22] 中信期货. “稳增长”系列专题报告之五：数字经济如何发力稳增长. 2022.
[23] 赛迪智库. 数字经济百项场景. 2021.
[24] 中国信通院. 2020数字经济对税收制度的挑战与应对研究报告. 2020.
[25] 申万宏源. 2021年商贸零售行业投资策略：从流量到内容，数字经济引领消费新趋势. 2021.
[26] 亿欧智库，天眼查. 2021上海市数字经济发展研究报告. 2021.
[27] 中国社会科学院，滴滴. 2021中国数字出行经济活跃度指数报告. 2021.
[28] 甲子光年. 2021中国数字经济50条判断. 2021.
[29] 北京大学，阿里巴巴. 2021中国数字早经济发展研究报告. 2021.
[30] CBNData，阿里巴巴. 阿里巴巴数字经济体后生产力. 2021.

[31] HSBC. 全球宏观策略：蓬勃发展的数字经济，大流行加速了大趋势. 2020.
[32] 北大数字金融研究中心. 数字经济在抗击新冠肺炎疫情中的作用与问题. 2021.
[33] 波士顿咨询. 迈向2035：攻克数字经济下的人才战. 2022.
[34] 财新智库. 中国数字经济指数. 2022.
[35] 中国信通院. 打造数字经济新优势：发展、路径和思考. 2020.
[36] 工信安全智库. 2021年数字经济半年形势分析. 2021.
[37] 国家金融与发展实验室. 数字经济时代大型互联网平台的治理. 2021.
[38] 国家金融与发展实验室. 数字经济下金融数据风险及治理研究. 2021.
[39] 中国银行. “十三五”数字经济发展回顾和“十四五”展望. 2021.
[40] 中金公司. 后疫情时代科技行业系列主题研究：区块链，关注央行数字货币、新基建、可信经济三大投资机会. 2020.
[41] 极光. 数字经济新时代，房产平台新机遇. 2020.
[42] 中金公司. 交通运输行业即时配送：数字经济赋能的蓝海市场. 2020.
[43] 普华永道. 区块链和云计算双引擎，合力驱动“数字+”经济发展. 2020.
[44] 中国电子学会，中国数字经济百人会. 全球社会治理数字化转型趋势研判. 2020.
[45] 信通院. 全球数字经济白皮书：疫情冲击下的复苏新曙光. 2021.
[46] 瑞信. 亚太地区互联网行业-东盟新经济日：数字服务即将起飞. 2021.
[47] 赛迪. 数字经济新业态新模式发展研究报告. 2020.
[48] 赛迪. 2020中国数字经济发展指数白皮书. 2020.
[49] 赛迪. 2020中国数字经济最具价值企业白皮书. 2020.
[50] 赛迪. 2021年中国数字经济发展形势展望. 2021.
[51] 赛迪. 区块链+数字经济发展白皮书. 2021，4.
[52] 赛迪. 数字经济新业态新模式发展白皮书. 2020，8.
[53] 赛迪. 以新型显示支撑数字经济高质量发展. 2021，3.
[54] 中金公司. 数字经济十大趋势. 2020.
[55] 滴滴. 数字经济平台与女性生态研究报告. 2021.
[56] 中金公司. 数字经济时代，云管端三大新基建投资机会. 2020.
[57] 极光. 数字经济时代的奇点：2021数字人民币研究报告. 2022.
[58] 阿里新服务研究中心. 数字经济下的完美生活圈研究. 2021.
[59] 中金公司. 数字经济助力碳中和. 2021.
[60] 世界经济论坛，中国信通. 数字孪生城市：框架与全球实践洞察力报告. 2022.
[61] 易观分析. 数字经济全景白皮书-数字经济2021盘点及2022预测篇. 2021.
[62] 腾讯研究院. 数字湾区：开启湾区经济跨越发展新征程. 2022，2.
[63] 腾讯，清华大学. 文化科技融合2021，迈入数字文化经济时代. 2021，3.
[64] 紫光集团，H3C. 西部地区城市数字经济指数蓝皮书（2021）. 2021，10.
[65] 西南财经大学，阿里研究院. 数字经济助力小微企业创立与成长. 2020，5.
[66] 新服务研究中心. 2021下午茶数字经济蓝皮书. 2021.

[67] 京东数科. 疫情引发中国新一轮经济金融数字化变革. 2020，7.
[68]紫光，H3C，CAICT. 中国城市数字经济指数蓝皮书. 2021.
[69] 墨卡托中国研究所. 中国的下个世纪：经济管理、数字治理和国家安全. 2021.
[70] 信通院. 中国数字经济发展白皮书. 2021.
[71] 中国信通院. 2020全球数字经济新图景. 2020.
[72] 蒋思函. 数字经济对经济增长的影响研究[D]. 江西：江西财经大学，2021. https://wap. cnki. net/lunwen-1021612693. html.
[73] 董弢. 基于ICT行业研究测算中国数字经济规模[D]. 重庆：西南财经大学，2019. https://xuewen. cnki. net/CMFD-1019642049. nh. html.
[74] 焦月霞. 中国数字经济发展及其影响因素研究[D]. 杭州：杭州电子科技大学，2018. http://www. doc88. com/p-6768413522027. html.
[75] 周舒. 中国软件产业与数字经济增长的关系研究[D]. 北京：北京邮电大学，2019. https://kns. cnki. net/KCMS/detail/detail. aspx?dbcode=CMFD&filename=1019047498. nh.
[76] 柏力翔. 我国数字经济企业“走出去”对传统制造业创新的影响研究[D]. 北京：北京邮电大学，2019. http://dbase2. gslib. com. cn/KCMS/detail/detail. aspx?filename=1019066829. nh&dbcode=CMFD.
[77] 刘莹. 数字经济对我国在全球价值链中分工地位的影响研究[D]. 河北：河北大学，2019. https://xuewen. cnki. net/CMFD-1019870106. nh. html.
[78] 杨婧娴. 中国数字经济国际化发展的政府参与[D]. 北京：北京外国语大学，2019. https://wenku. baidu. com/view/711c71bde3bd960590c69ec3d5bbfd0a7856d5d1?fr=xueshu.
[79] 刘雅晴. 美国数字经济发展对中国的启示[D]. 吉林：吉林财经大学，2018. https://xuewen. cnki. net/CMFD-1018817718. nh. html.
[80] 郑新楠. 我国针对数字经济的反避税政策研究[D]. 北京：首都经济贸易大学，2018. http://cdmd. cnki. com. cn/Article/CDMD-10038-1018144645. htm.
[81] 罗焱卿. 数字经济对经济高质量发展的影响效应研究[D]. 重庆：重庆邮电大学，2021. https://www. gwyoo. com/article/755386. html.
[82] 王辉,王林辉. 工业智能化对社会经济发展影响的研究趋势[J]. 上海：上海商学院学报，2022（1）. http://qikan. cqvip. com/Qikan/Article/Detail?id=7106647229.
[83] 夏杰长，刘诚. 数字经济赋能共同富裕：作用路径与政策设计[J]. 北京：经济与管理研究，2021（9）. http://www. doc88. com/p-11661734958146. html.
[84] 孙晋. 数字平台的反垄断监管[J]. 北京：中国社会科学，2021（5）. http://la. swupl. edu. cn/articles/article_detail. aspx?id=00002EGG59707JP0MNDO4JP1MDR.
[85] 施炳展，李建桐. 互联网是否促进了分工：来自中国制造业企业的证据[J]. 北京：管理世界，2020（4）. https://wenku. baidu. com/view/f7a4cafda4c30c22590102020740be1e640ecce7. html.
[86] 严成樑. 社会资本、创新与长期经济增长[J]. 北京：经济研究，2012（11）. http://ex. cssn. cn/jjx/xk/jjx_yyjjx/jjx_slyjsjjx/201310/t20131024_516845. shtml.

[87] 汪玉凯. 数字经济发展趋势与政府角色[J]. 北京：软件和集成电路，2021（1）. https://wenku. baidu. com/view/6e8fd5269c3143323968011ca300a6c30d22f19e. html.
[88] 钱野，冯云. 数字经济与数字化改革相关政策梳理及建议[J]. 杭州：杭州科技，2021（3）. http://lib. cqvip. com/Qikan/Article/Detail?id=7105295377.
[89] 宋德勇. “十四五”时期武汉市发展数字经济的战略思考[J]. 湖北：决策与信息，2020（9）. http://www. jczkpt. cn/jcyxx2/7745. jhtml?type=read&readid=7749.
[90] 郭东杰，周立宏，陈林. 数字经济对产业升级与就业调整的影响[J]. 北京：中国人口科学，2022（3）. http://www. zgrkkx. com/Magazine/Show?id=83246.
[91] 张国云. 金融何时站上数字经济下一个风口[J]. 杭州：杭州金融研修学院学报，2021. http://qikan. cqvip. com/Qikan/Article/Detail?id=7106181737.
[92] 张涛. 推动数字经济高质量发展[J]. 北京：北京观察，2021. https://kns. cnki. net/kcms/detail/detail. aspx?dbcode=CJFD&dbname=CJFDLAST2022&filename=BJGC202112012&uniplatform=NZKPT&v=J_tTiKJ2Mj2GOL6XssCwICicClED9R-eNhaYCWdXqBk5GqOuuvAGn5xpFZmjeZ9r.
[93] 果刚. 深刻理解数字经济演变路径促进数字经济向更高水平发展[J]. 北京：数字经济，2021. https://mall. cnki. net/magazine/magadetail/HLWA202111. htm.
[94] 陈收，蒲石，方颖，陈国青，黄丽华，黄益平，马超群，吕廷杰，李心丹，廖理，吴冲锋，谢康，袁先智，叶强. 数字经济的新规律[J]. 天津：管理科学学报，2021. https://d.wanfangdata. com. cn/periodical/glkxxb202108005.